▶ 本书为广东省哲学社会科学"十三五"规划项目研究成果。

▶ 本书获深圳职业技术大学学术著作出版基金资助。

语言模块新论

▶ 奚家文　蒋　柯 —— 著

湖南师范大学出版社

·长沙·

图书在版编目（CIP）数据

语言模块新论 / 奚家文，蒋柯著. --长沙：湖南师范大学出版社，2024.6
ISBN 978 - 7 - 5648 - 5461 - 4

Ⅰ.①语… Ⅱ.①奚…②蒋… Ⅲ.①语言学—研究 Ⅳ.①H0

中国国家版本馆 CIP 数据核字（2024）第 108995 号

语言模块新论
Yuyan Mokuai Xinlun

奚家文 蒋 柯 著

◇出 版 人：吴真文
◇组稿编辑：李 阳
◇责任编辑：李 阳 李健宁
◇责任校对：李 开
◇出版发行：湖南师范大学出版社
地址/长沙市岳麓区 邮编/410081
电话/0731 - 88873071 0731 - 88873070 0731 - 88872256
网址/https：//press. hunnu. edu. cn
◇经销：新华书店
◇印刷：长沙市宏发印刷有限公司
◇开本：710 mm×1000 mm 1/16
◇印张：13.75
◇字数：250 千字
◇版次：2024 年 6 月第 1 版
◇印次：2024 年 6 月第 1 次印刷
◇书号：ISBN 978 - 7 - 5648 - 5461 - 4
◇定价：69.00 元

序 言

　　模块论是一种关于心理结构的描述理论。这种理论采用功能分析的方法，将认知机制分解为相互独立的、功能专属的"功能模块"，并以关于心理结构的描述为依据对有机体行为的组织标准做出心理学解释。"模块论"的功能分解、层次化和整合性的理论蕴含为心理机制的探索提供了能够结合多学科、多领域视角的可能，具有重要的方法论上的意义。

　　心理模块性理论的前身是 18 世纪末 19 世纪初加尔提出的"官能心理学"。官能心理学将个体的心理和行为结构描述为一系列相互独立的官能，例如：数学、音乐、绘画等。加尔认为，这些独立的官能对应大脑特定的位置，与从皮层到皮层下组织的生理构造特征相对应，因此，也称为"垂直模块"。加尔假设，如果某种特定的官能比较发达，那么，相应的脑区也会有较好的生理性发育。充分发育的脑区会在头骨的形状上产生对应的痕迹，因此，考察一个人的颅骨的形状可以让研究者了解这个人的心智发展特征，这就是"颅相学"。这种将官能与脑发育严格对应的假说缺乏足够的科学证据。但是，有一些江湖郎中却嗅到了其中的商机，将加尔的颅相学说包装成"科学预测"的商业行为，四处招摇撞骗，鼓吹"颅相学专家"可以通过一个人的头骨特征，精准地判断他（她）的人格特质以及未来发展。

　　不久，颅相学专家的"伪科学"把戏被严肃的科学家揭穿，被世人摒弃，加尔的官能心理学也受到牵连，长久以来被人诟病。另一方面，大脑机能定位学说却逐渐收获了更多证据，并且在 20 世纪形成了一股强势的心—脑关系解释体系。今天的脑科学家普遍接受脑在一定程度上是具有明确的功能定位的，例如布洛卡区与运动性语言功能的关联，枕叶与视觉功能的关联，前额叶则与复杂认知以及情绪控制功能相关联，等等。脑功能定位说在一定程度上在事实层面支持了"官能心理学"的基本主张，只是加尔过强的假设难以获得严格经验证据的支持，心理模块性的思想一度陷入低迷。

直到 20 世纪 60 年代，乔姆斯基再次提起了模块论的议题。在一系列著作中，诸如《句法理论诸方面》（1965）、《规则与表征》（1980）、《管约理论》（1982）、《关于心理研究的模块方法》（1984）、《语言知识：其性质、来源与使用》（1986），以及《语言与知识问题》（1988）等，乔姆斯基的模块理论逐渐形成系统。"乔姆斯基模块"是以语言机制的模块性为起点，进而对整个心智做出的模块性规划，是以乔姆斯基最初的"普遍语法"概念为核心展开的。"普遍语法"是一套先验的、领域特殊性的心智活动规则，这也构成了乔姆斯基模块的最主要特征。

福多是乔姆斯基的学生，后成为同事。在乔姆斯基的影响下，福多提出了一个相当严格的心理模块性理论模型。1980 年秋季学期，乔姆斯基和福多联合讲授研究生课程《当代认知理论》，福多将这门课上的讲稿汇集整理，形成了 1983 年出版的《心理模块性》。

《心理模块性》一书是这一时期心理模块论的代表作。在书中，福多首先为加尔的"官能心理学"辩护。在清除了颅相学的阴霾之后，福多继续指出加尔对心理官能的定义以及区分策略对当代认知科学研究的积极价值。在此基础上提出了按照功能进行区分的模块性心理架构。福多的心理模块性理论认为，在领域特殊性的基础上，个体的部分或全部心理机制至少还具有这样四个特征：信息封闭性、高速响应、限制性通达，以及神经结构特异性等。这构成了一个关于模块性的强假设。

从 1983 年到 21 世纪初的二十年间，他的《心理模块性》一书曾经再版过好几次。每一次再版，福多都没有做修订。一方面，这可能显示了福多对自己最初著述的信心：书一出版就不必再做任何修改了。另一方面，这也反映出二十多年里福多的思想没有明显的提升，也没有获得更新经验、证据的支持。因此，数十年间，福多的心理模块理论并没有实质性进展。

另外还有研究者指出，福多的心理模块理论是不彻底的。福多将心理系统分为输入系统与中枢系统两部分。其中输入系统是模块化的，但中枢系统却是领域一般的。研究者指出，这种区分强化的心理功能的结构化特征不可避免地形成了关于心理本体的定义悖论，即这种两个层次的模块化分布的心理模型不能脱离先验论的前提。如果没有先验设计，这种心理模型不能从已有的结构中生成新的功能。

对福多式模块的批评引发了两种取向的"超越"。

卡米洛夫·史密斯通过《超越模块性》表达了一种具有发展性的心理模块化进程，超越了静止结构化的福多式模块；科斯米戴斯和托比的"瑞士军刀模型"，以及平克的"语言本能"则从进化论的立场出发超越了福多式模块的先验性。与此同时，他们都放弃了福多式模块过强的构成标准，把心理模块性的意义聚焦于"领域特殊性"这个核心特征。

这些话题在 20 世纪末，以及 21 世纪的第一个十年中引发了关于心理发展以及心理过程的"领域特殊性"与"领域一般性"的讨论，但是讨论的热潮消退得很快。一方面，过去十年来，关于模块论的讨论逐渐远离心灵哲学的议题中心，取而代之的是"预测加工"的"大一统模型"。另一方面，领域特殊性假设则被双加工理论取代。预测加工创造了一个建构性的贝叶斯模型，用来描述主客体之间的互动对认知的塑造过程，用建构的情景性取代了功能指向性的心理模块；双加工理论则是将复杂的心理过程的领域特殊性简化为自动加工和控制加工两个基本领域，彻底避开了"有多少种任务就有多少个领域"的枚举陷阱。

当前，围绕心理模块论的讨论总体上未见特别热烈的状态，且近十年来未见有代表性的新成果出现，究其原因，我认为有这样几个方面的因素值得大家考量：

第一，心理模块理论在结构论与功能论取向上的暧昧态度。心理模块是一种功能性模块，即针对特定任务而集成的一套独立反应模式。但是，在描述心理模块的构成标准时，模块理论却采用了结构性元素，诸如模块之间的分离与联系、从周边到中枢的排列顺序等。结构论与功能论形成了关于心理模块不同的定义语境，而心理模块理论则难以在两套语境中实现逻辑自洽。

第二，领域特殊性的构成标准过于复杂，关于领域的划分难以实现。心理模块最重要的特征是一个模块只针对一个领域的特殊任务，这就是领域特殊性。但是什么样的任务才构成领域特殊的任务呢？不同的心理模块理论都有不一样的标准，且相互之间也不具备可公约性，这造成了在"领域特殊性"这个核心概念上不同的模块论者不能形成真正的对话。

第三，还原论取向是心理模块理论进一步推进的障碍。从加尔的官能心理学开始，各种心理模块化的思想都没有做到拒绝还原论的诱惑。心理模块作为一个功能体，如果没有被赋予生理结构的实体，总是让人难以把握、难以理解。一方面，将心理模块与相应的神经结构对应，既为模块的边界找到一个可测度的物理学指标，让心理模块这个抽象观念具有了某种可视化的标记；另一方面，也让心理模块理论可以得到来自神经科学的经验证据的支持。但是，与此同时，神经科学还原论本身的理论困难也成了心理模块理论的困难。

心理模块理论若想要走出这样的理论困境，需要倡导一些新的理论预设，以突破先前心理模块理论的藩篱：

首先，模块论必然是功能论取向的。

先前的模块论没有明确地倡导功能论，因为心理模块论很难拒绝结构论的"诱惑"，这种"诱惑"来自关于心理模块的生理结构的隐喻，即"心理器官"。将心理模块器官化的类别可以让初学者比较容易地接受心理模块的意义，但是同时也增加了将心理模块物理化的危险。事实上，还原论取向正是做了这样一种尝试，但是没有获得预期的结果。

相应地，功能论取向的模块论才能真正免除由于功能论与结构论之争造成的诸多矛盾，诸如领域的边界与区分、心理模块之间的激活与关闭、心理模块的预置设定等。心理模块是一套功能性反应机制，其边界定义与驱动都是由功能来规划的。由功能规划的运行机制本身不需要预先设定，而是通过主体与环境的互动来实时调节的。

其次，模块论必然是进化论取向的。

心理模块论必须舍去结构论取向的另一个理由是：结构论取向的模块论必然是先验论的，例如乔姆斯基的"普遍语法"。科斯米戴斯等人，以及平克把心理模块的先验论论述替换成了进化论，但没有从根本上摆脱先验论的桎梏。用"进化而来的模块"来替代"先天性模块"并不是一种有效的"去先验化"策略。功能论取向与进化论的耦合才是解决心理模块的生成性问题的基础。在进化论的语境中，功能即意味着适应。适应是主体与环境互动过程中不断地实现"平衡化—去平衡化—再平衡化"的过程。在这个过程中，主体与环境都围绕着"适应"进行实时的调整与改变。这种调整与改变不需要先验规则的监督。因此，在进化过程中通过"适应"而塑造的功能性模块可以在主客体的互动中自发地生成。

其三，心理模块必然是具身的。

离身与具身的博弈构成了当代认知科学步履蹒跚的两行脚印。一边是努力通过符号表征来形式化地描述心理过程的努力；另一边则是希望用身体体验来提升计算的精确性。"第二代认知科学"的出现就是要努力调和具身的体验与离身计算之间的矛盾。离身性受诟病的原因可以追溯到笛卡儿的"身心二元论"。因为身体和心智被分离开了，所以对身体和对心理的描述分别属于各自的话语体系。这种分离所造成的概念和理论混淆在今天的认知科学中体现得越来越明显，第二代认知科学就是要颠覆传统认知科学（或者叫"第一代认知科学"）"身心分离"的基本预设，建构一个全新的认知科学范式。

在这样的背景下，心理模块理论如果依然固守离身的计算主义，将会被21世纪的"第二代认知科学"远远抛在后面。

昊家文和蒋柯的新作《语言模块新论》从语言模块的研究出发，明确地提出了功能论取向的具身心理模块论。在心理模块理论已经不那么热门的时候，甚至显得有些式微的当下，这种主张何尝不是对模块论的一种救赎。

李其维
2024 年 3 月于华东师范大学俊秀楼

目　录

第一章
语言模块理论的嬗变之路

　　语言机制是心理机制中的重要种类，语言机制与其他心理机制一样应当是也必须是模块性的。语言机制的研究当前已经进入到跨领域、多学科的研究成果结合的阶段，它会综合语言学、认知神经心理学，认知心理学和认知神经科学等多个学科，力求从跨学科、跨领域的视角获得统一性和整合性的研究成果。而"语言模块"理论本身所具有的整合性、层次化和功能分解注定其能够提供分解与交融、互动与整合的研究视角。

　　传统的语言学与心理学的模块理论主张身心分离的研究立场以及"以结构定义功能"的研究策略，而语言的心理机制研究由此遭遇到的理论困难预示了在基本预设层面上亟待一场理论变革。

　　在开始立论之前，我们有必要首先厘清过往的语言模块理论的演变与发展。在现今的心理学和语言学界，如果聊起"语言模块"的话题，应该无一例外地会想到福多提出的"心理模块性"理论，这是因为，是福多首先全面且系统地提出了心理模块说，所以福多的心理模块理论就有了开创性，它也为心理模块理论的发展奠定了基础。我们今天意欲构建全新的语言模块理论，就有必要了解福多的心理模块性理论的理论来源与发展轨迹，因此本章我们首先会专门梳理福多心理模块说的理论成形之路，了解福多对20世纪主流心灵哲学的批判，并力求了解福多立论其标志性的心理模块理论的背景理论，以及他如何进一步基于此立论其新的模块理论。

　　作为乔姆斯基的学生与同事，福多与平克都分别继承与发扬了乔姆斯基相关理论中的模块说与本能说。不同的是，平克的模块理论关注语言本能，并以之为基础来立论语言的模块性，而福多则是从心理模块性的立论陷入功能主义的困境。然而，不论乔姆斯基、平克和福多的哪一种理论，都各有其重要的理论价值，可以并称为三大经典的心理模块理论，所以我们于本章的后部分，将详细梳理这三大经典理论互有的承袭与争论。

一、20 世纪心灵哲学之批判

1983 年福多出版《心理模块性》一书。在这本书里，福多再次言及功能主义心理学，进而给出了完整、系统的心理模块论。于是，福多在心理学和哲学界掀起了理论浪潮，也兴起了范式的革命。由此，哲学，特别是心理学，相关理论将有翻天覆地的变化。这里，循着福多相关理论的立论线索，我们可以探索他极具影响的心理模块论的立论之路。

福多尤善批判，并且基于批判，他构建了相对完善、科学的理论。凡是 20 世纪心灵哲学中具有代表性的思潮皆在其猛烈抨击之列，由联结主义理论至主流实在论，等等，可以说他由此解构了 20 世纪相关的主流心灵哲学，进而基于功能主义构建其心理模块理论。意欲研究他的心理模块理论，我们应该首先关注福多对 20 世纪的相关主流心灵哲学之批判。

（一）联结主义之误

联结主义应该属于 20 世纪心灵哲学主要的代表，该学说继承了经验主义衣钵。所以，联结主义会被行为主义者视为心理学的终极理论，而且也被认知主义者奉为圭臬。福多的批判在根本上否决了联结主义的根基，且进一步基于功能主义重新建构了心灵哲学。

从一开始福多就很明确，他批判联结主义在事实上是对功能主义的价值和意义的曲解。他指出，联结主义于功能主义之误主要表现在两个方面，基本而言，联结主义指出官能主义存在着的形式，正如现象论所言中的存在着的椅子和桌子一样……另外，也可认为联结主义认同官能主义的观点，且以之为更为基础的实体构建而成。但是，不管怎样言说，联结主义对大部分官能主义论者的观点皆有否定之意。由此而言，联结主义理论的兴起就造成官能主义心理学不可避免地没落。（福多，2002）对于这种没落，福多用《哲学和心理学词典》（Baldwin，1911）加以说明，指出该书仅仅只有一小段落论及官能心理学，其中还居然存在"一个重要的错误与两个不恰当的论据"。有一个明显的错误是，联结主义的批判是落在功能主义以功能对心理结构进行划分上的，并认为这极易落入二元论的困境。福多指出，功能主义的关键要点事实上是在官能和行为能力之间寻找因果行为。这一点，内得·普罗科在他的《现代功能主义》的引言里对功能主义的论点有相似的总结："正如物理主义论者的观点，所有现时存在的实体，比如：物体、状态与事件，皆可看作是物理实体。他们只是不认为特定的事物间的联系可视为物体特征……而形而上学理念之下的功能主义者会从心理状态中的因果性获取它的相关特征。"（福多，2002）第一点是，联结主义论者只会对心理官能与任务做简单对应，指出每个任务皆有一个对应的官能来负责。比如，计算 1 + 1，我们就会存在一个和"1 + 1"对应的心理官能，而计算 1 + 2，我们就又会存在一个和"1 + 2"对应的心理官能……由此类推，我们人类所可能具有的官能未可穷极，无穷无尽。第二点是，联结主义论者混淆了功能及其实现的主体。这样，功能主义就被解读为：负责歌唱的官能在歌唱，负责舞蹈的官能在舞蹈，负责意志的官能做选择，负责理解的官能会思考……正是存在这样的理解错误，联结主义对于功能主义的批判就会有失公正，甚至存在空泛的和人格性的批判。更有甚者，这些批判绝大多数是出自第二手的材料。

另外，福多也解析了联结主义无法回避的致命困境：联结主义立论的前提正是其一再否定的所谓先天之官能。其相关论证如下：

首先，联结主义有这样的事实：它承袭了经验主义对先天观念的批判，指出先天认知结构并非心理过程所必需，换言之，我们的心理过程根本就不需要什么先天官能。

其次，联结主义还有这样的事实：如果联结主义已经不会再满足对于行为主义的现象学解释，那么联结主义为了获取支持就会转向认知主义。这样一来，联结主义就将认可认知主义的理论立场和解释原则，例如：

（1）是一系列的元素构成了心理结构。

（2）在元素与元素之间会有某种初步的联想关系。只为"初步的"，这是由于能够联想的特性将存在于联想之中；而联想的规律可以被用于其本身，也就是说，可以是联想性产物的观念或者反射之类，这样一来，就会存在复杂的心理结构与基本的心理结构之间的差异。（福多，2002）

（3）联结主义认为联想会依循某个特定的规则，而这一规则会决定具体什么样的观念之间将有可能产生联想，或者说，有可能产生什么样的条件反射。

（4）在心理结构中存在的联想规则能够被解释为特定的理论参数。比如，如果联想存在不一样的力度，则反射可能会呈现出不一样的操作水平。

此外，联结主义也还有这样的事实：因为认可了上面提到的原则，联结主义在实质上已经有计算主义的倾向。

因为计算主义的基本倾向为：所有复杂的计算过程都能够还原至基本操作的集合。计算主义理应认可在数量上并不多且能够穷尽的基本操作所对应的官能。进一步探究，从更深层次来说，计算主义还理应认可一种说法，即应该有一个预先的（事实上也可谓先天的）运算规则，"对于联想于一起的心理表征，假如我们欲把它视为从一定程度来说是由规则而非互相联系吸引于一起，那么将需要可以操作这些规则的相应机制"。（福多，2002）必须有相应的机制运用这些规则，同时也有相应的机制保存这些规则。（福多，2002）此类机制我们应该可以将它定义为一种官能。"如此一来，可以作为结构的官能就能够于一定程度上加强其所拥有的计算能力。如果我们去细究其基本的运作机制，在认知系统存在的输入和输出的功能之中，将难以分辨这个系统的构成出自基本的心理上的结构，还是出自更为细小的组装结构。而输入和输出都应该是等值的，这也意味着计算上的等值，这样等值的系统在原则上能够依照这两个方式中的任意一个去建构。如果由和它具有联系的外面的装置去考察，会发现这两个系统事实上能够视为同一个机器。"（福多，2002）

综上所述，我们能够给出的结论如下：联结主义对功能主义的质疑在事实上否定了其自身赖以建立的理论基础，然而，它对功能主义的接受又揭示了联结主义并非心理学之理论终结者，并且应该放弃这种所谓的终结者地位。福多强调，联结主义落入窘境，遭遇两难，也意味着问题的解决之道理应在联结主义之外。

（二）对于整体心理观的质疑

传统的办法是会将理论与观察彻底分离，而且，观察往往具有客观且中立的属性，而作为理论往往有相对性和倾向性，这样一来，我们往往会用观察作为标准去检验理论。进入 20 世纪 70 年代，部分学者质疑和颠覆了传统的观点，这些学者关注观念间的渗透性，强调观察会渗透理论，知觉则会渗透认知，价值观应该渗透文化，科学也会渗透类别，而形而上学将渗透语言，诸如此类。如此看来，观察与理论、知觉与认知，等等，它们之间并无严格的分界，所有都是相对而言的，完全不会有所谓客观和中立的标准。对此，福多指出这是相对主义观念下的整体论，他对该理论给予了充分的怀疑。福多认为："相对主义的整体论忽略了人性之中特定的结构。……在认知心理学看来，人性之中应该存在特定的固有结构，……进一步，认知心理学还会强调认知机制的多样性与异质性，另外，还会关注认知结构上所具有的严格性，这样，自然就得出了认知结构的封闭性观点。而如若存在官能和模块化结构，那么所有事情之间则不可能发生互相的干扰或影响，与此同时，改变自然亦将不会如此之易。"（Fodor，1990）这也意味着，福多对整体论的质疑与批判是意欲恢复传统的理论和观察分离的看法，进而指出心理在官能上的相互独立，再进一步则是关注心灵在结构与功能上的属性。

福多选择了几个视角对整体论加以质疑。他质疑了它的角色推论语义学，并提出了他自己的观念——心理语言。尽管在 1980 年以前他对角色推论语义学仍然抱以支持的态度，然而在此之后，福多开始关注精神内容所具有的因果性，以及意义的结合，认为角色推论语义学彻底将整体论倾向推到了极致，根本上否定了对精神本体的考量，而对精神内容的关注定然会有对现象所给出的因果论与原子论的解释，如果角色推论语义学彻底否定了它们，那么它所持有的语义学事实就完全没有了精神内容。

另外，福多认为，凡是整体论理论都会存在一个共有的核心理念，即给语义功能所下的定义，而这在他看来，是一种事实上的"认识约束"。即假如 A 的意义可以部分抑或全部地决定 B 的意义，就可以说 A 事实上是 B 的认知约束。整体论就是以该观点作为其最重要的理论前提。福多强调，整体论的观点是：言及精神状态，其内容取决于、并仅仅取决于和其具有相关性的一切认识约束，而这也意味着，对存在精神实在的可能持有完全的否定态度。

在这一点上，福多会有不同的观点："从整体论的理论出发，所有的意义与个体意向全会受限于其认识约束，如此一来，在最普遍的、得到认识的实际意义的方式上，人们会是表现得不一样，这也意味着，任意两个人之间，甚或某个人于不同时间，皆不会有存在一样的观念或意向。所以，任意两个人皆没有可能会有相同的意向原则。所以说，普遍的意向原则并不存在；而且，压根就没有意向心理学。"（Fodor，1992）

福多进而论证道，整体论将令心理学失去其普遍性的意义。"整体论认为，假如处于诸多心理状态中的某一种，将一定会具备其全部。因此，如果两个有机体具有整体论性质的心灵，其心理生活则越可能相似，或者，同一个有机体在不同的两个时间段，其心理生活也越可能相似，也就是说，它们将具备一样的心理学规律。于整体论看来，如果两个心灵拥有其完全的意向状态，则将拥有其所有的意向状态，而意向状态于本质上为整体的概念越真，就意味着意向心理学所认为的普遍化将越不可能实现普遍化。"（高新民，2002）

（三）对于意向工具论的质疑

在福多看来，工具论事实上亦为实在论。所以，福多意欲将其理论与其事实上的表现区别开来而将其理论命名为"意向实在论"。于是，乔姆斯基和丹尼特等人的相关理论被命名为"经典实在论"。论及这两种实在论的区别，福多指出，一种关涉内在的心理结构，并认可其结构之间的相互独立；另外一种则由语义学出发关涉心理结构的实在性，认为心理结构是相对于一种信念的实在。对此，大部分当代的心理哲学家会否定第一种论点，肯定第二种论点。而福多则偏偏相反，肯定了第一种论点而否定了第二种论点。

福多认为，丹尼特（Dennett）事实上为工具论者，只会在乎意向本身所呈现的状态，以意向来言说心理现象，且会忽略心理表征，于是会令他难以言说意向的工作。"否定工具主义是因为，在愿望或信念心理学的有效性方面，工具主义难以提供足够的证据。对此，恰如博伊德、普南特等人所言，愿望或信念完全应该是错误的。而丹尼特的错误是，仅仅由假设性推论去论证一个预设理论的真实性，可在实际上，丹尼特还是仅仅提出唯一的理论，而且早早地就给它戴上了真实的皇冠。"（Fodor，1985）

从语言学的理论视角，乔姆斯基同样给出了心理模块性的论点。他指出了先天性的组块构成心理，并且，这些先天性的组块都是各自独立的、特异性的信息体，这些信息体各司其职，完成自己独立的、特异的任务。例如，语言的模块就是先天性的内部组块，亦为内部表征，也就是乔姆斯基所定义的"普遍语法"。它专门负责自然语言的加工处理，所对应的并非一个具体的语言，而应该是所有语言习得的可能性。当语言刺激被接受，则会有语言模块被激活，继续激活的结果是发展成母语所具有的、具体的相关语法规则。这样一来，乔姆斯基把心理性的结构对应为生理性的结构，进而给出心理器官理念。尽管福多也是心理模块思想的倡导者，但是他并不接受乔姆斯基在心理结构方面的观点，对乔姆斯基的相关理论有所质疑。

福多首先指出，乔氏将心理结构与解剖学上的器官进行类比，存在不恰当的因素。比如，会容易引起术语和解释的混乱，而这一混乱的结果，会使得人们在生理结构中寻找心理结构的对应，更有甚者，会力求为心理结构找寻相应的生理区域，而事实上，这种找寻注定会是徒劳无功的。不仅如此，这样的类比还有一个危害，即会让心理模块性理论失去其自身应该有的理论意义。假如我们能够将心理模块还原到相应的生理结构，那么心理模块将丧失其应有的理论意义，进而失去其理论适应力。因此，我们不应该将心理模块性的定义与生理结构相提并论，否则势必会造成模块概念之上的混乱可能。

另外，福多认为，乔氏关注的先天"信息体"，事实上应该是先天性的知识。"如果继续深究，所谓先天性信息体事实上是一种知识，尽管新笛卡儿主义者会忽视这类信息。然而，哲学的理论倾向是将知识看作为标准化之后的观念，且往往和判别标准所具有的满意程度相关。……这样一来，乔氏在解读语言的学习时，天赋和知觉经验将怎样依据其各自的内容相互关联、相互作用，这个问题就必然会有所涉及。在乔氏看来，儿童会利用一些初级的语言数据，由'普遍语法'的先天且可供选的法则中加以选择，或者，由一些天赋并未确定下来的一些参数的值，去'校准'一些内源性的相关规则图式。如若天赋的相关内容被视为具有命题之内容，乔氏的相关解释则确实会有意义，因为它说明了语言所具有的普遍性和相关规则图式，等等。不过，如若依据相反的假设，乔氏的这些解释将变得完全没有意义。"（福多，2002）

而且，乔氏的心理模块事实上仅仅是某种表征系统，完全限制了有机体在行为上进一步发展的可能，而其自身却无运算之能。这样一来，乔氏的心理模块难以具备某种功能，而仅仅只是为某种功能提供了一个平台，以支持它的实现。基于此，福多指出了乔氏模块缺少了心理模块的整体蕴含，并由此对乔姆斯基的模块界定提出了质疑。

综上所述，福多所力图建构的心理模块事实上为一种在功能上独立且具有独立运算能力的某种心理实在，完全没有必要去苛求它与某种解剖结构的严格对应。而且，他还力求在发生学意义上对心理模块的起源加以解释，并由此关注人类心智到底是如何源起的。同时，我们也有必要强调福多的心理模块性理论的起源。它的理论背景或理论起源应该不是唯一的，而应该是多样的。因此，我们在解读福多的心理模块理论时，应该详尽梳理、分析福多心理模块思想的相关背景理论。

二、福多心理模块思想的背景理论

如果将福多归入心理学家，那么我们应该会马上联想到福多的心理模块性理论。仔细梳理、探究其心理模块理论的构建，会发现该理论事实上是基于功能主义思想、意向实在论思想、思想语言理论、因果协变论、非对称性依赖理论和计算理论等诸多理论构建的，这些理论可以说是福多心理模块性理论的背景理论，也可以这样说，福多事实上用心理模块性的理论把之前他在各个领域所做的相关研究做了一个提升性的理论总结。

（一）福多理论中的功能主义观点

功能主义的核心思想是以官能对应研究精神。它认为，心理官能事实上是一种功能机制。福多理论中的功能主义观点会针对心理给出两种不同的官能，即垂直官能与水平官能。福多如此区分的标准事实上是基于心理的不同机制。

在福多看来，主张水平官能的功能主义属于新笛卡儿主义。水平官能倾向于"依据官能的典型命题去划分相应的官能，如此一来，依据语言里面具有的语言学的相关普遍性，我们可以认识到公认的相关语言器官"。主张垂直官能的功能主义则有所不同，倾向于依据官能对应的相关典型性的功能去划分官能，"也就是说，以功能实现对官能的划分与界定"。（福多，2002）在这样的理论背景之下，福多对功能和官能作出了相应的区分，此处所谓的"功能"应该对应的是心理结构所可能实现的效果。至于"官能"，应该是获得此类心理效果的相关心理结构，事实上，这种心理结构存在于理论之中，于现实世界未可得之。然而，福多于此之后，似乎又忽视了它们的差异，他在多数时候倾向于使用"功能"的概念。至于之后的功能主义者也同样倾向于使用"功能"的概念，而"官能"的概念似乎被遗忘了。

福多还认为，"功能"的概念认为官能附带相应的信念结构，而"官能"的概念认为官能附带相应的心理机制。其区别可联想到经验说和先天说，这两种学说事实上可以为"功能"与"官能"给出不同的诠释：在经验说看来，"功能"是完全的经验主义理论；而在先天说看来，"官能"则可以说是彻头彻尾的先天论。

福多认为，认知加工机制在水平官能那里会分类为注意、想象、记忆、感觉和知觉等各种官能，各类官能的组合则会决定各相应心理状态的各个特点。因为心理状态的相应特点会多多少少独立存在于主观对象的外面，这样一来，由一个思维主题转移至另一个思维主题时，官能会被设定为没有变化。以传统概念上的心理理论为例，它总是强调对官能的判断，对官能的判断会强调心理内容中对相关状况与特点所做的识别。对官能的判断也是判断能力的来源，常常在法学、美学、道德以及科学等各种领域内都起到作用。在水平官能的理论看来，每一次发生作用的往往会指向相同的判断官能。这样一来，对情绪、好恶、冷热和悲喜等问题皆会具有相同的某个心理机制。拿记忆来说，传统理论一般会倾向于将记忆视为一个与信念相关的储存库。如此结构的相关类比完全揭示了官能主义心理学所具有的普遍性特点。与本能相关的结构在心理中会起作用，心理会根据这样的长时性的背景性结构判知即时的位置状态。像此类过程会在心理中发生，至于具体会有怎样的发生、会发生什么样的内容都会受限于心理分布的特点。今天，我们都会承认人类大脑内部存在多个记忆系统，这样的多个记忆系统事实上就属于水平官能式的结构，任何记忆性的运作皆会逐个激活、操作各个记忆系统。这也意味着，时间的回忆量或流逝量将对应记忆在某一时间所处的状态，并不会是记忆所具有的内容。因此，在记忆中储存"事件"并不一定要有特异性的水平官能的存在，然而，将"命题"记住却是必需的。如此一来，将"面孔"记住也不一定要有特异性的水平官能参与，不过，如果需要将"音调"记住，却是必须有特异性的水平官能参与。这是由于，从定义上来说，"面孔""事件"之类的内容的特异性并不应该会是水平的结构。

福多举了以上两例，旨在解释水平官能的理论事实上是以放弃空间实现功能原则的坚持。水平官能的理论并非关注某一心理内容于时间 t 所在的位置，而是关注在 t 时间能够通达的所有心理加工的集合，这样一来，于某一时间被认知加工过的内容会是该时间内在心理中被加工的所有内容。而从理论上来说，此类假设应该不能够成立，或压根就毫无意义。因为人们没有办法认可会有此类符合严格意义标准的水平官能：任何完全意义上的水平官能应该是功能独立的，它的任何一个具体内容于某一具体的时刻皆应有可通达性。

由此，福多委婉地否决了所谓水平官能的理论，同时，他从功能主义出发，更为认可垂直官能的理论。与具有普遍性意味的水平官能的理论相比，官能心理学提出的垂直官能可以追溯到、对应到自己特有的思想渊源。弗朗茨·加尔是"垂直官能"的第一个倡导者，他的学生基于他的理论提出了声名狼藉的颅相学。所以，在心理学的学科史上，加尔的名声极坏。不过，福多却为加尔感到惋惜，并为之抱打不平，全力支持加尔的垂直官能理论。"在加尔看来，水平心理的理论可以说就如一种幻想。……事实上，完全不存在所谓的水平官能。加尔认为，应该是一些各种各样的喜好、态度、质量和基本力，……至于被加尔叫作'智慧'的，于一定认知的范围里，能够由之区分出所需的相应才能；这较之于水平官能来说，有所不同，智慧可以依据其主题进行分类。"（福多，2002）加尔进而认为，实际来说，福多指出加尔学说的核心，各类不同的能力之下的心理机制也将有所不同。

加尔指出，各不相同的心理功能会用各不相同的机制加以实施，并没有能够实施多种甚或所有的心理功能的全能机制。加尔经常以鸟举例，鸟儿能够筑巢与鸣叫，不是以同一智慧，而是以不相同的智慧能力分别去实施，所以说，完全不会存在既能够筑巢，同时还能鸣叫的水平官能。加尔假设，每一个特定的能力皆会存在与之对应的官能，而且每一个心理官能皆能于神经结构之上寻得精确的定位。也正基于此，加尔的弟子们认为，假如存在一个高效的官能，那么该官能所对应的神经结构，亦即大脑的某特定区域应该也会是高效而发达的，这样一来，它所对应的颅骨亦会被发达的脑区撑起来，显得肿胀一些。因此，颅相师可以由颅骨的形态获知相应心理官能的状况。而这一说法事实上亦即心理学史上声名狼藉的所谓"颅相学"。由于"颅相学"遭遇了大家的激烈质疑与批判，也因此殃及了加尔基于垂直官能概念的功能主义理论。然而，福多对加尔的垂直官能概念情有独钟，所以会为加尔喊冤，责备理论界忽视了加尔垂直官能概念的价值。福多将加尔的垂直官能概念做了如下总结：

首先，心理官能应该具有领域特殊性；

其次，心理官能应该具有精确的神经定位，所以能够还原至相应的神经生理结构；

最后，心理官能应该来自遗传。

加尔有关官能的界定，福多基本全盘接受。福多进而补充道：心理官能应该是计算上能够自主的，也即加尔所说的心理官能之基本能力事实上无须竞争、无须共享。此所谓彻底的垂直官能，非但强调心理官能之间的不同，还进一步关注心理官能在运作时的相对独立。该理念对于福多影响深远，对其心理模块性的理论萌生至关重要。

然而，我们有必要关注，加尔与乔姆斯基有不同的官能界定：计算自主性是加尔对垂直官能的关注重点；而在乔姆斯基那里，心理官能并无计算能力。由此可见，乔姆斯基的心理模块没有领域特殊的独立官能能力，而仅为某种天赋的发展图式，能够由经验刺激激活。官能仅仅为有机体某种规定下的发展可能性，其自身并非直接去实现某种功能。不同的是，加尔所谓的垂直官能，亦即福多之后所谓的心理模块，就能够具备确定而实在的计算能力。垂直官能不仅为天赋的心理机制，且会直接加入有机体去实施其具体经验中的心理功能。这样说来，较之于乔姆斯基的心理模块，加尔提出的垂直官能更像是心理器官的特征，尽管这个提法与福多本人的意愿并不相符。

（二）福多理论中的意向实在论观点

心理学家和哲学家布伦塔诺将心理的意向性引入了现代哲学，并使之成为一个经典的命题，即所谓布伦塔诺问题。心理的意向性提出了一系列的相关问题：第一，心理的意向性是否属于物理属性；第二，假如属于物理属性，心理的意向性为何可以指称或关涉非物理属性之物；第三，心理的意向性取决于人和世界之关系（宽内容界定），抑或取决于大脑之结构

（窄内容界定）；第四，心理的意向性中的意向内容是否具有因果性；第五，假设具有，那么此因果性应该怎样实现？

20 世纪早期，心理的意向性的研究焦点为现象学。20 世纪中期以后，在认知科学、人工智能、语言哲学和计算机科学等多个相关领域发展和流行，心理的意向性学说日渐为认知科学与心灵哲学所关注。20 世纪后半期以后，每当人们提及心智论题，往往会不可避免地留意到心理的意向性观点。时至今日，对于心理的意向性理论，心灵哲学倾向于两个不同的态度：意向工具论与意向实在论，由上面的论述，我们知道福多倾向于意向实在论。

所谓意向实在论，它的核心观点实为本体实在，即把心理的意向性界定为在人类心智或大脑中以特定方式存在的东西。意向实在论往往选择非还原论方式和自然化还原方式作为其论证方式。非还原论的方式会把心理意向性看作独立实在。欲将心理的意向还原到更加基本的物理属性，以获取其实在性的论证，此类过程应该属于还原论的范畴；而欲以心理的实际体验为基础去获取心理的意向，此类实在性的论证应划入非还原论的范畴。福多支持的立场应该属于还原论范畴，他的论证逻辑是，语义能够还原至句法，心理的意向能够还原至心理的官能，心理的官能则能够还原至神经结构。

福多关注的哲学主题有两个：其一，主张常识心理学应该有的合法性意味；其二，支持物理主义所持的立场。福多试图把它们放入一个理论体系，即力图把常识心理学放入物理主义框架去论证其合法性。常识心理学强调人类的心理学法则——诸如信念、愿望、推理和判断等心理状态所具有的命题性法则。这些心理法则存在于内在的心理结构。普遍来说，我们可以认识他者和自己的心理状态，正是由于能够应用内心所具有的常识心理学。不过，学科的融合，科学心理学的发展，这些都让常识心理学遭遇了困境，其有效性与实在性日益成为学者们质疑的焦点。学者们会质疑常识心理学的原则，认为它们往往是无效的，并非科学的属性，常识心理学提出的愿望、信念等意象论题事实上并不存在。因此，常识心理学的相关研究没有意义，应该取消，此即所谓取消论。

常识心理学被取消论所质疑，而福多仍然提出应用意向实在论论证常识心理学的合法性。然而，福多怎样去证实意向的实在性以及常识心理学所具有的合法性？其论证视角应该是属于物理主义的。他的具物理主义意味的假设为：第一，自然界存在的所有事物，从本体论来说，皆为某种物理存在、具有物理属性或实际上是一个物理过程，心理的过程亦是如此；第二，任何示例的属性皆为某种物理的条件，且后者乃前者之解释；第三，任何基本的规律事实上皆为物理规律。当我们去言说自然科学的事物或事件之时，物理主义总是具备有效性。福多指出，自然科学旨在找寻和主观材料相对应的具有因果性的解释，且这种解释往往在更高的层次上建构相关理论。循此规则，心理学将心理的事件解释为具有心理类型的相应元素，且此类心理的类型往往能够与某种神经生理属性相对应。如此一来，心理事件，像愿望、信念之类皆能还原成具有物理属性的内容。

当我们言说意向实在性，应该先确立那些还原了的、有代表性的心理意向的内容；然后，还应该再确立具实在性的基本相关要素，此亦为心理意向所欲还原之要素；接着，还应该再确立具体之法则，这样才能够把心理意向还原为实在的过程或者要素。福多相关论证的逻辑线索就是这样，以三个方面的观点去言说论证所干涉的三个阶段性论题。首先，是意义相关的因果性协变以及非对称的依赖性论题，用它来解释心理意向性具有怎样的本质特征。其次，应该是心理语言的表征论题，揭示命题态度的本质。用它来解释心理意向能够还原至"为什么"的内容。最后，应该是心理计算理论，用它来解释心理过程。心理计算理论旨在解释还原心理的意向应该按照怎样的法则运行。

福多一开始就把因果性视作心理意向性里最重要的内容。设定了还原的对象后，福多再把命题态度确定为心理意向的还原目标。心理意向性事实上包括了信任、愿望、恐惧、期待、意图、爱与恨等诸多内容。如此一来，福多再以心理计算的视角言说心理意向所对应的还原过程。福多认为："心灵是人类的大脑所拥有的计算机"，意向所具有的过程应该是意向的状态在人类大脑内所对应的因果性过程，亦能解释为计算过程。于是，福多将这些过程总结为："我认为，应该有意向论的实际。……这些过程或许能够被还原。……心理意向性的语境因为和反事实的语境具有相关性，从而亦具内涵性。……事实上具有此类认知机制，它的功能即为，将标记的心理表征植入该系统之内。"（高新民，2002）

综上所述，福多相关理论的核心应该有非对称依赖与因果协变、心理语言以及计算理论。这些理论堪称福多意向理论的亚理论，这么认定是由于这三个理论观点都被福多用来言说心理的意向所具有的实在性。然而，如果将心理模块性理论视为福多思想的集大成，那么我们就能够了解到上面所述的福多的所有观点皆可视为心理模块性理论的基石，换言之，它们可以作为支持心理的模块性言说的理论依据。所以，在我们看来，福多的这些观点皆可视为相互平行的理论，这些观点之间完全会有论证和被论证的关系，然而，它们之间的理论价值应该是相等的。

（三）福多理论中的"思想语言"观点

对于"什么是心理意向的本质"问题，在 1975 年，福多提出了"思想语言"的假设方案，他自己以及他的支持者一直在提升与完善这个假设，并由此发展出一个系统性的理论。该理论提出的基本假设为：人类皆用某类"思想语言"组织、操作思维。论及概念表达能力，尽管"思想语言"和自然语言或口头语言有差异，但它却和自然语言或口头语言一样，都有天赋的表达能力。

"思想语言"观点的中心要点是：首先，重视心理表征，将它视为思维语言的操作符号，且存在自己的句法结构与意义，用来标示一种意向的状态。其次，意向的状态总是以内容为基础，它一旦形成内容即能够形成"信念"。例如，"马上会下雨"就是一种信念，信念的对象能够形成内容，到了内容，就会用思维语言来进行表述。最后，具体的意向状态往往由各个心理表征间的具体计算关系决定。例如，上面提到的命题——"马上会下雨"，人们往往会形成不一样的信念倾向，可以出现肯定、疑问，或期待、担心，等等，所有这样的状态，事实上反映了不一样的信念于具体计算关系之内的、输入和输出间的、不一样的情况与关系。

为了肯定、主张思想语言理论，福多给出了如下四个理由：

首先，思想内容精致的复杂性往往要用具语言特点的媒介去表述。"思想语言"即为最好的办法。那么，我们应该先解释"思想"所具有的含义。在目前的心智哲学与认知科学之内，"思想"概念具有并不明确的含义。其广义的解释，则外延至指涉所有的表征状态；而其狭义的解释，则为常识信念与愿望心理学中的"命题态度"，像愿望、质疑、恐惧和信任，等等。有的时候，思想即为信念，比如，"我认为 A 怎样"；或意指批判的评价，比如，"你认为 A 怎样"。有的时候，思想亦为当下的思想，即为人们内在且可知的"自我述说"。由此来看，福多的"思想"为广义的概念。在福多看来，人的"思想内容"极具复杂性，所以必须用有极强表现能力的表征与符号的媒介来表达。这样一来，"语言一样"的媒介就成了应有的选择。一般性的表象与其他种类的形象代码，比如地图或者模型之类，皆难以满足此类复杂精致的思想内容的表述。"图画"亦难以满足。我们可以假设，如果语言上的帮助缺席的话，只是凭借图画，可否精准传达我们意欲表达的意思？研究表明，只用图画，事实上仅能表述大概相同的意思。所以，基于上面的比较，福多总结出的结论是：思想（特别是需要基于繁复的语言表达的那种）于本质意义上应该具有语言性。除此之外，我们难以找到其他可以加工这样繁复内容的表征性媒介，所以我们应该仅能认可思想的语言性质，这亦为我们唯一的可能。

其次，思想的生成性也注定了它应该拥有语言性的思想媒介。我们大脑内部可以储存极为丰富且不断变化的思想内容，而它操作此类内容的计算与储存的相关能力并不充分，甚至是有限的。经由以上分析我们能够得出：大脑内丰富的思想内容的获取是基于语义的复合性媒介，也就是基于语言。如凭借语言作其媒介，思想能够以有限的、语义性的单元来构建，而一个语义性的单元能够进一步获得新的内容。由此能够说明人类何以仅能拥有有限的储存与计算的能力，而能够实现的思想内容竟然是无限的。

再次，亦是福多所认为的决定性理由，即"语言在理解上所具有的系统性与复合性"。正是基于他的思想语言的假设才能够成立，我们往往基于词而并非句子去理解语言具有的意义——此处，词的概念意指承载思想的复合体。基于此，我们能够得出：如果我们能够了解、获知语言的相关的背景，那么，作为听者如能够理解某个句子里的全部词的意思，就一定可以解读句子的整体意义。福多将之解释为解读语言应该有的必要条件。比方说，假设某位听话者难以知道"苹果"一词的语义，这样就能够判断他很可能难以充分理解含有"苹果"单词的相关句子。事实上，因为难以理解词的语义会产生语言理解的相关难题，这往往被解读成：听者没有相应的概念储备。此类事实或分析都证明：

第一，我们理解语言，往往是基于词，而不是句子，语言能力的习得应该说是具有复合性的一个建构过程。

第二，当我们意欲解释思想内容所具有的无限性，必然会用到概念。这是由于：首先，思想于语义而言，具有复合性，其往往由概念复合而成；其次，意欲理解思想，则需要我们储备好相关的词与概念的联想性知识。

第三，正因语义具有复合性，表征系统才能体现语言化的特征，所以，语义的复合性是关键特征之一。

综上所述，福多认为思想的形成和发展是一种"自下而上"的操作。然而，此类理解不可避免地将遭遇到一些无法解决的理论难题。我们也将于未来的分析中看到福多如何苦苦寻求这些理论难题的解决办法，不过遗憾的是，福多认定了思想是遵循"自下而上"的认知加工方案，这使得他难以摆脱困境。即使他力求于后期构建理论时不断地修修补补，也难以从根本上摆脱这注定的困境。

最后，在福多看来，思想语言假设得以成立还有一个重要理由，即第四个理由，那就是"内省"所提供的证据。福多在研究中得出，我们往往会自发地将思想表述成语言性的。具体而言，如果我们在思考，会感受到源源不断的语言性的思想在运作，我们可以称之为"内部语言"。事实上，我们能够明白而清晰地感受到以某种语言运作的思想性的内容。然而，如若没有了语言，思想将无以为继、无以所附。

由此看来，当我们假设"心理状态运行表现在语言媒介的表征之中"，福多认为"语言的系统性理解方式、思想所具有的内省性意识、思想内容所具有的生成性与复杂性"可以给这一假设很好的理论支持。而且，对于思想语言，目前认知心理学领域也急需语言性表征这样的理论来加以解释，福多的观点正是满足了这种解释的需要，不仅如此，他的观点同样也从理论上关注了思维发展、认知初期状况之类问题的解释。然而，该观点还是遭遇了自身需要面临的起源问题，也就是说，语言性表征到底来自哪里。尽管福多一再主张思想的语言乃天赋所得，然而，天赋之物应该表现为某种机制，而非某种具体内容。所以，应该进一步澄清：关涉到天赋的机制怎样得到具体的内容——思想语言。关于此，福多的观点是"自下而上"的操作原理。由上可知，福多的观点是先有局部概念的获得，再经过整合，进一步得到整体的概念。

（四）福多理论中的"因果协变"与"非对称性依赖"

言及布伦塔诺问题，福多更加关注的是：心理的意向可否表征为某种物理的属性？也就是说，可不可以用自然科学的话语对心理的意向加以表述？也即自然化的论题。说到心理意向的自然化，这应该是属于为心理意向提供本体论的求证。心理意向的论题，如欲于本体论的结构论证里被大家所接受，则必须将自己置于自然科学的框架之内，且必须遵循自然科学所秉承的规则。

福多进一步指出，我们将心理的意向进行自然化处理的时候，仅仅可以为内容给出充分的条件，难以为内容给出充分且必要的条件。倘若给内容提供充分且必要的条件，那就意味着非意向性的属性与意向性的属性成了同一关系。亦即，当且仅当 H_2O 的属性与水的属性具有了同一关系，则能在水的意向性进行自然化方面给予充分且必要的条件。不过就实际而言，我们说 H_2O 的属性与水的属性具有了同一关系，这只是形而上的一种同一关系而已，于现实的世界中完全不可以实现。

另外，从神经生理的视角出发，心理的意向性并非能够必然而绝对地与某个神经功能或某个形态形成一一对应关系。毕竟意向性能够于多个神经性的实体之上得到实现。相对应地，某个神经实体的激活与作用也可能与不同的意向形成对应关系。所以福多强调，我们不应该于基础科学与具体科学之间寻求属性范畴严格的对应关系，具体科学所关涉的属性并非严格同一或完全还原于基础科学所关涉的属性。基于此，福多主张将内容进行自然化处理并非为内容给出充分且必要的条件，也就是说，并非将内容还原成非意向性的一种存在，在事实上，它是为内容给出充分的条件，这也论证了意向性的属性完全能够以非意向性的属性加以解释。

对于意向性的自然化论题，福多给出了两个关键理论：第一，基于德雷特斯克提出的信息语义学建构了因果协变的理论；第二，开创性地阐述了非对称依赖的理论。

在"因果协变理论"看来，意向性的构成要素实际上应该是"信息"，命题态度的语义性是基于心灵与世界在信息上的关系加以构建。比如说，作为思维语言的符号——"猫"——可以意指猫，是由于该符号仅对应于猫，而且仅能由猫给出，现实世界的猫与思想语言符号中的"猫"之间则存在因果协变的关系。因果协变说事实上也遭遇了困境，即所谓"选言的问题"。按照因果协变理论，符号的使用往往是基于它所对应的现实，符号所能够意指的，事实上即为引起符号的因。不过，在现实世界，引发符号的事物未必就一定为符号所意指之事物，这样不可避免地就会遇到问题。

简言之，假如"猫"能够意指猫（于猫的外延之内，有猫且只有猫）是由于猫引发"猫"属于某种规律。于是会存在两种可能性：

第一，唯猫方可引起"猫"。如若这样，则仅仅于"猫"的外延之内的事物方可引发猫的相关标记。所以，所有相关"猫"的标记应该都为真。

第二，某些非猫可能会引起"猫"。比如，假设非猫即为黑暗之中的狗（类）也能充分地引发了"猫"的标记。这样一来，符号所将说明的即为如此之类的特征，则其例示之于其标记，在法则上应该具有充分性。因此，"猫"说明的并非作为猫的特征，应为黑暗之中狗的特征。所以，"猫"所具有的外延应该为猫与黑暗之中的狗的并集。于黑暗之中的狗所获得的关于"猫"的标记则应该属于真。况且，一般来说，人们往往对于错误与虚妄总是无从知晓。

对于意指选言之事物的相关符号的真实标记和意指非选言之事物的相关符号的虚假标记，德雷特斯克的这些理论似乎很难于两者之间做出区分，对此，信息语义学将之定义为"选言问题"。（高新民，2002）

"谬误使得我们开始关注选言问题，而选言问题的关键内容并非关涉谬误的问题。选言问题的关键内容事实上强调信息和意义之间的可能差异。"（高新民，2002）在福多看来，如若想回答选言问题，最为重要的应该是明确信息和意义两者间可能存在的依存关系，故此福多才有非对称依赖理论。他主张：应该关注非对称依赖关系，它存在于以符号意指之对象所能够生发的真实性标记与非意指之对象所可能生发的虚假性标记之间。非意指之对象生发的虚假性符号往往会基于意指之对象所生发的真实性符号，如果与之相反，则不可能。再说，某一符号之标记往往仅可存在一个原因，也即，往往仅仅一个原因就能够决定相关符号之意义，哪怕实际上生发符号标记的可能的原因会有很多种。举例来说，小狗所能生发的标记应该是"小狗"，倘若兔子处于一个状况时也能够生发"小狗"的标记，那么，即便这样，"小狗"所能够意指的应该是小狗，而非兔子，亦不可能会是小狗与兔子的合集。这是由于，兔子生发"小狗"的标记事实上会依赖于小狗生发"小狗"的相关标记，如果与之相反，则不可能。所以说，以非小狗所生发的"小狗"标记往往会非对称地去依赖以小狗所生发的"小狗"标记。

综上所述，福多将因果协变与非对称依赖两个理论相结合，从而令意义表征问题与选言问题都有了很好的研究方案，也令因果协变论得到进一步完善，同时还能够于自然之中给意向内容寻得合适的解释。从某个方面来说，该理论从外在的方面对意向的自然化进行了探索。除此之外，该理论还质疑了塞尔所提倡的观点——"句法不能够满足语法"。福多由意向的自然化视角入手，将心理的过程阐述成"心理表征之上的转化"，并强调了"句法的结构可以维持语义的特性"之观点。（熊哲宏，2002f）

（五）福多理论中的"计算理论"

意向状态在本质上是心理表征与有机体之间的计算关系，这也是心理表征理论的关键前提。要主张心理表征理论，就必须要确认一种计算关系的存在。"这是因为 RTM（心理表征理论）假定，有意向状态在于有一种与心理表征的特定的计算关系，而有机体与惯用语之间的关系必须是计算的（即形式的；意即参照那些惯用语的非语义属性可彻底予以描述的）。"（熊哲宏，2002f）关于计算，福多这样定义：

"考虑到 RTM（心理表征理论）框架，……我认为我们将获得一种关于信念的计算心理学是理所当然的。关于称为 R^* 的某种关系和称为 Ms 的心理表征系统，计算心理学理论做了如下诠释：O 相信 S，当且仅当（有心理表征 M，以致（1）S 是 M 的真值条件以及（2）O 具有与 M 的 R^*）。"（高新民，2002）

也即 O 持有信念"将要刮风"的充分必要条件为："将要刮风"的事实为心理表征"将要刮风"的真值条件，且 O 基于某种关系（R^*）而具有 M。

而 R^*，即计算关系，是将惯用语的语义属性和语法结构关联起来的限制性规则。福多这样解释计算关系的意义："假定有机体具有与 M_1 的 R^*，并假定这一事实：有机体具有的这种事实对于它最终具有与 M_2 的 R^* 在原因上是充分的，而且假定这样的因果条件，即具有与 M_1 的 R^* 一般会导致实际

上直接具有与 M_2 的 R^*；（于是）前一状态可谓后一状态的有效原因。这样一来，人们便不愿把真值条件——天要下雨归属于 M_1、真值条件——现在天没有下雨归属于 M_2。或者人们至少会设法不让这类事情经常发生。至少在此范围内，对 R^* 的系统阐述限制了把真值条件归之于心理表征，反之亦然。"（高新民，2002）

此处，"限制"之意为：于计算的操作中，总存在一个或一个以上的可能性把语义的属性归于有限的心理符号。因此，关于心理表征的意义，理论的任务应该是：把心理表征的真值条件和心理表征可能映射于其上的虚假事件区别开来。为了阐述心理表征理论，福多借用了希夫尔的想法：假设每一个有机体在他的头脑中都有一个"是—盒"。这个盒子上有一个"是"的记号，它的任务就是容纳被标记为"真"的心理表征。在"是－盒"中的心理表征遵守如下规则："对于每一个心理表征 M 来说，O 具有与 M 的 R^*（即 O 信任 M 所表达的内容），当且仅当 M 的标记在'是—盒'中。"（熊哲宏，2002e）简单地说，就是只有在"是—盒"中的心理表征才能够被识别为"真"。

心理表征被纳入"是—盒"是依据它的功能属性。福多假定，"是—盒"与一系列"轮子、滑轮、继动器等等精致机械装置"相联系，把心理表征放入"是—盒"对于有机体来说必须经历相当复杂的因果性推论，使得心理表征被还原成为非语义的属性。因此，一个信念 F 就是思维语言中的一个句子，是一个包含信念 F 的心理表征，按照一系列规则，它被还原为句法并放入"是—盒"中。而心灵的任务就是编制程序，对进入"是—盒"的句子进行加工。这种加工与计算机的工作并无二致：把思维语言的句子当作输入，在此基础上又产生一个句子作为输出，该输出又被放入某个"是—盒"中。

根据福多的计算理论，意向过程就是意向状态在脑中按照因果性发生转变的过程，它本质上是一个计算过程，简单地说，就是用计算来加工思维语言句子的过程。这里提到的"计算"是指：具句法结构的句子输入之后为计算机制所接受，然后，通过符号加工规则输出另一个具句法规则的句子。这里，输入的句子具有语义属性，然而这些句子符号的意义并不能被计算机制所理解，计算机制此时只是对句法属性发生反应。因此，这个计算机制实际上只是一个句法机。

此外，计算是一个符号加工过程，这意味着存在一个控制符号输入/输出的句法规则，它是计算的一般性法则。因为存在这样的法则，计算具有了广泛的适应性。即计算机制不特别地应对某一种符号，而是可以适用于所有符号。

计算的最后一个特征是，计算机制可以在物理上被例示。于是，通过计算媒介，心理意向最终被还原为物理存在。

总括计算的几个特征，可以看出，福多的心理计算理论阐释了这样一个意义加工过程：当意向过程发生时，它体现为思想语言中的一个句子，这个句子具有一定的语义结构和语法结构。大脑中特定的具体计算机制会对这个句子的语法结构作出反应，把它作为一个输入句子，并产生一个新的句子作为输出。

总之，福多的心理表征理论与当代认知心理学的计算主义所倡导的心灵理论是很相似的。而与行为主义的同一论有本质的区别，福多的计算理论强调意向状态是内在的因果效应，它可以多样性地被实现，而意向关系本质上是功能关系或计算关系。福多自信地认为他的关于心灵表征的计算理论可以说明其他理论难以说明的现象，诸如思维的产生性和系统性就可以用思想语言的产生性和系统性来解释。如果思维主体由于处于某种命题态度而具有了一个特定的思想语言的句子，那么就可以推断：这个命题态度为主体掌握思想语言中无限的表达式奠定了基础，同时也使得他有能力按照某种逻辑创造出新的表达式。由此可以看出，福多对于心理计算机制的论证是非常激进的。正是在这种激进的论证中，他提出著名的命题："心灵是人脑中的计算机。"

三、三大经典的心理模块论——承袭与争论

心理模块理论肇始于乔姆斯基"先天语法"的命题，乔姆斯基首先揭示了先天的、独立的语言机制的存在，这也成了后来的心理模块性理论的概念基础；之后，福多创设了心理模块论，普遍性地论证了心理模块性的理论可能性，也首次系统而全面地提出了心理模块理论；平克明确了模块化的"语言本能"，使得"语言模块"和"心理模块"的概念真正进入理

论家的视野。

乔姆斯基、福多和平克三人的心理模块理论相对成形，也被学界视为心理模块理论在各个理论发展阶段较为经典的代表，他们对心理模块理论发展的贡献各有特点。本节将梳理这三大经典的心理模块论之间的理论承袭和分歧，并提出三大经典的心理模块论所面临的疑问。

（一） 从乔姆斯基到平克

语言模块性假说是指将语言官能看作一个独立的、信息封闭的功能体，它和其他的认知机能在功能上相互独立，并拥有自己独立的发生和发展轨迹。从乔姆斯基对斯金纳的行为语言获得假说质疑开始，关于语言心理学的研究进入了一个新的历史时期，"语言模块"的概念也随之产生。乔姆斯基的理论一提出来，立即就招来批评，比如有人批评他的语言先天论理论有唯理论和决定论的倾向，有人对"普遍语法"存在的逻辑前提提出疑问，更有人对"语言模块"的概念感到无比的震惊。但是这些批评并没有阻止乔姆斯基成为当今最有影响力的语言学家，也没有阻止有关语言模块研究和理论的进一步发展。

平克在语言的先天论方向上走得更远，他将语言发生学研究和进化心理学研究相结合，提出"语言本能"的概念。他还基于机能主义的模块性思想，论证了语言模块存在的可能。批评意见也对平克的语言获得的进化论前提提出了疑问。无论如何，和乔姆斯基一样，平克的理论在语言学和心理学领域有着重要意义，他的工作使得语言模块和心理模块的概念更加深入人心。

1. 乔姆斯基的"普遍语法"和语言模块理论

最早关于语言模块性的讨论是乔姆斯基的先天语言机制理论。乔姆斯基的"新语言学"理论建构是从批判行为主义的语言发生理论开始的。1957 年和 1959 年，乔姆斯基分别出版了《句法结构》和《对斯金纳语言行为的批判》两本书。对斯金纳的《语言行为》提出的模仿—强化的语言习得模式进行了评论。乔姆斯基指出，儿童使用的句子并不都是模仿得来的，事实上，儿童几乎总是在创造新颖的句子。所以，用模仿来解释儿童的语言获得低估了语言的复杂性和创造性。他还指出，儿童学习新的句子并不需要强化。父母不是在儿童说出正确的句子时才给予积极的回应，而一些句法合理的句子可能引来的是负面的情绪反应，这都不会影响儿童掌握正确句子的进程。而且，如果按照行为主义提出的语言习得模式，人用一生的时间来模仿、接受强化都不足以达到儿童在 4～5 年时间里掌握母语的水平。（Chomsky，1959）乔姆斯基在对行为主义的评判中，初步揭示了语言能力的某种先天可能。

乔姆斯基在理论建构上的第二步是提出深层语法结构假说，并提出著名的转换生成理论。（Chomsky，1972，1981，1980，1988）乔姆斯基认为语言的结构可以分解为表层结构和深层结构。表层结构即词的排列顺序，是语言的外在表现形式；深层结构是语言要表达的语义关系。深层结构通过某种转换规则而生成表层结构，和外显的语法规则不同的是，这种转换生成规则并不是直接规定词的排列规则，而是决定了生成表层结构的可能性。因此，这种转换生成规则是和具体的语言种类分离的，是人类所有语言构成中潜在的预成规则，即普遍语法。

随之，乔姆斯基进一步论证，普遍语法一定是先天的。因为普遍语法规定了语言表层结构的可能性，即是可表达的外部语言获得的基础，它一定是在语言获得之前就已经存在。此外，普遍语法是和任何一种具体的语言分离的抽象规则，因此它无须语言经验的支持。和经验分离的就只能是先天的，这种先天语言机制应该有相应的神经机制与之对应。在此，乔姆斯基的普遍语法是所有人类语言共有的元规则，它意指语言官能的初始状态，是人能够习得某种语言的内在可能性。

通过上述理论推演，乔姆斯基形成了关于先天语言机制的理论假设，并说明语言官能结构的模块性，正如总的认知结构系统也呈模块性一样。

在普遍语法假说的基础上，乔姆斯基发展出了一系列的派生理论，如"管辖—约束理论""原则—参数理论"以及"最简方案理论"等，它们都围绕着先天的形式化语言系统这个核心。其中在晚年的"最简方案"里，他对语言模块性问题做了两方面推进：第一，探讨"语言模块"系统内部各子模块之间如何相互作用；第二，探讨语言模块与大脑其他认知模块系统之间的"界面（interface 或接口）关系"，即语言模块与其他认知模块（知觉、概念、记忆、推理等）之间如何相互作用。（Chomsky，1988）

乔姆斯基的语言模块思想包括两个重要方面：第一，乔姆斯基认为心理是由一些组块构成，这些组块都是一些先天的、各自独立的、特异性的

"信息体"（Body of Information），分别对应不同的任务。就拿语言模块来说，它是对自然语言的一套先天内部表征，即所谓的"普遍语法"。它规定了儿童习得语言的可能性，但并不对应某一种具体的语言，它在语言刺激下被激活，并迅速发展成为儿童母语的语法规则。第二，乔姆斯基把心理结构类比于生理结构，提出了心理器官的概念。"我们可以有效地将语言官能、数字官能等视为'心理器官'，类似于心脏、视觉系统或运动协调系统。身体器官、知觉和运动系统以及认知官能之间在目前讨论的范围内不存在区别。"（Chomsky，1980）

2. 平克的"语言本能"和进化论心理模块

斯蒂芬·平克是乔姆斯基之后重要的语言哲学家。他的主要语言学思想都集中在代表作《心智如何工作》（*How the Mind Works*）和《语言本能》里。在《心智如何工作》中，平克提出了关于脑与心智关系的三个假说：大脑计算理论、模块化理论和进化理论。（Pinker，1997）首先，平克从计算理论出发提出心理是一种计算。然后，进一步假设不同的心理任务有相应的神经回路来完成，这些任务定向的神经回路就是一个个独立的"心理器官"，它们和身体的其他组织一样执行专门的功能。这些专门化的心理器官是进化过程中自然选择的产物，而批评者由此将平克的假设比喻为"人脑就是进化设计的计算机"。

平克更进一步将前述理论用于语言问题的解释。在《语言本能》中，平克开篇就提出语言是一种本能。（斯蒂芬·平克，2004）他指出，在表面上"喋喋不休"的不同种类的语言之下是一种统一的思想语言，习得一种语言就知道如何将思想语言翻译成一连串词，或者将词串转变成思想。平克推论，如果一群人在一个环境中相互交流，就会形成同一种思想交流规则。按照"走出非洲"的人类起源假设，人类应该拥有同样的语言源头。平克甚至断言，现有各种语言的具体语法"其实是没有意义的。它就像民间故事一样，莫名其妙地起了个头，然后，几百年间就这样流传下来了"。

但是目前世界各地的人们为什么说着不同的语言呢？真是上帝推倒了人类的"巴别塔"吗？平克提出，语言之间的差异是人类迁徙或社会阶层的隔离沉淀下来的结果。

同乔姆斯基一样，在认定了语言机能的先天预设之后，平克进一步假设语言拥有专门而独立的神经基础，即天生拥有一套专司语言发声的神经体制。不同的是，平克认为大脑中固定的语言加工神经回路是通过进化形成，通过遗传基因代代相传，并称之为"语法基因"。平克列举了许多经验研究和临床观察的结果来支持语言的神经回路假说。比如，一个月以内的婴儿就表现出对语音的反应比对其他物理声音的反应更多；一些语言障碍具有家族遗传的特点；临床观察也显示，大脑特定区域受损的病人会表现出部分言语能力的独立缺失，比如布洛卡区受损的病人不能说出符合语法的句子，也不能识别有语法错误的句子，威尔尼克区受损的病人能够说出语法正确的句子，却不能了解别人对他谈话的意义。

最后，平克用进化论的自然选择学说论证了语言基因形成的可能性：揣摩语义是非常重要的认知能力，它显然可以推动语言机制的进化，"一个懂得谈判或看穿谈判伎俩的人，他的存活概率会高于别人"。（斯蒂芬·平克，2004）

通过对平克关于语言模块假说的论述，（Pinker，1997，2005）我们可以看到平克与乔姆斯基都认为语言模块具有先天性，且有专属的神经基础，但两位学者还是有意见相左之处，这主要表现在对语言模块形成的解释上，平克主张自然选择学说，而乔姆斯基则否认自然选择能够塑造语言机制，认为语言模块只不过是进化的副产品。（张雷，2007）

（二）唯理论和经验论之争

尽管乔姆斯基和平克的语言模块论有差异，但是他们都认为人的心理必须有某种先天内容作为前提，这是一种唯理论哲学。因此，语言模块论一出现立刻就引起经验论者的批评。经验论认为心理的先天内容是不可理解的，心理只是在有限的先天条件基础上对环境发生反应的结果。当代经验论的代表人物之一普兰特对乔姆斯基"语言天赋论"的批判是这种争论的代表。（Putman，2000）

普兰特首先指出，乔姆斯基的"天赋语言"说并不能解释语言的普遍特征。语言的普遍特征是所有语言共同拥有的语法特征。在乔姆斯基看来，语言的普遍性就是先天的"普遍语法"，而普兰特则试图证明不需要任何先天的东西，仅仅依靠数理逻辑的语法规则就可以描述一般性的句子生成规则。此外，普兰特还指出语言的普遍性不是"天生的"，他认为"人类最初的语言是'发明的'或'学来的'，而不应该是'天生的'，即使在语言的使用方面的一些普遍性机制可能体现出'与生俱来'的特征，这可能只是因为语言最早是由某一群人首先发展出来，然后通过攻占或模仿等方式而推广到其他人群中"。

对乔姆斯基所描述的儿童学习语言的过程，普兰特也质疑过。他认为儿童学习语言并不像乔姆斯基所说的那样轻松，他指出，一个正常人通过300小时的学习就能够掌握一门外语的读写，而4~5岁儿童用于学习语言的时间远远超过了600小时，其间他们还得到成年人的指导。

普兰特认为"天赋语言"假说并不能有效地解释语言学习的策略。根据唯理论的思想，天赋内容的学习主要是依靠启发或回忆，普兰特不认为可以指望儿童仅依靠启发或回忆就能学会语言，他说到，如果把掌握一门语言定义为不犯严重的语法错误，那么儿童要到9~10岁才能达到这个要求。事实上，9~10年的时间可以使人精通任何事情，不必要有先天的基础，因此，没有证据能够证明儿童在这期间是受了先天因素的支持才学会语言的。

经验论者对平克的批判也非常激烈，主要集中在他的理论所采取的进化论前提，实际上平克和所有进化心理学家面临的问题是一样的。批评意见认为，平克的进化论加计算理论不能解释人类行为的多样性。（Bringsjord，2001）如果按照平克的理论，认为人类心理机制是一系列进化而来的领域特殊性的计算机制，也就是由基因决定的本能，其必然的结果就是从一出生开始人的行为就已经被遗传基因决定了。批评者借鉴了20世纪七八十年代Gould和Lewontin等人对生物社会学的批判，他们认为基因编码只是规定了一系列可能的行为，而不是规定了某一种专门的行为，也就是说生物学基础提供了人类行为的可能性而不是决定行为。因此，平克的学说似乎暗示了某种超级意志（super mind）的决定论。总之，他们认为平克的理论至少在以下三个问题上缺乏足够的解释力：（1）人拥有自由意志；（2）人对自己的行为是有意识的；（3）人具有抽象推理能力。

经验论对语言模块和心理模块理论的批评反映了西方哲学传统中的唯理论和经验论之争。这两者的争论从古希腊以来就没有停止过。综观西方思想发展的历史，唯理论和经验论之争总是起起落落。虽然从17世纪科学革命以来，经验论似乎占了上风，成为现代科学发展的主要思想基础，但是唯理论从来都没有远离科学。实际上，笛卡儿开创的基于唯理论的方法论至今依然是科学研究的重要思想工具。（Leahey，2004）而自然科学，如物理学的演进历史也昭示，每当经验论的研究陷入困顿时，唯理论的新方法往往能够带来革命性的效应。当前，基于经验论的语言心理研究渐渐显出疲态，我们有理由期待唯理论的思想将给语言与心理研究注入新的活力。

（三）新笛卡儿主义、进化论和福多式模块论

在心理模块论阵营内部，关于心理模块的构成标准也存在争议。福多是心理模块论最极端的倡导者，他对乔姆斯基和平克的语言模块分别提出了疑问。福多认为乔姆斯基提出的语言模块是新笛卡儿主义的心理观，不是真正意义上的心理模块论。（Fodor，1998）

福多认为乔姆斯基把心理结构类比于解剖学上的器官是不恰当的，这容易引起误解，它可能促使人们将心理结构和生理结构对应起来，甚至努力去寻找心理结构的生理区域。把心理结构类比于生理器官的另一个危害就是使得语言模块丧失了它自身特殊的存在意义。无论在什么程度上，如果语言模块可以还原成为生理结构，那么它就失去了存在的意义。所以，对语言模块性的讨论一定要和生理条件分开来，任何有可能混淆两者的说明都会造成概念上的混乱。

对于乔姆斯基所强调的先天"信息体"，福多认为它本质上是某种先天性的知识。"严格地说，先天具有的东西应该是知识，尽管这可能对于新笛卡儿主义者来说并不很重要。毕竟，知识——很多哲学家这样告诉我们——同其他事物一样，是一种标准化了的观念，并与判别标准的满意程度有关。……于是，乔姆斯基对语言学习的解释谈论起了天赋与知觉经验如何根据各自的内容进行相互作用的问题：儿童被看作是利用初级语言数据，从'普遍语言理论'所列举出的先天的、可供选择的语法中进行选择或通过确定一些天赋尚未确定的参数值，来'校准'内源性的规则图式。只要先天的东西被看成是具有命题内容的，乔姆斯基的这些解释就很有意义：表达了语言的普遍性以及规则图式等。当根据相反的假设，他的这些解释就毫无意义了。"（福多，2002）

福多进一步指出，既然乔姆斯基的心理结构是命题性的，它和解剖结构的差异便不言而喻。虽然"胳膊的发展与首句重复规则的发展可能各自都利用不同的特定的先天能力。……但可以肯定，没有理由认定胳膊的发

展需要接触到先天具有的命题内容。胳膊的生长不需要认知，无论是先天的还是后天的"。既然心理结构与生理结构从形式上到功能上都是不同的，那么它们在发生学意义上就具有不同的起源。如果不能用生理结构的起源来解释心理结构的起源，乔姆斯基就必须为心理结构寻求一个合理的发生学解释。"这一点正是乔姆斯基的沉重负担。"（福多，2002）

福多对平克语言模块论中的基础进化论和计算理论也提出了批评。（Fodor，2002，2005）虽然福多自己也是图灵计算理论的拥趸，但是他认为平克的语言模块论有误读计算理论的嫌疑。因为图灵机计算的是句法结构，其结果为句法是否为真。但是平克从进化论出发，提出语言模块的计算内容应该是语义结构，其结果是否适应生存。福多从计算理论的定义出发论证了平克的语义计算模块是不可能成立的，因为语义计算需要以个人全部的过去经验为背景，所以它不可能是模块性的。这就是福多认为输入系统是模块性的而中枢系统是非模块性的理由。此外，适应性结果也不是图灵机所能够胜任的计算内容。

福多还对进化论向心理学渗透持不同意见。（Fodor，1998）他认为像平克这样的进化心理学家试图用自然选择理论来解释心理模块的起源是一种错误的做法，进化心理学家的假说在经验层面和理论层面都是说不通的。在经验层面上，进化心理学家提出自然选择通过塑造脑的结构进而设计了心理结构。福多指出，在脑的结构和心理结构之间寻求这种对应关系是不可能的，种系发展的事实告诉我们，微小的脑结构变化却会表现出巨大的行为差异。在理论层面上，福多指出，平克的"倒置设计"假说——即任何一种心理机制一定是为了满足某种功能而设计出来的——在理论上是行不通的。福多说，像开瓶器这样简单的机械我们可以通过它的功能来反推它的结构，但是对于人的心理这样复杂的系统，我们对其功能的了解都十分少，了解其结构的可能性几乎为零。

此外，国内的学者也对平克的语言模块构成标准提出了疑问。（熊哲宏，2002f，）首先，平克的语言模块并不满足"模块"的构成标准，因而就不成其为模块。尽管福多"心理模块性"的构成标准太过强硬或严厉，但福多的模块概念仍具有很强的解释力，为模块的构成提供了明确的标准。而平克和进化心理学家列出了知觉、语言、动作、直觉力学、直觉生物学、直觉心理学、自我概念、食物征集、导航、选择配偶、做父母、社会交换、处理攻击性威胁、避免食肉动物、避免致病污染、避免自然出现的植物毒素、避免乱伦、心理理论、探查骗子、因果推理、社会参照、在植物和动物世界内进行推论和划分种类、空间推理的各种形式、受惠和利他主义、对子女的辨别、照料和依恋等众多"模块"，似乎让人目不暇接。因此，进化心理学家有泛模块化倾向。其次，进化心理学家罗列了许许多多的所谓模块，但没有说明这些模块之间的相互关系。如果各个模块在心理功能的运作中所具有的地位与作用并不清楚，那么每一个心理模块的构成本身也就没有可以参照的标准了。

（四）当代经典的心理模块理论的几点疑问

通过前文的分析，我们可以看到，关于心理模块还有诸多争议，尽管当今最有影响力的语言学家和心理学家极力倡导心理模块论，但是对心理模块论的疑惑和反对意见依然相当强烈，有的疑问甚至是来自心理模块论阵营内部的声音，实际上乔姆斯基和平克两人对对方的语言模块概念也是互有微词，可见，关于语言模块和心理模块的概念理解在模块论内部还没有形成统一的意见。心理模块论的理论建构是一项复杂的系统工程，要确立一种心理模块化理论还有很长的路要走。（熊哲宏，2005a）我们认为，目前现有的三大经典心理模块理论主要存在以下三点疑问：

第一，关于心理模块的构成标准。

目前，来自外部的对心理模块论的批评重点多集中在心理模块是否存在。要回答这个问题，首先要明确心理模块的构成标准。而来自模块论内部的争论也多围绕心理模块的界定标准。就目前的理论进展而言，心理模块还只是一种认知官能，它是否有相应的生理基础尚存在争论。因此，心理模块的边界划定缺乏明确的现实依据，基本上是按照理论建构的需要来设置，这自然导致了不同的模块论之间对心理模块的界定和理解都有出入。但是，作为心理模块论发展的一个必然趋势，对模块构成标准的讨论一定会在接下来的理论进程中成为中心议题，它也是我们在本文后面将关注的重要内容。

第二，关于心理模块的生理基础。

心理模块具有固定的神经基础只是一种假说，而心理模块论者用来支持其理论的临床或实验事实都只是间接证据。目前并没有直接的证据表明特定的神经回路和某种独立的心理机能一一对应。心理模块论的最终确立不能离开生理学研究的支持。尽管唯理论允许预设公理作为理论建构的前提，但是理论最终还是需要经验事实的验证。正如爱因斯坦的相对论可以建立在光速不变的预设公理之上，但是如果我们不能观测到光线在太阳附近发生偏转，那么整个相对论就不能确立了。所以，在建构新的心理模块理论的过程中，应该如何看待心理模块的生理基础，也是一个值得重视的问题。

第三，关于心理模块性的方法论。

心理模块理论从根本上来说是心理学的议题，但是其研究方法不应局限于心理学单学科的视角，过往的研究正是因为视角的局限而令模块理论的建构出现不合理因素。另外，现有的经典模块理论也常会因其他相关学科的研究发现而被揭示了理论的漏洞和软肋。还有，未来如果我们在研究的方法上注意了哲学、生理学、神经科学和计算科学的跨学科合作，那么，这种跨学科合作应该沿着怎样的方向前进？或者，在目前的学术背景下作一个更为清晰的陈述：在第二代认知科学的学术热潮之下，心理模块理论会有怎样的方法论取向，是我们目前极为关注的疑问。

四、未来应有的身心统一功能哲学进路

有关身心关系的讨论自古有之，其中，"身心统一论"、"身心二元论"、"唯心论"以及"唯物论"在不同历史时代各领风骚。但是自笛卡儿以后，身心二元论成了主流的世界图景。笛卡儿将身体和心理决然分开，拉开了现代自然科学的序幕。（笛卡儿，2000；黎黑，2013）随着自然科学的发展，无神论、唯物论逐渐成为今天人们认识世界的主流话语体系。在自然科学的语境下，对身心问题的解答更具当代的技术特征，比如还原论在神经生理学的推动下再次获得了很多人的认可。当代认知科学的计算主义、联结主义也尝试着用计算机模型或神经模型来解释心智的意义。然而批评者却认为这些解释实际上是"无心的"，不是真正意义上的身心统一论。（塞尔，2006）与此同时，认知科学在当代计算机科学、神经生理学、认知心理学等多学科的支持下艰难跋涉，终于在 20 世纪末承认理论预设中的"身心分离"是一个无法逾越的理论困窘，于是有研究者提出了强调"具身性"的"第二代认知科学"。具身性即是说心理应该是存在于身体之中的，而身体也是拥有心理能力的。这是一种身心统一的尝试。（李其维，2008）

这些理论动向暗示了，在当前的科学语境下，身心问题并没有得到人们所想象的那样理想的回答。我们希望通过分析当代科学语境下有关身心关系的主流理论，指出它们实际上是笛卡儿"二元论"的延续。在此基础上，我们将进一步论证："身心统一论"的障碍在于解释体系延续了传统的结构主义取向。要想确立身心统一论，需要在功能哲学的框架下重新定义"身"与"心"的逻辑关系。

（一）身心理论的分布现状与困境

笛卡儿虽然不是身心二元论的首倡者，但是他却将身心二元论推向极致，并以此界定了现代自然科学的域界。同时，心理学作为独立学科的地位也得以确定。（黎黑，2013）身心分离的二元论确立了这样的论调：对身体的考察有物理学或生理学上的，那么对心理的考察就应该有相应的"心理学"上的。因此，心理学成了身心二元论的第一个受益者。但是身心分离带来的理论困难也同时成为心理学在之后百数十年的发展进程中挥之不去的阴影。以至于后来的心灵哲学家都努力想要去解释身心关系，以解决心理学所面临的困难。

首先，心理学本身的科学化倾向引发了对身心二元论的反驳。"如果心灵要么从科学上来考虑，要么甚至首先作为有意义的描述来考虑，那么，心理归属将不得不被限制在公开的、能从物理上检验的证实条件之中。"（斯蒂克，2014）因此，在今天绝不会有一个心理学家愿意公开地承认自己是一个身心二元论者了。除此以外，身心分离的预设还带来了一系列形而上学的疑问，诸如心灵实体是否存在、心理和身体如何发生互动、动物是否有心灵等问题。虽然传统的二元论者曾经提出过一些辩解，如"身心交感论"（笛卡儿）、"预置和谐论"（莱布尼茨）等。但是每一种辩解都被发现隐含着不可克服的悖论。（塞尔，2006；麦独孤，2015；赖尔，1992；罗素，2010）

于是，20世纪以来，哲学家和心理学家都努力在身心统一的论调下寻求有关心理的适当解释模式。这些解释模式按照它们所依靠的基本预设而被分成了四大类型。四个预设前提分别是：

（1）实在论。有的东西有心理属性。

（2）概念的自主性。心理属性不能从概念上还原为非心理属性，因此没有一个非心理命题蕴含任何心理命题。

（3）成分解释的充分性。依据其基本成分，成分的非关系属性和成分间的关系，以及它们与做出类似描述的（成分描述）东西的其他基本成分的关系，对一事物的完整描述蕴含它的完整描述，即从一事物的成分描述得出的关于它所有属性的一种解释。

（4）成分的非心理主义。事物的基本成分本身并没有心理属性。

（斯蒂克，2014）

这四个预设看起来都不错，但是却不能同时为真，因为它们相互是不相容的。认可某一个预设就形成了相应的心理观。比如，认同预设 1 就要接受"本体论的反还原论"，包括心理粒子理论、实体二元论、唯心主义、泛心论等；认同预设 2 则意味着"非本体论的反还原论"，中立的突现论和突现的唯物主义属于这一类；认同预设 3 就是接受心—身（物）之间的概念还原论，包括中立的一元论、心理物理同一论、功能主义等；认同预设 4 就是关于心理的非实在论，或者叫取消主义。不难看出，从预设 1 到 4 体现了在心理—物理（身体）关系上从一个极端到另一个极端的过渡。预设 1 表达了极端的心理实体论，而预设 4 则是另一个极端的物理主义；预设 2 相对于预设 1 是较为温和的心理主义；预设 3 则是较预设 4 较为温和的物理主义。

现在几乎没有一个坚持科学心理学路线的研究者愿意公开承认自己坚持预设 1，即认同心理粒子论或二元论。因为二元论显然背离了今天主流的科学心理学的要旨。但是依然有人以较为隐晦的方式表达对预设 2 的认同。同样是在心理学领域内，当心理学家意识到来自生理学或计算机科学的威胁时，为了强调心理学的独立性和不可替代性，常常会质疑：除了神经生理过程之外，是什么赋予了有机体以心理呢？另外，我们怎样才能确认计算机有没有意识呢？这些追问都是预设 2 的不同形式的表述，其核心思想依然在于强调心理或意识相对于物理属性的区别。因为心理学源自心理与物理的分离，如果取消心理或将心理还原为物理，那么心理学也会失去存在的意义。所以许多心理学研究者实际上持一种分裂的态度：一方面在实验研究中立足于预设 3 或预设 4，另一方面在心理学理论层面上却隐晦地表达预设 2。而在形而上学的领域内，出于人文主义的需求，强调心理或意识的独立性也是一种时尚。所以，预设 2，或者说二元论的隐晦表达其实并没有真正消失，依然坚守着心理的存在。

在另一个极端，预设 4 则否认心理的存在；预设 3 通过将心理还原为物理从而在事实上否认了心理的存在。在认知神经科学、计算机科学和人工智能等学科的助推下，这种否认心理或还原论的趋势在当下日益强势。当然，取消主义和还原论也经受着"无心"的批评，但是它几乎是当前科学心理学流派的唯一选择。（塞尔，2006；黎黑，2013）

19 世纪末 20 世纪初，心理学努力地争取获得科学的地位。心理学以心理为研究对象，要想成为科学，首先要证明心理和其他自然科学的研究对象一样是可以被科学的手段予以研究的自然存在。要想达成这个目的，身心关系就是一个无法回避的问题。心理学家在这个课题上做过很多种尝试，包括心理原子主义（冯特、铁欣纳的内容心理学）和平行论（精神分析、格式塔心理学），以及还原论（行为主义和当代认知主义）等。

需要说明的是，詹姆斯倡导的功能主义实际上也是一种还原论。詹姆斯说道："那些死抱着意识不放的人，抱着的不过是一个回响，不过是正在消失的'灵魂'遗留在哲学空气中的微弱声音而已。"（斯蒂克，2014）在詹姆斯的启发下，功能主义流派确立了这样一个基本认识："心理状态能从概念上还原为功能状态，……功能状态被认为是在概念上随附于物理状态之上的。……功能状态就是物体的这样一种状态，对它的定义依据的是其与系统的输入、系统的其他功能状态以及系统的输出之间的关系。"（Kirk Ludwig，《心身问题：一个综述》，见于斯蒂克，《心灵哲学》，第 27 页）普兰特、福多、平克等人俱是在这个框架下提出了各自特色的计算主义或功能主义，而这些方案都各自面临不同的理论困难，其来源都可以归结为将心理还原为物理状态这个基本预设。（熊哲宏，王中杰，2004；蒋柯，2010；蒋柯，2011a；蒋柯，奚家文，2014a）

如果以上关于身心统一的理论尝试都行不通，那么如何才能建立一个真正的身心统一的模型呢？

（二）身心统一的含义

为了提出一个身心统一论的模型，我们首先需要为"身心统一"做出一个操作性定义。

首先，当我们讨论身心统一时，意味着先要认可心理和物理（身体）二者的存在。也就是说，当我们在讨论身心统一的时候，并不意味着要将身体和心理描述成为单一的存在。相反，否认心理的存在，以及否认心理与物理的差异都明显地违背了常识。极端的行为主义或取消主义通过否认心理的存在而使得其研究对象保持单一，但是这不是真正的身心统一论，而是心理的消失。还原论实际上认可了心理与物理的差异，但是它努力将心理投射到物理的术语系统中来加以描述，这种努力也没有实现身心的统一。因为，将心理系统投射到物理系统中，将心理系统转换成了物理系统，其结果同样是使得心理本身消失了。也就是说，还原论只不过是较为温和，或者表达得比较隐晦的取消主义。两者的最终结果是一致的，即将心理从其理论和研究中直接地，或委婉地排除了。

第二，还要明确：统一不等于"同一"。用"同一"来实现统一，正是行为主义，以及还原论所做过的尝试。如前所述，这种尝试并不成功。

因此，我们应该这样来理解"统一"：可以统一的两者是属于同一种存在的两种属性，例如光和热是火的两种不同属性，但两者都统一于"火"这样一个逻辑上的先在，而火即是燃烧，是氧化反应，因此，光和热都是氧化反应的结果。于是，我们可以这样给"统一"下一个操作性定义：两个对象或属性之所以可以统一，或者说是统一的，是因为它们能够被同一个模型解释，就像光和热可以用氧化反应这个模型来解释一样。

接下来我们讨论"解释"的意义。

当我们观察到一个对象或一种属性的表达，我们的直觉经验会自然地将这个对象或这种属性当作一种理所当然的"存在"。但是，当我们把它当作一个"存在"时，就意味着已经赋予了它意义。"存在"的意义就是"为什么存在"，即"存在"本身是需要有前提或有原因的。对存在的前提或原因的追问就是寻求"解释"的过程。解释必须遵守这样的规则：被解释对象不能明显地或隐晦地包含在解释前提之中。这就是"解释的铁律"。（黎黑，2013）比如，要解释"为什么催眠药能够让人睡觉"，我们不能说"因为催眠药有催眠效力"。催眠药的催眠效果是可观察的现象，对它的解释需要在神经兴奋与抑制的层面上进行。也就是说，我们不能用一种可观察现象去解释另一种可观察现象，在同水平的观察现象之间我们只能做出"相关性描述"，而做出"解释"则要依靠更高阶的因果关系模型（或者称之为理论）。高阶的理论与低阶的现象之间的解释与被解释的关系构成了"解释的阶梯"，如图 1 - 1 所示。（蒋柯，2011b）

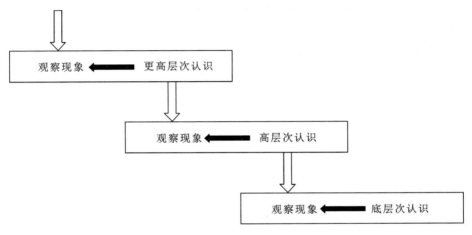

图 1 - 1　解释的阶梯

其中白色箭头代表"解释"，黑色箭头代表"描述"。（蒋柯，2011）

接下来的问题就是：如何定义观察的水平呢？我们的定义是：直接观察到的现象是较低级的，需要通过其他条件的引入，或者通过其他观察现象推论而来的现象是较高级的。

心理现象和物理现象，两者都是能够通过人的直觉经验被观察到的现象。两者的区别在于，对物理现象的观察可以在公共语境中予以限定，而关于心理现象的观察则是个体化的、私密的动作。对于一个观察者来说，他人的行为，即其身体的物理性活动是可直接观察的现象，而他人的心理是不可直接观察的，观察者只能通过所观察到的行为推论其相应的心理的存在。如果观察者观察的是自己的心理和行为现象，他对于自己心理现象的观察和对物理现象的观察所拥有的确定性、可能发生的误差和错觉似乎是一样的。但是，个体的直觉体验总是在提示我们，心理是行为发生的前提。在这个意义上，行为，即有机体所表现出来的物理现象处于较低级的观察水平，而心理现象处于较高级的观察水平。

总而言之，心理现象与物理现象相比，应该处于同一个观察水平，或者是心理现象处于较高级的水平。根据"解释阶梯"的原理，如果心理现象与物理现象处于同一个观察水平，那么两者就不能相互做出解释；如果心理现象是较物理现象更高级的水平，那么心理现象可以对物理现象做出解释，而物理现象不能对心理现象做出解释。

身心统一即是建立统一的解释模型。建立统一的解释模型有两种可能的方案，一是建立一个更高阶的解释模型，用它来解释心理和物理现象；二是用其中较高级现象去解释较低级的现象。

还原论选择了其中第二种方案，将心理现象还原为物理现象，即是希望通过物理现象而对心理现象做出解释。从前面的分析我们可以看出，还原论的努力选择了错误的方向，它试图用较低级的现象去"解释"较高级的现象。这正是还原论的理论悖谬所在，这样的理论不可能形成真正的"解释"。如果心理现象较物理现象是更高级的现象，那么我们似乎应该用心理模型来解释物理现象，但是，在当代科学的框架下，这种计划几乎是不可能的。于是，我们的努力应该指向建立一个更高阶的模型来解决这个问题。

我们接下来将把身心关系的问题放在更一般性的范畴水平上，即在功能与结构的语境中来讨论。

（三）功能与结构的逻辑关系

功能与结构是一对相对应的范畴。

"一切已知的结构，从最初的数学'群'结构，到规定亲属关系的结构，都是一些转换体系"。结构还具有三个特征：整体性、转换性和自身调整性。（皮亚杰，1984）在很多学科领域，诸如数学、物理学、生物学、心理学、社会学等，结构都被规定为基本的理论建构立场，即通过结构来定义学科的基本概念。于是，数、物、生命、心理以及社会都被规定为结构性的存在。这些学科都是按照某种结构特征来描述、分析现象并提出研究假设。结构以及按照结构性假设来界定的概念因为能够满足科学研究的基本要求，且可以被重复地观察和分析，所以事实上已经成了科学的构成标准。也就是说，今天所有的科学研究过程以及研究结果的表达都必须遵守某种结构性规范。比如，科学原理的推演必须遵守结构化的逻辑规范；科学的观察或实验过程也需要遵循相应的结构化的程序；研究报告的发布也必须在公认的结构特征下进行。结构事实上已经成为今天科学研究的强势规范。

相对应的，功能范畴却缺乏同样明确的界定。功能主义将心理定义为有机体的"功能"，它体现了有机体适应环境的更高级与更直接的方法。物理（身体）现象因为其直觉的广延性特征，自然地被定义为结构性存在，于是，身心关系在更高的抽象水平上就转变为了结构和功能的关系。

心理被定义为功能，身体被定义为结构，而功能是结构的随附性特征，于是，心理就是身体（物理）的逻辑顺延。这就是还原论的理论基础。还原论用物理现象来定义心理，实际上也就是站在结构性的立场来限定功能的意义。预设3对心理的解释是依据了"其基本成分，成分的非关系属性和成分间的关系，以及它们与做出类似描述的（成分描述）东西的其他基本成分的关系等内容"，（Kirk Ludwig，《心身问题：一个综述》，见于斯蒂克，《心灵哲学》，第27页）从这一段描述中我们不难看出，预设3正是一种结构性的规定。前文已经分析了还原论从身体（物理）来定义心理所遭遇的"解释"障碍，在这里我们又看到，还原论用物理来定义心理的理论依据正是从结构来定义功能的预设。因此，我们可以这样说：还原论所遭遇到的"解释"困难正是从结构出发来定义功能所产生的困难。

很多研究者虽然意识到困难所在，但依然不放弃对心理的结构性的定义，这是因为心理学要适应科学的要求，而这个科学的标准正是结构性假说。在强势的结构性规范下，功能主义者虽然强调"功能"的意义，却依然把功能定义为结构的随附性特征。（斯蒂克，2014；黎黑，2013）正因如此，传统的功能主义也没有突破结构的桎梏。功能主义虽然强调心理的功能性特征，但是依然将"功能"定义为结构的随附性特征，即功能是从结构中派生出来的，并且最终是结构来定义功能。所以，如前所述，从詹姆斯，直到福多、平克等人的功能主义终究还是回到了结构主义所规定的域界之内。他们遭遇问题的关键是，在结构和功能之间，结构被定义为基本存在，而功能被定义为结构的随附性特征。（奚家文，蒋柯，2014）

因此，我们有必要重新定义结构和功能之间的逻辑关系。

结构之所以形成是需要前提的。本质上，结构就是某种序列，它可能是物质的序列、数的序列，以及概念的序列。结构的形成就是某种序列的形成。根据热力学第二定律，序列的形成是熵值降低的过程。系统的序列化过程需要有负熵，能量和信息都是负熵。一个系统不可能自动地从无序中形成序列，序列的形成需要系统外持续的能量或信息输入。（哈肯，2005）也就是说，结构不可能是自足的，结构的形成需要有前提。那么结构形成的前提是什么呢？即，为什么会形成某种结构呢？其实，这样的追问只可能有唯一的答案，那就是：为了实现某个目的，为了达成某种效果，也即是为了实现某种特定的功能。因此，功能实际上是结构之所以形成的前提。也就是说，功能是结构的逻辑先在。于是，我们要做的不是用结构来描述功能，而是用功能去解释结构。这就是我们要提出的核心命题：

作为建立一个身心统一模型的基础，在功能和结构之间，我们应该将功能置于逻辑上的先在。

传统的功能主义以及 20 世纪末的计算功能主义都将心理定义为"功能"，并试图在进化论的框架下来解释身心问题。但是这种努力并没有成功。我们以为，传统功能主义的失误在于错误地理解了"功能"与"结构"的逻辑关系，所以没有摆脱身心问题的困窘。（奚家文，蒋柯，2014）我们根据身心关系的定义模式，重新界定了"功能"和"结构"的逻辑关系，将功能置于逻辑上的先在，并将这种方案命名为"功能哲学"，以示与传统的"功能主义"的区别。准确地说，这个命题还不是一个完整的方案描述，而是一个基本预设，是一种预期，它代表了未来工作的方向。在形成具体的方案之前，这个预设首先要面对这样几个可能的责难：

第一，用功能来解释结构，是否违背了科学的原则？

选择不同的范畴体系就是选择不同的理论参照系。比如，经典牛顿力学以绝对时空作为参照系，而爱因斯坦的相对论则否定了时空的绝对性；牛顿力学以力、运动作为理论的核心概念，而相对论则以能量、质量为核心概念。这些差异都不影响牛顿力学或相对论作为严格意义上的科学被学界所接受。因此，心智理论的参照系无论是结构范畴还是功能范畴，都不会影响其作为科学理论的价值。

第二，将功能定义为结构的逻辑前提，也要遭遇"功能是如何形成的"这样的追问。

这的确是一个无法回避的终极问题，也是任何假说都必须面对的追问。

在目前人类的认识范围内，达尔文的自然选择学说也许可以为功能的产生提供解释：有机体的功能即是"适应"环境的要求。适应论还可以推延到无生命物的领域。比如，鹅卵石的形状是适应流水冲刷的结果，因此，卵形的轮廓使得鹅卵石受到的水流冲击力最小或最均匀即是其功能；同样，在空中下落的水滴的形状也是适应各方面受力的功能性特征的表达。于是，我们可以这样说，功能就是物体或有机体与环境互动过程中对环境的适应。

第三，要建立功能性解释模型就需要有相应的话语体系，但是目前我们所使用的话语体系都是建立在结构性假设基础之上的。我们如何用结构性的话语工具来表达功能性模型呢？

这是最重要的，也是建立功能性解释模型无法绕开的一个问题，也就是我们用什么话语来描述功能性模型。因为人类使用的语言体系都是结构性的，结构性的语言系统能够描述功能性模型吗？实际上已经有很多哲学家思考过这个问题了。老子曰："道可道，非常道。"在一定程度上也是表达对这个问题的判断。而欧洲哲学家则提出"先验""直观"等概念来应对这个问题。总体上，现象学是能够为我们提供指导的一种思路。

作为人类理性最基本的形式化语言，数学也是一种结构性的语言系统。（克莱因，2007）显然，这样的数学将不能支撑功能性模型。因此，也到了我们需要一种功能性数学的时候了。

第二章
乔姆斯基的心理模块理论及其困境

一、乔姆斯基心理模块思想的梳理

我们整理和总结乔姆斯基的模块理论，至少有两方面的意义：一方面，随着心—脑（Mind-Brain）工作（或加工）的"模块性"，无论在实验上还是临床上都得到了基本的证实，但关于"模块"的理论研究严重滞后。为了解释现有实证数据，我们需要借鉴包括乔姆斯基在内的经典模块理论。另一方面，由于福多因出版《心理模块性》（1983）而得名的所谓"福多式模块"影响之大，以致乔姆斯基模块理论的价值和作用被大大地低估了。有鉴于此，本节试图对散布于乔姆斯基各著述中的模块思想进行系统的梳理，以期揭示并提升乔姆斯基作为经典模块理论的创始人的地位，并阐明其语言与心理模块理论的现时代意义。

（一）基本假设："器官学"与功能独立

在一般意义上，所谓"模块理论"（或关于心理的模块性理论）是当今认知科学对人脑（或 Mind）的工作机制的一种新理解或新视野。模块理论的核心假设可总结为：心—脑实为"功能独立之单元"互相合作加工的产物。它所探讨的是一个全新的主题：人的心理或认知能力是如何组织起来的？这就意味着要提出一个有关"心理结构"（Structure of Mind）或"认知结构"（Cognitive Architecture）的理论，即提出许多完全不同的心理机制，也即模块，来解释心理生活。

如果按这个意义来理解模块理论，那么乔姆斯基理所当然是模块论的创始人之一，完全可以和福多平分秋色。历史的事实上，乔姆斯基先是福多的老师，后成为同事，并且两人合开研究生课程（例如，1980 年秋季学期乔姆斯基和福多共同讲授《当代认知理论》，而福多 1983 年的《心理模块性》正是在这一"撰写的一些相当轻松的讲稿"的基础上写成的）。实际上，乔姆斯基的模块思想由来已久。从 1965 年的《句法理论诸方面》，经《规则与表征》（1980）、《管约理论》（1982），到 1984 年的《关于心理研究的模块方法》和《语言知识：其性质、来源与使用》（1986），以及《语言与知识问题》（1988）等，他的模块理论便已系统地形成。

对于模块性理论，乔姆斯基所给出的观点具有经典意味：心脑以"分离的、具各自特点的系统（例如面孔识别、视觉和语言官能等）来构成"。（Chomsky，1988）"我们可以把心理想象为一个'心理器官'的系统，而语言能力是其中之一。这些器官中每一个都有它的特殊的结构和功能。"（乔姆斯基，1992）像语法的基本成分，就是"普遍语法这一模块系统中的各种子系统的参数，而普遍语法本身又是人类心理的一个子系统，是人类所独有的"。（乔姆斯基，1992）对语言现有的现象观察可以"证实语言官能的内部结构具有模块特征，且人脑总的认知结构也具有模块特征。我想，对后一个假设其实不该有太多分歧。未来我们在人类认知的研究上会有发展，由此将有愈来愈多的证据，一切都将水到渠成"。（乔姆斯基，1992）

可能有人会问：把心理的结构视为模块性的有什么根据吗？根据当然是有的。乔姆斯基提出如下的假设作为立论的根据：

第一，"器官学"（organology）假设。关于心理研究的起点，乔姆斯基提倡心理研究可用"和人类肌体的研究相类似的方法"。心理的探索实为在抽象的层次之上对身体进行的研究（特别是对大脑的探索）。人是以某种生物禀赋为特征的。胚胎发育的指向是成人，这种指向之所以可以实现是因为胚胎的遗传密码受到了环境的触发和推动，从而按它既定的模式展开、成人。有机体根本不用去学习如何生长四肢，也不用去学习如何成长至青春期，这些发展都是由遗传禀赋决定的。人一出生，其生物程序便得到启动，器官和结构的系统相辅相成，日益成熟。比如心脏和视觉系统，它们各自会有特定的功能和结构，也会按遗传预设的方式互相作用。

与此相似，人类的心理或认知的结构也会由环境触发和推动，从而遵循其特定的生物禀赋发生、发展。这就像哺乳动物接受营养抚育之后会按预定的方式生长。由此，"我们可以有用地把语言的能力、数的能力等，看作为'心理的器官'，类似于心脏或者视觉系统，或者协调和计划运动神经的系统。可见，知觉系统，身体器官，运动神经系统和人类的认知能力都具有器官属性，根本没有明确的区别"。（乔姆斯基，1992）所以，乔姆斯基认为，探索心理及其产物和对身体的探索在本质上并无二样。于心理之中，同样也会发现复杂"结构"，而且是完全一致地发生和发展着，这种"一致"的重要性完全超过了环境因素的触发和影响作用。总之，知识系统和人体组织一样都是生物属性的一部分。

第二，功能独立假设。根据乔姆斯基的观点，之所以可以像研究人的身体器官一样来研究心理，这主要是从功能的角度考虑问题。所谓"功能"，一般是指某种系统做了什么，在人的生活中它服务于什么目的。从功能的观点看，"似乎也表明心理是一种具有非常多的差异的结构，并带有非常不同的子系统"。（乔姆斯基，1992）说"心理在性质上是模块性的"，也就是说心理是由一些虽然相互有关、却是各自不同的子系统所组成的一个大系统，如语言能力、数学能力、几何空间能力、面孔识别（"面孔语法"）能力、"形成科学的能力"等。它们被划分为各个子系统的依据就是功能不同，或功能独立。如果是这样，那么对于心理研究来说，"就不能指望通过了解其中一种系统的属性就能提供其他系统据以组成和起作用的原理。甚至充满了卓见的语言知识的说明，也未必可能直接地对我们理解到的视觉世界中的因素的研究作出贡献，反过来也是一样。当然，这不是否认这些系统相互影响，并且具有某些共同的属性。但是我们将对这种以完全不同的方式组织起来的可能性——甚至强烈的可能性——不作定论"。（乔姆斯基，1992）既然各个系统是"以完全不同的方式组织起来的"，那么对于心理研究来说，也就不存在什么"中心问题"。所以，语言知识，或者任何其他的知识都不可能是所谓的"中心问题"。例如，对于一个与外在现实相符合的"真理问题"，我们不去讨论它与"我们对事物属性的知识"相联系的方式。因此，乔姆斯基认为，除了考察心理的这些特殊系统的特殊性质（如语言能力）以外，我们无从着手于心理的研究。

（二）概念框架：模块的类型和特征

虽然乔姆斯基并没有直接给模块下定义，但他对此的概念是相当清楚的，而且还提供了一整套他所理解的概念框架。认真地挖掘他在这方面的思想，对于今天"模块理论"的理论建构，具有直接的启迪意义。

乔姆斯基的"能力"，或称为"心理能力"，从本质上指涉的是"模块"概念。他指出，"当我说，一个人在一个特定的时间有能力做某件事时，我的意思是说，就那个时候这个人的身体构造和心理结构来说，如果把他放在适当的外在条件下面，他可以不需要进一步的学习与训练，以及体力的增强等就能做某件事情"。（乔姆斯基，1992）例如，任何正常的儿童都有能力游泳，或说意大利语，但儿童并没有能力飞上天，其他的（陆栖的）生物也没有能力说意大利语。在这个意义上，我们可以把乔姆斯基所说的"能力"理解为：在身体构造和心理结构的限制或约束下能够做什么。由此可见，乔姆斯基的"能力"概念在实质上和传统意义上的能力有根本上的区别。当然，"有时候，当我们把能力这个词理解为'心理官能'（mental faculty）时，这个词的意义就用得更宽泛一些"。（乔姆斯基，1992）显然，乔姆斯基的作为心理官能的能力，就更是在我们今天模块一词的意义上使用了。

毫无疑问，心理中最主要的能力是"语言能力"。这里的"语言能力"指涉人类所操持语言的"内在的知识"，它具有无意识性。这即是说，每个人都知道自己的语言，例如，你和我知道英语，英语的知识是部分地为我们所共有。而且，这种语言知识作为一种"结构"以某种方式表征在我们的心理之中，说到底是体现在我们的大脑中。乔姆斯基的生成语法"反映的正是我们内在的'语言知识'，以规则和原则组成的生成语法系统，可针对各种语言做结构描写。人脑都具有某种天赋的、全人类共同的心理状态，我们能够以某种图式来反映人类大脑的初始状态"。"我们把这种图式叫作'普遍语法'。这个普遍语法可以被视为一种遗传性程序，这个图式能够确定人类语言将能够实现的范围。这种可能实现实为最终的稳定状态，它对应的是某种特殊语言所具有的语法内容。普遍语法来源于初始状态下遗传性设定的系统，它将以经验施与的条件提炼和加工，从而实现它的具体化呈现，形成稳定状态下的某种特殊语法。"（乔姆斯基，1992）

作为人类大脑中的天赋存在，"普遍语法被视为人类大脑中具普遍性的语言理论"。该"理论"首先包含各种"原理"（如区分深层结构与表层结构的原理，限制两者之间转换范围的原理等），还规定了一个由"规则"组成的、决定各种语言基本结构的子系统，并规定了语法进一步具体化所必须满足的各类形式条件和实体条件。这样，普遍语法的理论就提出了任何个别语法都不能违反的图式（或程式）。

"数学能力"是另一种独一无二的为人类所共有的能力。"人的心理有一种奇怪的属性，这就是我们有能力发展某些数学理解力的形式，特别是关于数的系统、抽象的几何空间、连续性，以及有关的概念。"（乔姆斯基，1992）这种能力是"人的心理的一种内在成分"。我们不应当因为有些鸟可以被教会从小 n（大约一直到 t）的排列中挑出 n 因素这个事实而被误导。因为如果发现某个有机物有某种类似于"数的能力"的话，那无论如何也不涉及它是否内在于人的心理能力的问题。数的系统的本质是无限地加一的概念。"无限性"概念并不只是比 t "更多"，恰如人的语言，由于它有无限离散的有意义词语，它并不是刚好比我们强加于别的生物体的有限符号系统"更多"（同样的道理，也不是刚好比一种像蜜蜂跳舞那样的连续体的交往体系"更少"）。总之，处理数的系统和空间的抽象属性的能力，就其本质而言不是学习能得到的。

人在某些领域有一些特殊的知觉能力，如"面孔识别"。一个人可以识别许多人的面孔，而且能够识别从各个方向呈现出来的同一个面孔。乔姆斯基指出这是一种值得注意的特别本领。而对于其他一些同样复杂的图形，则不能表现出这种特别本领。"因此，尝试提出一种'面孔语法'，甚至提出一种'面孔的普遍语法'，来解释这些能力，那是非常有趣的。也许，到了某个成熟阶段，大脑的某个部分就发展出一种关于面孔和投射系统的抽象理论，这种理论可以决定一个任意的人的面孔具体呈现的样子。有证据表明，面孔识别是在大脑右半球的神经中枢中呈现出来的。而且，一直要到语言在左半球确定下来，这个神经中枢才表现出来。"（乔姆斯基，1992）

乔姆斯基相信，"形成科学的能力"必然是心理的一种内在属性。当然，这也并不意味着，所有的科学知识都是"预先"成形于我们出生之前。而是说，人的心理生来应有一套"原理"，当某些问题被提出来，已经达到某一理解水平，以及某些证据具备时，这一套原理就可用来挑出一小类可能的理论。也许这些原理也可以被有效地看成是一种规定出可理解的理论范围的"普遍图式"。因此，就允许我们在有限证据的基础上提出一些大范围的和有力的信念系统和知识系统。

现在，我们可以在乔姆斯基提出的各种模块类型的基础上，概括他所认为的模块的基本特征如下：

第一，模块的天赋性。这在乔姆斯基那里是不言而喻的。如果我们相信心理的各个系统是按照完全不同的原则组织起来的，那么自然的，结论就是：这些系统是"内在地"决定的，而不只是学习或成长的共同机制的结果。他断定，相信心理的模块性与相信天赋性有内在联系："那些趋向于假定有模块性的人也假定有丰富的内在结构，而那些假定只有有限的内在结构的人则趋向于否认有模块性。"（乔姆斯基，1992）对于后者，他是指皮亚杰和斯金纳，他们相信人的初始状态的内在属性是"同质的"和没有差异的（例如，皮亚杰只承认所谓"遗传格式"，如吮吸、抓握和注视）。假如人的内在结构方式很少，在个人的心理中发展的将是一种"同一的系统"，它来自将构成内在禀赋的共同原则运用于经验的过程中。在心理中，如果有什么差异，也只是环境中的差异的反映。因此，乔姆斯基推测，如果有人假定只有有限的内在结构的话，他往往会否认心理的模块性。

第二，模块的领域特殊性。乔姆斯基批评所谓心理结构的"一致性"的传统信念。根据这一信念，各种认知结构以一种一致的方式发展。即是说，在所有这些系统下面有一些普遍的学习原则，即所谓"全面适用的""领域普遍的"学习原则。他认为这是不可能的。实际上，"各种'心理器官'以一些特殊的方式发展，每一种与遗传程序相一致，就像身体器官的发展一样，而且领域普遍的学习方法与那些说明肾、肝、心、视觉系统等的形状结构和功能的'器官成长'的普遍原则一样，不大可能存在"。（乔姆斯基，1992）当然，他也承认，尽管不存在各个认知领域都适用的"普遍原则"，但某一认知领域（如语言就是一种特殊的认知领域和心理能力）所得到的研究结果和有效的探讨方法，可以证明在别的领域也有启发作用，就像视觉的研究被证明对语言的研究有启发作用一样。

第三，模块的无意识性。在一般意义上，这是指人们意识不到作为心理机制的模块是怎样实际起作用的。乔姆斯基主要是指人们对语言能力（特别是普遍语法）的无意识。假定掌握某种语言的人头脑内部有一部语法，这部语法由一系列"规则"和"原则"组成。如果是这样，那么这里基本的认知关系就是人与"语法"之间的关系。"我把这一关系说成是一种'虽然掌握但是说不出来的知识'。对语法或语法规则的知晓并非就意味着具有命题知识，并非意味着对语法中的原则或规则有清晰的意识。语言学

家可以研究出这类命题知识，但这是另一回事了。"（乔姆斯基，1992）

具体来说，人们无法通过"内省"来确定某些语法规则和原则是否成立，无法意识到自己是否知道或认知这些规则和原则。如果有人把这些规则和原则作为语法理论的一部分教给我们，我们会相信是正确的，因为这是"外来的"，正像相信聚变论可以正确解释太阳光发射一样。但即使把这些规则和原则告诉我们，我们也无法通过内省确定它们属于什么性质。当然，像语言的内在性知识一样，无意识知识是能够从有意识知识中加以体现的。例如，我们说人们具有一种无意识知识，知道支配代词解释的几条约束原则，从这几条原则出发可以直接推论出"John wants him to win the race（约翰希望他在比赛中获胜）"中的代词"him"不是指"John"，而是指别人。既然知道"him"不是指"John"，那就是有意识的知识了。这正是普遍语法原则的无数体现（表现）之一，而原则本身当然是意识不到的。

在明确了乔姆斯基心目中的模块类型和特征之后，就可以概括一下他的模块概念的总体性质了（我们不妨称之为"乔姆斯基模块"）。首先可以肯定，他所设想的"模块"是人脑中的一种表征系统。他认为，语言结构的特点与心理的天赋特性具有密切的关系，"因为归根结底语言除了心理表征之外别无所存在。"（乔姆斯基，1992）作为一种结构，语言知识会以某种方式"表征"于心理之中，最终是表征在我们的大脑中。当我们说话时，或者听别人说话时，心理中所呈现的"结构"是抽象的，而且把表征话语语义内容的心理结构与物质体现（如语音形式）联系起来的一系列活动是很复杂的。也就是说，"要想解释在正常情况下语言是怎样使用的，我们必须认为说话者—听话者掌握一套复杂的规则系统，它涉及很抽象的心理活动，其作用基于离物质信号很远的表征形式"。（乔姆斯基，1992）一句话，普遍语法可以看作是（理想的）说话者—听话者的知识的表征。既然语言作为一种模块是人脑（或 Mind）的一种表征形式或表征系统，我们可以暂且把乔姆斯基模块界定为：心—脑所具有的一种天赋的、领域特殊的并且意识不到的表征系统。

（三）研究方法：理想化与层次划分

很大程度上来说，乔姆斯基的模块化构想是得益于其理性的研究方法。他的方法论倾向是典型的笛卡儿式的理性主义。其突出的特征是理想化、抽象化和对研究对象进行层次划分。下面我们具体分析一下：

"理想化方法"是心理研究特别是心理模块性研究的"合法的"方法。乔姆斯基认为，要把"语言"作为一个有意义的概念，并把它当作理性的探究对象来研究，就必须采取一系列的理想化或抽象化的方法。这是因为，有机体的行为是由许多在变化很大而且非常复杂的条件下活动的"内在系统的相互作用"决定的。于是，用类似自然科学的"伽利略方式"的方法——构造一些关于宇宙的"抽象的数学模式"——就显得特别有用。"如果不是采取彻底的理想化的方法，构造一些抽象的系统，并研究它们的特殊属性，以便间接地用假定的系统的特点及系统之间的相互作用去说明观察到的现象，在这样的研究中要取得进展，未必可能。"（乔姆斯基，1992）乔姆斯基甚至相信，当我们说"一个有机体"时，我们就是在从事理想化和抽象化的工作。事实上，完全可以从不同的观点出发去研究有机体。假定我们要研究营养物的流动，以及氧与二氧化碳的循环运动，那么，这个有机体将"消失"在化学过程的流动中，从而失去了它作为个体生存于环境中的完整性。但是，"如果我们进而研究一些特别的身体的器官，如眼睛和心脏，我们就从相互关联的错综复杂的网络中抽象出来，并采取了一个在逻辑上并非必然的观点。而且，任何认真的研究将通过抽象化来摆脱暂且被认为不重要的变异，并且摆脱某一研究阶段中那些被看作是没有关系的因素的外来干涉"。（乔姆斯基，1992）

根据"假定的系统的特点及系统之间的相互作用去说明观察到的现象"这一理想化的视角，就语言来说，我们可以想象有一种理想的同一语言的社会，在这个社会中，没有风格和方言的不同。而且，该社会中的语言知识是大家认知结构中的内容，它是一致地表征在各个社会成员的心理结构中。进而把这些理想的说话者—听话者的知识的表征，看成是语言的语法，亦即普遍语法。可见，乔姆斯基通过理想化运作，将普遍语法抽象成心理的模块性系统。此外，运用这一理想化的视角，心理中还有数学系统、形成科学的系统、面孔识别系统、常识理解力系统等被乔姆斯基称之为"内在的系统"，而心理的运作正是这些内在系统之间相互作用的过程和产物。

由此我们看到，乔姆斯基对探讨心理研究的某些方面，特别是对那些导向通过建构"抽象的解释理论"来进行探讨的方面感兴趣。他认为，建构抽象的解释理论需要高度的、彻底的理想化。"从这个观点出发，广泛的材料不是一个特别有意义的结果；它可以用许多方式得到，而且这种结果并不说明所使用的原则是否正确。如果我们表明某些相当广泛的原则相互作用对一些关键的事实提供了一种解释，则是更有意义的——这些事实的关键性质可以从这些事实与提出的解释理论的关系中推论出来。"（乔姆斯基，1992）

（四）晚年"最简方案"中的模块理论

乔姆斯基毕生坚持语言模块性思想。在晚年的"最简方案"中，他对语言模块性问题作了两方面推进：

第一，探讨"语言模块"系统内部各子模块之间如何相互作用：他认为，大脑中专司语言的语言模块至少有两个不同部分：一个是以某种方式存储信息的"认知系统"，另一个是"执行系统"。后者使用前者的信息来发音、理解、谈论、提问等。这样，语言模块就有了"输入接收系统"和"输出产生系统"之分。

第二，对各个认知模块系统之间，尤其是语言模块和其他认知模块之间的"接口关系"或"界面关系"，也即它们之间的相互作用关系进行了新的探索。根据"最简方案"，与语言有界面关系的是两个"执行系统"，即"发音—知觉系统"和"概念—意向系统"（Articulatory-Perceptual and Conceptual-Intentional），这里的两个接口（A-P 与 C-I）分别载负传送给这两个系统的相关指令。A-P 接口通常称为"音系式"（PF），C-I 接口为"逻辑式"（LF）。这就是说，"发音—知觉系统"能处理与语音产生和语音识别相关的信息；而"概念—意向系统"则处理与语义理解相关的信息。

二、乔姆斯基模块的理论预设及其困境

乔姆斯基是语言模块甚至心理模块性假说的最初倡导者。1957 年，他的《句法结构》一书的出版标志着一种新的语言学范式对传统的行为主义、经验主义语言学研究的叛离。经过半个世纪的努力，乔姆斯基把自己的理论从最初的"普遍语法"概念的提出发展成为一个言说整个心智活动特征的认知心理学体系——心理模块性理论，并进一步向神经生理学领域进发，力图在物质的层面上寻找心理模块的构成方式。来自神经病理学的临床观

察也显示某些脑区损伤和某种语言能力的缺失有明确的关系；关于一些具有超人语言学习能力但是一般智力低下的"白痴天才"的研究似乎也在支持语言模块理论。由于不断有实证的和理论的证据出现，乔姆斯基的语言模块或模块化语言机制的基本假设被越来越多的人接受，已经成为当今语言机制研究的主流思想。

但是，当我们深入考察乔姆斯基式语言模块的时候，一些不可回避而又无法克服的困难出现了，例如，语言模块是人所独有的还是在多种动物中普遍存在的？人的语言模块是如何形成的？虽然已经发现某些脑区和特定语言能力有关，但是如何将语言模块和特定的神经结构对应起来？这些问题正是不同意见者质疑的焦点。本节将指出，乔姆斯基模块的困境源自其用以界定模块的理论预设：（1）在结构心智观视野下，将模块看作是一种结构性存在；（2）在离身心智观视野下，将模块看作是一种"离身"的心理机制。我们进而提出：语言模块研究的进一步发展必须超越乔姆斯基模块的预设。

（一）乔姆斯基模块思想的理论预设

"乔姆斯基模块"（Chomskian modules）是根据乔姆斯基的模块观而命名的一种模块。乔姆斯基以语言机制的模块性为起点，进而对整个心智提出了模块性的规划。所有这一切都是以最初的"普遍语法"概念为核心展开的。

1957 年，乔姆斯基在《句法结构》中首先提出了"普遍语法"的概念。这是一套儿童与生俱来的、可以适应于任何一种人类现实语言的语言反应规则。普遍语法本身不包含语言的经验内容，但它可以受语言经验激活而成为儿童学习母语的认知基础。可以看出，乔姆斯基对普遍语法的定义方式沿袭了康德"先天范畴"的思想。即，为了使经验认识成为可能，我们需要一个可以完全脱离经验并先于经验而存在的认识框架。因此，乔姆斯基是在康德学说的意义上使用了"官能"（Faculty）这个概念。（熊哲宏，2005b）

乔姆斯基还受到洪堡特的普通语言学思想的影响。洪堡特（W. Humboldt）是近代德国杰出的语言学家，普通语言学的奠基人之一。洪堡特提出，既然全人类都具有统一的思想本性和一致的精神趋向，那么他们表现出来的文化和语言的差异后面一定有某种统一不变的支撑。也就是说，他希望寻求隐藏在文化差异背后的语言的普遍性。因此，他认为人类语言的本质特征是"在心理动作底层的、恒常不变的系统，这种心理动作把有结构的组织连接好的信号提升为一种对思想的表达"；语言是"一个递归的生成系统，其中的生成法则是固定不变的"。（洪堡特，2002）

如前面所提到的，在普遍语法理论的基础上，从1965年的《句法理论诸方面》开始，经过《对语言的思考》（1975）、《规则与表征》（1980）、《管约理论》（1982），到《关于心理研究的模块方法》（1984）和《语言知识：其性质、来源与使用》（1986），再到《语言与知识问题》（1988）等著作的发表，乔姆斯基的模块理论得以系统形成。（奚家文，2009a）乔姆斯基关注的中心议题是语言问题，特别是句法或"普遍语法"问题。他确认，我们的语言能力实际上就是一组普遍语法，它是我们的自然语言的内部表征。通过对语言模块的讨论，乔姆斯基进一步指出：心理是由"具有其自己特性的分离的系统（如语言官能、视觉系统、面孔识别模块等）所组成"。（Chomsky，1988）乔姆斯基在普遍语法假说的基础上，建立起一个宏大的关于语言模块乃至所有心理机制的模块性理论。

通过简要回顾乔姆斯基模块的理论渊源，我们可以进一步解读他的语言模块思想的两个重要的理论预设：

结构心智观是乔姆斯基模块的第一个理论预设。

乔姆斯基认为，和语言一样，所有的心理机制都是由一些先天的、相互独立的"信息体"（Body of Information）来执行的。比如，语言模块是人类先天的内部表征体系，它预设了人类习得与发展语言相关能力的可能性。一旦得到外界语言环境的刺激，它将被激活、发展成相应的语法规则。除了语言模块之外，还可能有数学模块、面孔识别模块等。简而言之，乔姆斯基模块实际上是一种领域特殊的知识或信息实体。简单说，它是一种表征系统。（熊哲宏，2002d；熊哲宏，2005b）以"普遍语法"为例，乔姆斯基指出，这是一套先天的语言反应规则，如前所述，它实际上是一个康德式的"先天范畴"。需要指出的是，康德的先天范畴具有两个重要的结构性特征：第一，康德用范畴表界定了每一种范畴的执行领域，先天范畴因此具有了空间性特征；第二，先天范畴是先于经验的逻辑存在，这是一个时间性特征。尽管康德竭力解释这里的先后应该是一种逻辑顺序，但是当先天范畴的概念被运用于解读认识过程时，这种逻辑顺序便自然地迁移到认识过程的发生次序中了。例如，皮亚杰以康德的理论建构的"发生认识论"充分显示了这种微妙的次序关系的意义：正是认知图式和认识经验的次序关系的交替变化，才产生了"平衡化—去平衡化"的认知发展动力。（熊哲宏，2000）因此，康德的先天范畴实际上是一种结构性的概念。乔姆斯基显然继承了康德的这种概念建构方式，把"普遍语法"和其他种类的心理模块也表述为结构性概念。这也体现在他对心理模块的隐喻性描述中："我们可以有效地将语言官能、数字官能等视为'心理器官'，类似于心脏、视觉系统或运动协调系统。"乔姆斯基甚至还进一步精确描绘了包含三个层次的语言模块的结构。

第一个层次，语言分成内化语言（I – Language）和外化语言（E – Language）两个部分。它们分别来源于早期的语言能力和语言行为。外化语言是语言行为的产物，是传统语法的研究对象；内化语言则指体现在语言行为中的知识体系，是生成语法的研究对象。

第二个层次，内化语言包括一个运算程序（Computational Procedure）和一个词库（Lexicon）。词库是词项的集合，每个词项是一个特征的复合体（A Complex of Properties）。运算程序从词库中选择词项构成表达式（Expression），而表达式是更复杂的特征序列。

第三个层次，语言还包括将词结合成层阶性的树形结构的机制。这个机制叫作"合并"（Merge）。"合并"反复将两个成分（词或短语）组合成二分叉的树形图结构。

"离身"心智观是乔姆斯基模块的第二个理论预设。

"离身"心智观是第一代认知科学的理论预设。（李其维，2008）第一代认知科学的心智观基于计算机隐喻，心智被当作是对符号（环境输入）进行计算的程序，这套程序可以在人身上实现，也可以在其他的任何结构，如电脑上实现，因而心智"与硬件无关"。这就是"离身"心智观。

洪堡特的语言学理论是乔姆斯基模块理论的又一个重要的思想依据。洪堡特提出在人类各种自然语言现象之外还存在着一个统一的、固定不变的思想表达系统。这个表达系统独立于各种自然语言之外，它和任何一种自然语言的具体表达内容是无关的，它是一个递归生成法则。乔姆斯基几乎完全地接受了洪堡特的这个观念，并用它来建构了自己的"普遍语法"

学说。就像形式逻辑作为一套纯粹的思维规则可以将思维与经验分离一样，既然"普遍语法"可以和语言经验分离，就意味着它也可以和语言的经验者分离，因为语言经验和经验者是浑然一体的。

此外，从模块的结构性特征出发也必然推出模块的"离身"性结果。因为结构就是一种时空关系。一个结构性存在一方面表述了它内部所包含的各个部分之间的特定时空关联，同时还需要表达它自身的存在与周围环境的时空关系。只有当它能够表现出和周围环境稳定的时空属性的区分和联系时，它自身的存在才成为可能。在这个意义上，结构也意味着独立或可分离，把"普遍语法"或语言模块当作一种结构就意味着它可以和它的载体分离，即语言模块作为一种结构，在逻辑上是可以和语言经验的主体分离的。于是，我们看到，乔姆斯基关于"普遍语法"的界定必然导致了"离身"心智观的选择。

（二）乔姆斯基模块的理论困境

1. 乔姆斯基模块的结构与离身之困

乔姆斯基从"普遍语法"到心理模块的理论建构可谓洋洋大观，但是他的实际研究却止步于对词语和句子结构的形式化分析。正如平克的评论，乔姆斯基模块只是一个"深奥而空洞的形式主义"。（Pinker，2005b）我们认为，正是乔姆斯基模块的两个理论预设阻碍了其理论的现实化进程。

首先，语言模块的结构性存在使乔姆斯基在"语言模块是如何起源的"这个问题上陷入两难。

对于持有神论的哲学家而言，结构的起源不是一个问题。但是乔姆斯基希望在科学的语境中言说语言模块的起源，这就对他的理论建构造成了巨大的困难。因为在当今的科学中，自然选择学说似乎是解释起源问题的一个有效的理论支撑。但是要注意，自然选择的对象是"功能"而不是"结构"。如果某种功能具有较好的适应性，能够提高生存和繁殖效率，这种功能就可能在自然选择中获得优势而传播后世。虽然可观察的自然选择结果体现为结构，如形态、器官等，但是这些结构之所以形成是因为它们能够执行某种功能。结构只是功能进化过程中的附属产品。进化心理学称之为"拱肩"，即罗马建筑中两个拱门之间的一个三角形区域，因为它往往具有很强的装饰性而更引人注意。但实际上拱肩只是拱门建设的附属产物。

相对于功能而言，结构就是拱肩。因为结构本身不是自然选择的对象，所以它就不能得到进化论的理论"惠顾"。于是，乔姆斯基只能为他的结构性模块选择"突变论"的起源说。（代天善，2007）虽然自然选择学说也认可进化过程中的突变，但是脱离了自然选择这个进化动力的突变论依然是当代科学难以接受的。因而乔姆斯基的突变论实际上是说，在人类早期生存发展的某个时期，语言模块的结构突然形成了，这个结构正好能够完美地实现人类语言交流的功能。在没有自然选择法则指导的情况下，一个结构的变异刚好匹配某种功能的需求，这是一个极小概率事件。就好比"将一只猴子放在打字机上乱蹦，而它打印出了《莎士比亚全集》"一样。让小概率事件成为现实往往需要意志的干预。如此看来，乔姆斯基模块似乎并没有彻底脱离有神论的藩篱，所以它在科学的语境中显得底气不足。

乔姆斯基模块的结构性特征带来的第二个理论障碍是"身心问题"的困扰。

乔姆斯基不希望像笛卡儿那样陷入二元论的争端。他说道："人们为了解释行为现象或知识习得，假设存在着一种抽象的心理机制，但这种抽象机制所对应的物质结构是什么？我完全没有定见。但我们并不像笛卡儿那样，在处理那些不能用他所说的物质运动的概念来表达的现象时，不得不假定一种第二类实体"。（乔姆斯基，1989）为了避免身心二元对立，乔姆斯基走向了还原论，他坚信语言模块就是一个生理结构。如果语言模块真是一种生理结构，就像身体中的消化系统、呼吸系统一样，那么语言问题就变得简单了。关于语言的研究任务就变成在身体中找到实现语言功能的器官。而这种工作应该主要由生理学家或解剖学家来进行。但是，我们再回顾乔姆斯基关于语言模块结构的描述就会发现问题不那么简单。乔姆斯基描述的语言模块其实"是一个表征系统，是一个'信息体'"。也就是说，它仍然是一个心理学意义上的存在。为了避免陷入二元论，乔姆斯基必须把作为心理学存在的语言模块映射到生理结构中。这使得他再一次回到"身心问题"的困扰之中。

而乔姆斯基模块的结构性特征使得"身心问题"的困扰愈加严重。因为乔姆斯基把语言模块看作是一种结构，所以语言模块和生理结构的关系就成了两个结构之间的关系。于是，我们就不能说是生理结构实现了语言模块，因为一个结构只可能实现某些功能而不能实现另一个结构。比如消化系统作为一个生理结构，它能够实现消化食物、整合营养的功能，但我们很难想象消化系统实现了另一个"消化"的结构。

那么，我们能不能在生理结构和语言模块之间寻求因果解释呢？当我们要用一个结构去解释另一个结构的活动时，必须把这两个结构都放在一个统摄两者的更高级的结构中。例如，每当我操作开关就发现灯亮了。即使这两个动作无一例外地相伴随发生，我也不能对两者作出因果性解释。只有在开关、灯、电源、线路等要素组成的结构中，我们才能明白灯和开关之间的相互作用关系。同样，我们发现大脑的某一个区域受损伤病人就失去某种特殊的言语能力，这样的发现并不足以在逻辑上构成该脑区是这种言语能力的功能来源的解释。要明确两者之间的关系，我们需要一个统摄两者的更高级的结构。这个能够统摄了生理存在和心理存在的更高级的结构应该是什么呢？显然，在自然科学的语境中没有描述这种存在的语汇。

由此我们可以看出，乔姆斯基模块的结构性预设使得他的理论不时地游走于自然科学的疆域边沿，这是使得他的理论难以在生理学的实证研究中获得支持的一个原因。此外，乔姆斯基模块的"离身"性预设与"心理模块的构成标准"之间也存在理论上的矛盾。

至今为止，理论界认为有三种模块观：一是乔姆斯基模块，或叫知识模块，即模块是一套构成认知能力的、内在的表征系统；二是福多模块，也称为计算模块，即模块是一套计算机制；三是达尔文模块，即功能模块，意指模块是功能专门化的认知机制。（Lakoff，Johnson，1999）尽管三者关于模块的内容的理解有差异，但是关于模块的构成标准是基本一致的。福多最先提出模块的构成标准，包括领域特殊性、强制性、有限的中心通达、快速、信息封闭、浅表输出、固定的神经架构、固定的分解模式、速度和顺序特征等。（福多，2002）

很多学者认为福多的标准过于强硬，提出模块的构成标准应该集中于"领域特殊性"和"信息封闭"这两个方面，而其中领域特殊性又是构成模块的核心内容。（熊哲宏，2000；熊哲宏，王中杰，2004）具体而言，心理模块就是执行特定任务的机制，一个模块对应一种或少数几种任务，模块与模块之间相互独立。同时，人拥有多种心理模块以应对环境中的各种要求。

由于乔姆斯基把心理模块界定为一种离身存在，即心理模块可以和具体的经验分离，这也意味着可以和经验主体分离。于是，问题就产生了：既然每一个模块对应一种任务，人拥有多种不同的模块，而模块和人自身以及人的经验是分离的，那么，当人面临一个特定问题的时候，他必然要面临应该用哪一个模块来应对当前问题的选择。因为有这个选择，于是又必须派生出"另外一个帮助人来进行这种选择"的机制。这个机制把人的反应和各种模块连接起来，它只能是领域一般的。在领域特殊的心理模块和人的反应之间又插入了一个领域一般的机制，那么领域特殊的心理模块还有存在的价值吗？

心理模块最核心的构成标准是领域特殊性。领域特殊性即是指心理模块只对特定领域的刺激做出反应，而非领域内的刺激则不会激活该模块。需要指出的是，刺激的领域属性是通过经验主体来建构的，是经验主体对刺激相对于自身的需求而做出的评价。关于推理问题的领域特殊性的实验研究结果表明，当推理内容对于主体而言具有自身卷入性时，某种特定的推理机制就会被激活而将推理结果引向某个固定的方向；相反，同样的推理内容但是没有主体的自身卷入时，人的推理就会表现出另外的特征。（Cosmides，1989）这些证据说明，主体自身卷入与否是领域特殊性的反应机制是否被激活的前提，因此，领域特殊性的机制不可能"离身"存在。

乔姆斯基把他的语言模块界定为一个与经验以及经验主体分离的存在，即是一种离身的机制，因此，乔姆斯基模块不可能具备"领域特殊性"的特征。当心理模块的最核心构成意义被抽走以后，乔姆斯基模块还能成立吗？

因此，乔姆斯基模块面临的一些貌似阶段性问题或技术性问题的困难，实际上都源于乔姆斯基模块的结构性与离身性两个理论预设和心理模块的本质含义之间无法调和的冲突。这些冲突将极有可能给乔姆斯基模块理论带来颠覆性的影响。

2. 乔姆斯基的困境给我们的提示

通过分析乔姆斯基模块的理论困境，我们发现，乔姆斯基模块的结构性和离身性心智观最终导致模块理论的根本矛盾，因此，它的困境提示我们：未来的语言模块（以及其他心理模块）的理论建构应在功能性模块和具身性模块的方向上展开。

功能性模块是进化心理学倡导的一种模块观，其观念直接源于达尔文的"本能"概念。达尔文将本能定义为：由自然选择塑造的、有机体的固定反应模式。需要进一步说明的是：第一，本能是一种反应模式，而不等于行为本身，即在遭遇特定刺激时，它规定了有机体的行为发生的可能性；第二，本能是通过生理结构来实现的，因此，本能是可以遗传的。（达尔文，2005）

达尔文所定义的本能其实是可遗传的生理结构所表现出来的功能。当代进化心理学家继承了达尔文的观念而建构功能性模块。（巴斯，2007；张雷，2007；Cosmides，Tooby，1994）功能性模块的界定不依赖任何物质化存在，也无所谓结构，而是依据它所能执行的功能。例如，Cosmides（1989）考察发现，人可能拥有一个用于指导社会交换行为的"骗子侦查"模块。她的理由是，从远古时代开始，人们为了生存必须善于和他人合作和进行交换。在这个过程中可能有人会采取欺骗行为，即收取利益而不承担相应的责任。有效地判断那些欺骗行为是具有适应性意义的，于是，经过世代的自然选择就使人获得了一种专门用以侦查骗子的反应模式。每当遭遇社会交换情景的时候，这套反应模式就会自动激活引导人快速识别他人是否有欺骗行为。在这个研究过程中，进化心理学家考察的是：人可能面临什么样的生存问题？人需要什么样的机制来应对这些问题？以及这个机制如何应对这些问题？所有这些问题都是围绕机制的功能，而并不关心它的结构。这就是进化心理学的功能性模块观。围绕这种模块观，进化心理学采取的是"功能分析"的研究方法，（熊哲宏，2005a）即分析为了应对生存问题需要什么样的功能，以及为了实现这些功能需要什么样的机制。

由于其本身是一种功能而非另一个独立的结构，功能性模块和生理结构具有更好的兼容性。如前所述，结构与结构之间的对接需要依赖一个更高级的统摄性的结构，而结构却能够直接实现某种功能。所以，功能性模块不会遭遇乔姆斯基模块那样的尴尬：在技术上既希望能够和生理结构建立对应关系，在逻辑上又不能和目的论或决定论划清界限。功能和生理结构的兼容并不等于将功能还原到结构中并一一对应。也就是说，我们将功能定义为相互独立的模块，并不意味着实现这些功能的生理结构也必须是相互独立的。生理学的例子更能够直观地表达这层含义。比如，消化功能可被当作一个独立的模块，它是由从嘴到肛门的若干生理器官来实现的，它们一同构成了所谓的"消化系统"，这些生理结构在执行消化功能时，各自的活动在时间和空间上都有差距，但是都能够统摄到消化这个功能中。同时，这些器官在结构上和功能上都必须和消化系统之外的其他器官产生联系。甚至它们可能还参与其他功能的实现。因此，当我们希望在神经层面上寻求语言模块的生理支持的时候，就不能采用割离大脑的方式，即将语言功能对应于某一个脑区，而是考虑某一组神经结构的活动按照特定时空序列的组合实现了某种语言功能，而这些神经结构的其他组合方式则可能实现他种功能。

心智的具身性是"第二代认知科学"的核心特征。心智的具身性是指心智有赖于身体之生理的、神经的结构和活动方式。如果说"活动"实际上是主客体的相互作用，那么，也可以把心智理解为深植于人的身体结构及身体与世界（环境）的相互作用之中。（李其维，2008）因此，具身性模块就是在人的身体结构以及身体和环境相互作用中体现出来的相对独立的反应模式。也就是说，这种反应模式是不能和人以及人对环境的经验相分离的。如前文所述，只有具身性模块才是真正意义上的模块。此外，功能性模块观也必然导致对模块的具身性界定，因为功能需要通过身心结构来实现，不可能有脱离身心结构的功能。消化功能必须在咀嚼、胃肠的蠕动等活动中体现，语言功能也必须在神经活动、肺、咽、唇、舌等活动中体现。总之，语言模块是在人和环境的相互作用中体现出来的，因此，关于语言模块的印证研究就是要把研究对象置于现实的经验中，而形式化的研究策略不能揭示语言模块的特征，因为形式化的刺激不会激活语言模块的活动。

第三章
福多的模块观与理论困境

福多于 1983 年出版了他的《心理模块性》，并于其中系统地呈现了其心理的模块观。该著述事实上总结了福多之前的相关研究，属于其前期相关理论之集大成者。心理的模块观的提出实为以往的心理学思想与方法论的一种反动，并在心理学思想界兴起了新的理论思潮，更有甚者则预言心理的模块观将于世纪之交在心理学思想界掀起一场理论革命，它会成为行为主义、精神分析、认知主义和人本主义之后的崭新的心理学势力。如此一来，作为哲学家和语言学家的福多凭借其心理的模块观在心理学和语言学领域开辟了自己专有的领地。今天，如欲研究心理与语言的模块观，势必要从福多开始，从他的心理与语言的模块观开始。

事实上，福多所主张的心理与语言的模块观并非彻底的模块观。他首先将心理的功能分为相互独立的三个部分，即输入系统、传感器与中枢系统。信息的输入将依次通过这相互独立的三个部分。福多于《心理模块性》著述里重点分析和讨论了中枢系统与输入系统，提出了输入系统的模块性，至于中枢系统则不可能具有模块性。而且，中枢系统的非模块性与输入系统的模块性既是论证的重心，亦为该书的中心内容。值得一提的是，《心理模块性》面世之后已经再版了多次。一般来说，再版之时作者们多少都会将再版的著作适当做一些修正，而福多在《心理模块性》出版之后就未曾对其有任何修改，由此来看，福多对他的心理与语言的模块观具有充分的自信。未做任何修改，倒是为我们分析和研究他的心理与语言的模块观提供了便利。本章将基于福多模块观里的认知机制、输入系统与中枢系统等三个方面的模块性的分析与研究，指出福多的心理与语言的模块观所面临的理论困境。

一、福多的心理与语言模块观的构成要素

（一）认知机制的功能分类

福多是计算主义与功能主义的倡导者，在分析心理的机制时他自然而然地会倾向于使用图灵机的模型。"哲学家们言及的计算机一般来说会是图灵机，这是情理之中的。倘若心理和计算机存在类比，则该类比完全能够描述成心理和图灵机那样的类比，……以图灵机这样的模型来模拟心理会是有益的，从某种意义上来说，图灵机正如符号操作系统一样存在着普遍性。"（福多，2002）

图灵机就像一种封闭的计算系统，如果以之来模拟有机体所做的运算，则一定要为其增加一种能够用来与环境产生交流的辅助类系统。此辅助类系统必须具备的品质应该有：首先，可以依环境之变产生自身相关状态的变化，也就是说，具备记录环境信息的功能；其次，可以适当地加工环境的相关信息，使之适应计算机制的要求，能够依句法机制来进行相关计算。考虑再三，福多还是把这种辅助类机制称为"传感器"。该名称既说明了此类机制具备了上面提到的两种品质，也说明了它属于独立于计算机制的另外一种系统。而且，"传感器"一词也说明了各系统之间，以及各功能之间的信息应该是相互封闭的。各功能间存在的信息封闭可以说是福多的心理与语言的模块观中的一个重要观点，亦为心理与语言的模块性的关键的构成标准之一。

传感器属于心灵之内将计算系统与环境相连接的信息接口。福多正是基于和计算机相关原理的类比，于心理功能中分出了中枢系统与输入系统。

输入系统属于中枢系统与传感器之间的中介，其功能在于把传感器输出的表征做初级的加工，从而使之变成中枢系统所可能使用的表征编码。"传感器的输出一般能够视为描述了整体的'体表'之上相关刺激所可能具有的分布情况，同时，输入系统传输的相关表征可谓归纳了物体的排列特征。如此一来，于普遍的限制条件之下能够将输入分析器视为能够进行相关推理的系统。"（福多，2002）此处所言的"推理"，福多意指一种过程，即用传感器输入的信号作为前提（近端刺激），获得与事物属性相关的分布

特征的表征（远端刺激）。

福多在心理功能中已然区分了中枢系统与传感器，为什么还要区分出输入系统？在福多看来："三分法的结构中事实上暗含着一种可能，即把知觉分析和某种定势以及背景信念进行分离；另外，该观点在知觉整合的速度以及客观性上都具有重要的意义。"（福多，2002）另外，福多认为这种功能自动化的、领域特殊性的输入分析器可以进一步具备进化所可能带来的优势。所以，就进化论而言，将输入系统独立出来应该是合乎逻辑的。此外，福多还进一步确立并论证了将输入系统独立的两个标准：（1）输入分析器存在一些共性；（2）输入分析器与中枢系统具有明显的差异性。

（二）输入系统是具有模块性的

在福多看来，输入系统是具有模块性的。这表现在输入系统所具有的、体现了模块属性的特征，而且，这些特征进而也被认为是心理与语言模块所具有的操作性定义。这些体现了模块属性的特征共有九种，分列如下：

a. 输入系统运作的心理表征的中枢通路是有限的；

b. 输入系统的运作是快速的；

c. 输入系统的运作具有领域特殊性；

d. 输入系统的运作具有强制性；

e. 输入系统的运作依托固定的神经结构；

f. 输入系统的损伤模式具有特殊性；

g. 输入加工的运作是属于信息封闭式的；

h. 在个体发生上，输入系统具有特定的顺序与步骤；

i. 输入分析器属于"浅"输出。

这上面的九项属性福多都分别做了论证，而这也就成为福多的心理与语言的模块观的主要内容。

a. 输入系统运作的心理表征的中枢通路是有限的

在福多看来，于输入系统之内，被运作的表征应该不可能全部都能够通达意识，其所对应的正好是操作强制性的属性。强制性的属性体现了某些信息能够被自动加工的可能，至于有限的意识通达，它体现了输入系统会倾向于加工所有从传感器过来的信息，然而，经由输入系统运作的信息却仅仅只有一部分能够被意识到，且进行有意识的运作。

随后，福多察觉，在一般意义上研究和讨论有限意识通达应该是很艰难的事情，而且福多还列举了心理学研究中的小诡计，并以之论证表征所应该有的"有限通达"：

> 实验者：麻烦对对您的表，再告知时间。
>
> 被试：（对了一下表）
>
> 实验者：不再看表，并告知表上的数字所具有的形状。
>
> 被试：（迷茫，无从反应）
>
> （福多，2002）

从上面我们看到，被试查看表之时，由传感器传输而来的信息应该是既有表时间的数字又有数字所具有的形状，然而，当它们进入输入系统进行运作之后，仅仅时间能够被意识所注意，数字的形状却未必受关注。由此看来，福多的有限意识通达事实上属于认知运作的有限性的现象学解读，并没有指出"有限性"到底是属于知觉运作能力的有限性，还是属于注意所具有的选择性。

综上所述，福多的观点是：一些中间表征根本不能通达中枢运作，或者说，一定要做出努力才可以通达，即需要它对注意或记忆给出特别的要求才可以实现。

b. 输入系统的运作是快速的

"反应的快速"应该是心理与语言模块必然具备的一个特性。人类为了生活与生存，总会面临一些需要做出迅速、合适的反应的任务，由此而来有机体会进化出相应的、功能特异性的、迅速且合适的反应能力，而这在心理机制上应该对应的即为心理模块。

首先，福多基于实验心理学做了不少关于反应时的实验研究，由此得到了明确的印证，即面对某种具有一定复杂性的任务，像句子追踪的任务，其中的反应时几近达到简单反应时所可能的极限。而这和之前我们对反应时的假设（"任务越复杂，反应时越长"）不一致。所以福多认为，对于此类特定的任务，于输入系统之内应该具有相应的功能，不仅如此，它的反应应该能够达到自动与迅速。

对于输入加工之效率，福多有两条相关规则：首先，输入加工不同于较慢的问题解决之类的中枢运作；其次，所有快速的加工无一例外地会具有强制性。

如果在整体之上来研究福多的心理与语言的模块观，我们将发现上面的两个规则事实上基本涵盖了所有福多式模块的特点：强模块性与相对模块性。对此，之后我们会有进一步论述。

c. 输入系统的运作具有领域特殊性

在福多看来，领域的特殊性可以作为确认输入系统的模块性的关键属性。福多运用了排除法来确认领域特殊性的定义。首先他摒弃了以感觉与知觉方式去确认领域数量的传统路径，认为输入系统除具有五种感知觉能力之外还应具有语言能力。福多指出，此类分析方法并不能够反映输入系统所具有的具体性与丰富性，它并非具有真正意义上的领域特殊性。随之，福多还排斥每一种刺激感受皆可对应某种输入系统的观点。因为，依此而言，输入系统所具有的领域数量将会数不胜数，这样会使得每一种刺激皆需一种输入系统和它相对应。于是，福多认为，输入系统所具有的领域特殊性事实上指此类反应之策略：输入系统首先受到特定领域的某一近端刺激，然后依固定法则把它翻译为远端刺激所对应的属性，即输入系统由传感器所获取的信息输入应该具有专门性，另外，输入系统内将这些信息进行加工的程序同样会具有专门性。

哈斯金斯对人的语音识别做了相关的实验研究，其结果证实了福多的观点。哈斯金斯通过实验得出：被试将信号到底听成什么，主要取决于听觉背景有没有明确这一信号是话语。福多指出，这一实验事实上证明输入系统之内有一种像开关一样的专门性机制，唯有限的相关刺激方可将之激活。

由此福多指出，刺激如果具有较高的特异性，那么就越有可能具有与之相对应的具有领域特殊性的相关输入系统。这样一来，如果要识别"马"之类的任务，就不需要某种专门性的输入系统，依靠某种一般性的计算系统即可完成任务。

d. 输入系统的运作具有强制性

"如果你听到一句话（这种语言你会），你会自然地认为那是一个句子，或者，如果你的视野里有一个视觉区域，你也会自然地觉得该区域内的东西应该是存在于一个三维空间。……输入系统在应该运作的时候都会无一例外地、自然地要起作用。"（福多，2002）

此即为福多输入系统的所谓操作强制性，这种强制性往往将于其确定之时且依其特有的方式去完成信息的加工。在此过程之中，人的主观意志往往完全影响不了其选择。

有一点是肯定的，我们能够做的选择也可以是完全不去关注这些刺激。举个例子，我们往往能够以关注 M 去抑制可能对 N 的关注。然而，对双耳的分听的实验却提示我们，上面这种策略倒不是常常有效。对于那些有意想要忽略的刺激，也即非追随耳所接受到的刺激，还是被自动地加工了，而且也无法避免，我们无从干预。

e & f. 神经结构的定位性以及固定的损伤状态

对应于上面列出的九个标准中的"e"与"f"

福多指出，神经结构事实上是一种自然伴生物，且具有信息封闭性。在福多看来："我们能够相当确定的是，模块化的系统和神经的类似硬件的结构会有密切联系，应该说确认模块性的主要线索在于信息的封装性的假设。我们所假设的硬件上的关联解释了信息通达所使用的专用路径。这样一来，硬件的存在应该是为了让信息在不同结构之间的流动变得容易和简单。我们可以说，如此结构是一种易化或简化的机制，同样也可以说，它是为了保证相对的封装性的可能。"（福多，2002）

在福多看来，语言系统与知觉系统之内都具有相互关联起来的神经性结构，它也能够说明输入系统所具有的自然属性。而且还有一个非常关键的证据可以在病理研究中获得。从失语症、脑损伤以及失忆症患者所存在的认知功能缺失，我们可以获得充分的证据，可以了解到特定神经损伤与输入系统相应的特定功能的缺失会存在对应的关系。福多进一步指出，中枢系统事实上不存在特异性的神经结构，也不存在任何固定性损伤模式。

g. 输入加工的运作是属于信息封闭式的

福多的心理与语言的模块观的核心理念应该是信息的封闭性，信息的封闭性亦为心理与语言模块最关键的构成标准。因此，在《心理模块性》一书里面，福多以近二十页的篇幅去分析输入系统内部所存在的信息封闭性，由此可见它在福多的心理与语言的模块观的思想体系里占有重要地位。

从福多的诸多论述与分析中能够了解到，关于心理与语言的模块性运作与加工的关键概念问题，他依然会有困惑。最典型的问题就是，认知所具有的自上而下加工的性质与心理模块所应该具有的信息封闭，它们之间的不可调和可谓是福多无法释然的困惑。于其著述之中的相关章节，福多正是专注于对这个矛盾的调和，然而，其结果总是差强人意。对于福多的这个难题未来我们会进一步分析，在这里，还是让我们首先研究一下福多怎样分析该问题。

对于输入加工运作的信息封闭的研究，福多在分析中第1步首先列举了信息加工研究的两个典型例子，并以之作为分析起点。

两个典型例证是音位恢复效应与视觉盲点填充现象。音位的恢复效应出自 Warren 等人所给出的相关研究。在该实验里，实验人员会给被试（者）放出单词的录音，这些单词里面有一些的某个音位会被删除，代之以咳嗽的声音。然而，被试反映其所闻的却是一个完整的单词，咳嗽声则呈现为背景的声音。视觉的盲点填充实际上会是我们习以为常的事情，然而我们却常常未能意识到。事实上，每一只眼睛皆存在一个盲点，这会让大家在视觉上总存在一个盲区。可实际上无人意识到存在该盲区。这样一来该盲区所对应的现象缺失会被一些其他渠道的信息替代。

之后，第2步就是反证所谓自上而下的加工。

提及上面的例子，从认知心理学来看，会倾向于将之都当作认知过程常见的自上而下的加工。认知心理学的态度是：知觉之于刺激的相关编码，关键决定于认知者所具有的期望与主观信念，基本未曾被传感器所给出的信息干扰。

然而，福多却不以为然，他对于上面的这种解释存在疑问：第一，输入系统所进行的计算不可能无限制地通达具有高水平状态的信念与期望；第二，像"缪勒—莱尔错觉"这样的一些事例说明，在知觉水平之上的加工往往独立于背景的信息。

第3步则强调认知的非渗透性。

福多指出："对于语言之类未曾预料的刺激，它所对应的知觉唯有于该范围内方为可能：（1）传感器所完成的输出运作不会受到有机体的期望或信念的干扰；（2）输入分析器完全能够计算出传感器输出信息所会获得的刺激表征。换言之，在分析新异的刺激时，会凭借自下而上的相关知觉的

机制。"（福多，2002）

第 4 步则由之前已然论及的输入系统所具有的"有限的意识通达"与"强制性运作"来分析、讨论"认知所具有的非渗透性"。

由"有限的意识通达"的研究视角出发，"认为输入系统应该具有信息封装性，这也就意味着，承认可以知晓的认知假设的相关数据事实上常常会较机体实际所知要少不少。其含义是，输入系统所具有的确认功能事实上不可以获取机体之内所可能表征的那些信息，所以，在输入加工过程中，机体内部的表征之信息的分配常常是受到限制"。（福多，2002）

也正是因为机体具有了强制性属性，它为输入系统所需要的快速性反应保证了必要的条件，而且强制性的加工可以有利于加工的自动化。即便所占据的信息是有限的，且没有其他的计算机制辅助，机体依然可以具有准确而快速的反应能力，如此一来也能够节省在决策上所投入的时间。类似地，依此逻辑，"而且输入系统还具有顽固性，如此这般都为了速度的提高。具体而言，输入系统于某种程度而言应该具备信息的封装性，事实上能够纳入知觉分析任务的所有相关信息里面仅有部分被事实上接受与加工，那应该是很少且未有变化的小部分"。（福多，2002）这样看来，输入系统在获得迅速反应与快速加工的同时也会屏蔽其周边的很多信息。从生物进化需要的自然选择来看，此类机制显然符合需求。即使福多对于进化心理学的不少观点持有异议，然而于心理机制的获得性观念上，福多倒不会拒绝来自进化主义的理论帮助。

第 5 步则肯定自上而下的运作加工，且以之为中枢系统相关的计算属性。

言及信息加工自上而下的运作，福多建议了相关的三个命题，借此论证中枢系统与输入系统之间可能存在的关系。

（1）输入系统所输入的信息应该会于一定程度上接受来自认知主体所具有的知识背景的作用。于是，也认可自上而下运作加工的认知加工方式，而且该方式应该是客观的存在，且它并非留存在输入系统的内部。

（2）尽管某些事实线索显示，运作输入系统任务的计算机制存在认知的渗透性，然而，它未必可以说明输入系统应该具有认知的渗透性。

（3）我们必须区分两个观点，一是支持输入系统内部存在信息的封闭性，二是支持自上而下的运作加工，这两个观点常常会被大家弄混。

尽管福多不支持输入系统存在自上而下运作加工的能力，然而他却不能拒绝自上而下运作加工的存在可能。有意思的是，福多替"自上而下加工"寻求了另一处"安身之所"，即中枢系统。在他看来，自上而下加工应该属于中枢系统所具有的计算属性。他认为信息通达应该是自上而下运作加工的前提，且还是非模块性的关键标志。所以，他为确保输入系统中运作的模块性，拒绝输入系统内存在自上而下的运作加工。这样一来，自上而下的运作加工仅仅可以在中枢系统内部存在，而中枢系统内部具有自上而下的运作加工亦为福多否定中枢系统内部具有模块性的原因。

第 6 步则对信息的封闭性给出了进一步的界定。

福多认为："如果想将精细的计算与信息的封装性视为相容的属性，那么势必确认非封装性应该意为加工系统之外的信息；而如果能够完成精细的计算，这样的系统仅需具有计算要加工的信息即能够说它具有封装性。"（福多，2002）这也意味着，我们要将计算的精确性与信息的封闭性进行区分。如果于系统内部获得足够的信息，那么在信息封闭的系统之内完全可能完成精细的计算。

福多另外引用斯蒂文·斯蒂克所提出的概念——"下信念"（Subdoxastic Belief），（S. Stich，1999）意在论证输入系统之内存在着信息的封闭性。下信念揭示了每个人与其母语语法之间应该存在的认知关系。值得注意的是，下信念具有无意识性，而且还在推理上具有非整合性。斯蒂克依此指出，信念具有能够经由推理获得新信念的属性，从理论上而言，此类推理应该不会受到限制，任何信念皆能经由推理获得其他的信念，此即推理具有的整合特点。上面提到的下信念却不具备此类推理的能力。事实上，下信念具有信息的封闭性。"任何无意识应该常常具有一定的封闭性，且无意识信念没有可能于有意识的相关推理之内作为前提条件。"（福多，2002）

正是由于福多为信息的封闭性指出了无意识的意义，他借此获得了相关理论的推理，即输入系统应该属于有限的意识通达，所以它事实上常常会呈现出无意识的状态，如此推断，它应该具有信息的封闭性。

h. & i. 输入系统的顺序、步骤以及"浅"输出

福多倾向于用视觉归类与语言的能力成长做论据，论证孩童所具有的输入系统的相关功能发展会依照特定的规律，或者说是顺序、步骤，而且它一般都不会受到环境信息带来的干扰。

对于输入系统在输出时的浅表性，福多认为关系重大，且是其理论中的关键议题，所以用了不少笔墨来讨论这一问题。而这一论题的关键事实上应该是"推理与观察之间的界限到底要划分在什么地方，这在心理学里即为认知和知觉之间的论题，此乃科学哲学领域内最为有意义、也最为困难的问题之一"。（福多，2002）因为福多一直肯定心智的过程应为自下而上的一个加工运作过程，所以它亦为福多一定要解决的问题。

福多将推理和观察之间的差异定义为深层加工与浅表加工的差异。这里面，浅表加工属于强调计算的速度的运作，其输出很显然是对现象的相关认识，此亦为观察。然而，深层加工一般会较为慢速，其原因是其强调事物的内在规律，并着重于对内在规律的关注，其输出往往呈现了普遍性规律，此类结果未必为显然的事实，而会为思维给出的结果。在福多看来，输入系统所执行的运作加工具有浅表性，所以，输入系统的输出应该为相对应的浅表性观察结果。然而，在中枢系统之内的运作加工则会具有深层性，它的输出应该呈现具有复杂性的思维结果。这样福多于推理和观察之间界定了一个分界线。

福多拿视觉辨认与语言辨识作为论据以论证其浅表输出的概念。首先，他指出了语言辨识具有的两个内容——对语义内容的辨识和对句法结构的识别。这里，在语义的运作加工上往往会比较慢，且常常会有歧义，而且，当以某种特定的背景知识为基础时，它会具有认知的渗透性；另一方面则不一样，在识别语言的相关句法结构时，则会是快速、明显和固定的，而且还具有认知的非渗透性。根据这样的差异，福多进而强调了句法结构的识别应该属于输入系统所具有的功能，且是一种浅表性的加工，具有模块性。至于语义的识别则属于中枢系统所具有的功能，具有非模块性。

福多另外还给出了视觉识别的例子。他将认知视为连续且统一的过程，概念化与知觉辨认实际上是这一过程中不同的加工水平而已。亦即他要解决的难题是要于该连续体之上寻求一个合适之处为其界限，且将其一分为二，一为深层加工，一为浅表加工。在福多看来，他还是发现了有这样一个合理的分界点，即最适意的归纳水平。认知心理学提供了相关理论支持，即于人的概念化过程之中，具有一种最适意的归纳水平，此为最普遍的概念化水平。于该水平之上的概念事实上是精确性与归纳性对立之上最为合适的折中点，它对于其所对应类别的事物也是最具代表性的。比方说，

"狗"较之于"斑点狗"而言，更具归纳性，然而其精确性会较低，不过较之于"犬科动物"，它的精确性较高，归纳性则会较低。然而，于此类事物而言，"狗"具有最高的概念化的水平，这样就意味着"狗"的概念实为所谓的最适意的归纳水平。在福多看来，所谓"最适意归纳水平"事实上代表了浅表加工所可能具有的最高水平，换言之，"最适意归纳水平"既为知觉的终点，亦为思维的起点，它事实上就是推理与观察的分界点。

基于上述论证，福多指出输入系统所具有的浅表加工的属性可以作为输入系统具有功能模块化的充分证据，同时，它也充分说明了中枢系统与输入系统的差异性。上面提到，浅表加工的概念事实上肯定了一个相关的关键假设，也即认知实为具有连续性和统一性的单一体，同时认知的运作加工应该具有自下而上的运作和加工的方向。该假设亦为福多的心理与语言模块观的一个关键的理论基础。假如该假设与事实不符合，福多的心理与语言模块观思想则会遭遇不可避免的理论困境，由此他非常重视将浅表加工的概念加以充分地论证，所用篇幅可谓充分而丰富。

然而，我们未来还会有进一步的相关分析与论证，会发现福多把认知系统视为统一的连续体，这也就不可避免地会遭遇到理论难题。

总而言之，福多关注输入系统所具有的模块属性，分析了心理与语言模块所具有的功能性的实在，指出输入系统所具有的相关特征，认为输入系统事实上是具有领域特殊性的一种计算系统，它具有神经特异性、高速、信息封闭性和有限通达等属性。正是基于此，福多确认唯有输入系统方具有模块属性。

（三）中枢系统应该具有非模块性

福多的心理与语言模块观有一个鲜明且有意思的特点，那就是其模块观的不完全性。尽管他费了很大气力来说明输入系统具有的模块属性，然而，说到中枢系统的特点，福多却未能一以贯之，换了立场，反而非常肯定地认为中枢系统应该具有非模块的属性。言及中枢系统的非模块性，其分析如下：

1. 非模块性的充分条件

首先，输入系统所进行的计算内容会区别于有机体所具有的信念，它所运行的计算事实上应该具有信息封闭性，所运作的应为加工对象所对应的远端刺激分布的相关表征。此类计算并不要求背景知识的支持，也即不需要诸如某种期望或记忆里的相关信息。然而，如欲获取有关对象相应的表征，有机体的相关背景知识以及其他的输入结果将不可或缺。对于此类需其他的知识加入以修正表征的运作，福多称之为知觉信念的固化。而且他进一步指出，知觉信念的固化不应该为特定机制所对应的功能，而应该是与信息通达相对应的某种过程。

其次，如果从语言中去寻求证据，那么应该说，唯有在言语产生的机制可以参与到有机体感知世界的条件下，真实意义上的语言方可获得。换言之，语言意思的传送应为某种信息的通达，更重要的是，这种运作绝对不应该具有领域特殊的特征。

最后，输入系统之所以会有非渗透性，往往是由于机体对于利益不具备敏感性。事实上机体的决策不会来自输入系统的功能，它应该属于中枢系统负责，中枢系统应该在机体的利益方面存在一定的敏感性。于决策之时，中枢系统既应该获得并加工知觉的相关信息，同时也应该加工机体的相关利益信息，也就是说，应该整合机体的信念与知觉信息。由此可见，机体之内某种非模块性的机制应该是会存在的。

2. 与中枢系统类似的科学领域的非模块性

福多总结到，依靠非证明性的推理获得信念的固化，此为中枢系统所具有的典型功能之一。"中枢系统在充分利用输入系统发出的表征的同时，也还会利用记忆里的相关信息，且以之修饰世界应为怎样的所谓最佳假设的计算。毫无疑问，此类运作加工大多数应为无意识的，另外，至于它是如何操作的，我们都还是不甚了解。不过，我们还是完全可以相信，能够依照已然了解的非证明性推理可能发生的方式来得出相关的推理，也就是说，能够依据科学领域中已然了解的经验去做相关的推理。"（福多，2002）

言及在科学领域里面的非证明性的信念固化，福多提到了其可能具有的属性，即一个是各向同性的（Isotropic），另一个是奎因式的（Quineian）。

关于"各向同性的"的科学认识，应该是指和科学假设具有相关性之事能够由之前存在的任何经验性真理而来。换言之，任何科学原则皆能获得任何其他学科的相关事实的论证，科学的原则事实上为一整体。在科学领域被认可的"各向同性"事实上来自形而上学的相关认识论，即世界应该是互相联系、互为作用的因果系统，不仅如此，没有人明确了解此类互相联系、互为作用的逻辑规则。科学理论所能够做到的，唯有努力探索、了解并进而模拟、利用客观世界的相关因果与联系的逻辑规则。由此，假如科学理论有所改变，则应该否定之前的相关立场。如此一来，肯定"各向同性"恰恰论证了"非证明性推理所具有的关键性，而且非证明性推理的目标是确定有因果关系的机制"。（福多，2002）

福多进一步说明道，科学的确认不仅仅是"各向同性的"，与信念的固化相比较，它们事实上为相似的运作加工，而且，"都可能是唯一的'整体的'、非封装性的、完整的认知加工"。

科学的确认应该为奎因式的，这说明了"言及某个已然存在的假设的确认"，信念系统的整体特征应该会对其程度产生影响。更重要的是，"各向同性"与"奎因式"尽管会存在关联，其性质却又不相同。比如，如果科学确认为"各向同性的"，水藻所发生的光合作用的解释则应与天体物理学所提出的相关假设的确认具有关联。奎因式强调，如果需对比不同的科学理论所具有的确认的情况，那么应该对比其与科学信念的整个体系的关联，而针对特定理论的评价应该也关注其信念系统所具有的整体性特征。如此看来，奎因式的系统事实上应该具有非信息封闭性。

福多由此获得其观点，即我们已然肯定了心理学的信念固化和科学确认之间存在类比性的依赖，这也意味着我们必须肯定"心理学的信念固化"既是"奎因式的"，也是"各向同性的"，且"奎因式"与"各向同性"都应该具有非"信息封闭性"。所以说，"心理的信念固化"亦具有"非信息封闭性"。

3. 信息封闭性是模块性的核心构成条件

福多认为，"典型输入系统的特性或多或少地直接源自其信息封闭性。与此相对，我认为中枢系统在重要的方面是非封装性的，而且这是它们不能被看成模块性的主要原因"。（福多，2002）

于是，福多得出一个最终的结论：没有内容特异性的中枢加工，也没有发现其操作所对应的特异性神经结构。目前所知的一切都支持那种认为中枢问题的解决由等位的神经机制来完成的观点。

也就是说，中枢系统的信念固化是各向同性的、奎因式的，因而，中枢系统是非模块性的。

总结福多的心理模块性理论：福多将心理功能分成三类，分别是传感器、输入系统和中枢系统。

"传感器"是将近端刺激较为准确地转变为共变的神经信号的系统。它保留着输入信息的内容，只改变了信息呈现的形式，还表现出特定的一种信息封闭性。福多并不怎么在意传感器。在不严格的意义上，它可以被归入输入系统。

"输入系统"是位于传感器的输出与中枢系统（中心认知机制）之间的中介系统。其独特功能是让信息进入到中心加工器。传感器的输出通常可以解释关于对象近端刺激分布的描述，而输入系统所传输的则是关于物体的远端刺激特性和分布的表征。输入系统最重要的特征是：它是模块性的。

中枢系统的典型功能是通过"非证明性推理"（亦即经验推理）来形成知觉的及其他的信念，像思维、问题解决、决策、推理等。其一般工作机制是：一边看着输入系统传来的表征，一边看着记忆中的信息，并利用这些信息来限制对世界是什么样子的"最佳假设的"计算。由于中枢系统要整合各种领域的信息，亦即是跨认知领域的（或领域普遍性的），因而它是领域非特殊性的，而且它"在重要的方面是非封闭的"。

总之，中枢系统是非模块性的。

二、福多的心理与语言模块观的理论困境

应该说，福多关于心理模块性的思想是 20 世纪末 21 世纪初心理学领域最具有创新性的理论。这个理论一提出就受到理论界的高度关注，一开始，人们多以批判的眼光来看待它，慢慢地，接受它，并且开始支持它的人越来越多。现在，心理学界对"心理模块性"或者"模块心理学"这样的词汇已经不再感到陌生，也不再反感。有很多严谨的学者经过认真的思考以后接受了心理模块性的思想。而心理模块性的思想和一些具体的心理学研究领域的结合也促成了一系列新兴的研究范式。这一系列给心理学带来的积极影响都可以归功于福多的开创性思考。同时，我们也要看到，随着人们越来越广泛地讨论心理模块性问题，福多最初关于心理模块性的思想中的问题也暴露得越来越清晰。

根据福多的功能主义，使得心理成为心理（如信念、害怕、疼痛等）的东西，不在于它是由什么构成的，而在于它能够做什么（或起什么作

用）。于是，心理之于大脑犹如软件之于硬件。这样将心理系统的划分与理想状态的计算机进行类比是有益的。但是，如果心理在本质上是符号操作装置的话，那么图灵机这样的符号操作装置应该是具有普遍性的。于是，对心理机制的模块性定义将面临与计算主义的矛盾。正是类似问题为后来的研究者留下了更多的思考空间，现在学习模块心理学的学者都是在批判或补充福多理论的缺陷和不足的基础上建构自己的模块性理论的。熊哲宏、李放放（2004）对福多的模块性理论进行了严厉的批判，指出了福多式模块的理论缺陷：

第一，福多的"二元"划分蕴含着理论困窘。福多将认知机制区分为："低级"的输入系统（包括感觉、知觉、模式识别等）和"高级"的中心系统（包括思维、问题解决、推理等）。初看起来，这种划分没有什么特别之处，因为传统的心理学理论常有类似的划分方式。但是，一旦我们考察这种分类法的依据，特别去思考这两种系统的性质时，这种划分的合理性就成问题了。福多的这种严格而又简单的"二元"划分——输入系统和中枢系统——实际上导致了如下的理论难题：

（1）福多的"心理的模块性"概念隐含着一个悖论：心理机制既是模块性的又是非模块性的。虽然福多将模块性的部分和非模块性的部分分开，但是作为中枢系统的非模块性部分是较低级的模块性的输入系统的运行基础，所以心理机制在本质上是非模块性的。

（2）福多的分类法使得中枢系统无法成为科学研究的对象。关于输入系统的模块性假设能够适应进化论的要求，也就是说，人对特定领域的信息输入具有专门性的反应机制是具有适应性的表现。比如，我们的原始祖先能够在色彩斑斓的树丛中识别出潜伏的老虎是具有生存价值的能力，并且这种识别与辨认一种不认识的果实是否能够食用的反应机制应该是不一样的（蒋柯，2011）。因为有进化论作为理论基础，模块性的输入系统的功能特征就可能成为科学研究的对象。实际上当前的进化心理学的实证研究正是在朝这个方向努力。但是福多将中枢系统定义为非模块性的，这使得中枢反应系统的工作机制失去了进化起源的支持。于是，我们不得不追问，非模块性的中枢系统的功能是如何获得的呢？对于这个问题，福多本人也很困惑："直言不讳地说，没有哪一个计算形式体系（Computational Formalisms）会告诉我们怎样做到这一点，我们也不知道该如何形成这种形式体系

……在这方面，认知科学甚至尚未起步。"（Fodor，1983）

（3）福多关于心理模块性的界定过于严格，又过于简单，以致福多式模块只能存在于他个人构想的概念之中，既经不起心理学观察与实验证据的检验，也不能在理论上自圆其说。

第二，福多关于认知机制划分的标准不合理。福多将认知机制划分为模块性的输入系统和非模块性的中枢系统。我们不禁要问，这两者之间的划分标准是什么，哪些加工应该被看作是低级的加工，哪些是高级的加工呢？福多论证道，输入系统是领域特殊性的，也是信息封闭的，而中枢系统则是一个领域一般性的、信息共享的、统一的计算系统。我们接着追问，为什么输入系统必须是领域特殊性的呢？福多的回答是"输入系统接受特定领域的近端刺激，并按照固定法则将它翻译成远端刺激的属性。也就是说，输入系统从传感器接收的信息输入是专门的，而输入系统对这些信息的加工程序也是专门的"。（福多，2002）也就是说，输入系统应对各种不同的刺激，需要采取领域特殊的策略才能既快又准地做出应答。我们不难发现，在这一系列的论证中，福多难脱循环论证的错误。

按照福多关于认知机制的划分，较低级的输入系统的加工是信息封闭的，它的输出结果进入较高级的中枢系统后被进一步加工，但是输入系统将不会受到来自中枢系统的影响。这个推论显然经不起来自认知心理学实验研究的反驳。知识经验对知觉和识别的渗透已经不是什么新鲜的发现了。更有实验研究结果表明推理任务对符号识别的启动效应（Sloutsky，Fisher，2004a；2004b；蒋柯，2009b），即考察被试完成特定的推理任务之后再做其他推理任务中出现的符号，结果发现不同的推理任务可能引起识别成绩的变化。如果作为中枢系统的推理过程会影响输入系统的符号识别加工，那么福多关于输入系统的模块性定义就失去了意义。更进一步，福多关于输入系统和中枢系统的划分也失去了意义。

熊哲宏和李放放（2004）的研究还进一步指出了福多的模块理论在方法学意义上的失误之所在。我们仅引用先前研究者的结论而不赘述其论证过程：

第一，福多对"功能独立"的理解和运用是不恰当的。

第二，福多的"计算"概念正好是对功能分解的否定。

第三，福多进行功能分类的标准不统一。

总之，福多给我们描绘的心理的图景是：一方面是领域特殊的，另一方面却是领域一般的；一方面是信息封闭的，另一方面则是信息通达的；一方面是部分的，另一方面却是整体性的；一方面是计算的，另一方面则是非计算的……一句话，一方面是模块性的，另一方面是非模块性的。因此，福多的心理模块性理论充其量只是一个不完全的模块论。我们很难相信福多为我们描绘的这样一幅关于心理的图景会是真实的。我们只有放弃了福多并不成功的模块性定义，才能建构一个真正的心理模块理论。

第四章
平克的进化论模块理论及其困境

在《语言本能》里，平克并没有将自己的视野局限于语言问题的讨论，他是希望通过语言问题的研讨最终形成一个解释心智活动的理论模型（How the Mind Work）。平克首先假定，语言是人类认知的重要组成，对人的认知发展具有决定性意义。（Pinker，2005a）因此，语言机制的形成、发展和运作特征也能够代表其他心智活动的特征。平克在《语言本能》中的关键论证是：语言是来自自然选择与塑造的先天的、模块性的心理机制，而人类其他的心理机制亦为天赋模块。随后，他在 How the Mind Work 中明确提出这样一个命题：人的心智由若干包括语言在内的、由自然选择塑造的先天的模块性心理机制所构成。

有趣的是，平克自己从没有明确地将"模块性"（Modularity）一词用来描述自己的理论，他甚至还对福多的心理模块性理论提出批评。但是，读者只要在平克关于心理机制的描述和福多关于心理模块性的构成标准之间做过仔细的对比，都不会反对将平克的理论定位为模块论。近年来，在和乔姆斯基、福多等人的辩论过程中，平克关于语言模块以及心理模块的界定标准日渐清晰地凸现出来，虽然他自己始终没有使用"模块"这个词，而是称之为"自然选择的先天机制"。（奚家文，2009a）由此可见，作为进化主义者的平克，在吸取了进化心理学的心理模块理论之后，却无可避免地也承袭了进化心理学在心理模块论上的理论缺陷。本章我们将梳理平克在《语言本能》之后的模块论观念，厘清其语言模块的论证逻辑和理论嬗变的过程，并从中指出他和进化心理学模块论所共同遭受的理论困境。

一、平克的进化论模块理论

（一）从语言本能到适应器

在《语言本能》中，平克通过语言现象本身的特征论证了语言作为人类的一种独特心理机制的进化论负载。在以后的一系列著作和论文中，平克的进化主义愈加彰显，他对语言的界定也从"本能"转换成了"适应器"。（Pinker，2007）

适应器（Adaptation）是进化心理学家创造的一个新术语，指有机体通过自然选择而获得的一套固定的反应机制。它可以是一种生理构造，比如眼睛是一个适应器，也可以是一种生理的反应可能，比如老茧。而进化心理学家所关心的是它的最后一种含义，即适应器还可以是一套固定的行为倾向，比如求偶行为、哺乳行为等。对于此类固定的行为倾向，进化心理学家会认为：它与特定生理性结构一样，都是具有进化意义的机制。如果生理构造是一种器官的话，那么行为倾向作为一种心理机制也可以被看作一种器官，即心理器官。（巴斯，2006；张雷，2006）因为把心理机制当成和生理构造一样的器官，就为心理机制提供了成为自然选择结果的可能性。这正是进化心理学家的理论建构目标，即以自然选择作为元理论，建立一门可以解释人类心理发生、发展的整合的心理学。

平克用"适应器"来界定语言本能，说明平克希望超越对具体语言问题的探讨，进而上升为关于人类心智的元理论研究。由于理论视野的改变，平克对"语言适应器"的论证方式也有别于《语言本能》中的论证策略。平克在《语言本能》中的论证是从词汇、句法、语义和语音等具体语言现象切入，逐个探讨了语言习得、语言与思维等方面的议题，由此得出：语言实为进化而来的本能。而他把语言界定为"适应器"的时候，采取了不同的论证方法。（Pinker，2007）

平克首先界定它的"语言适应器"理论的方向，指出它不同于将语言视为一般性认知能力的体现，较之于"智力""符号象征"能力或者"文化学习"能力等一般性能力，语言能力更像恐惧、求偶等人类行为的标准化表现型。平克列举了支持语言作为"适应器"的五项证据：

第一，语言具有超越社会属性的一般性特征，即只要是神经系统健全的正常人都会具有大致相当的言语技能。第二，所有的语言都具有一个普遍性的特征，都具有非常复杂而精巧的语法结构。第三，全世界的儿童都经历一样的语言习得过程。儿童的语言从一开始就具有的系统性特征正好暗示了"普遍语法"的存在。第四，在多语言的环境中成长的儿童并非如成人那般将学会没有语法的"洋泾浜语言"，而是自发地形成一套语法规则，该语法规则具有成熟语言语法规则的全部特征。（Bickerton，1981）第五，来自神经生理学和基因遗传学的证据表明语言和一般智力是可分离的。（Pinker，2001；Pinker，2007）

接下来，平克一一反驳了各种可能的反对意见。

Gould 和 Lewontin 在 1979 年提出"拱肩"的概念，指那些在进化过程中搭了顺风车的特征，它们本身不是自然选择的适应器，但是作为某种适应器的副产品却最终表现出更加显著的效用。（张雷，2006；蒋柯，2009a）按照这种观点，在解释当前有机体的适应性表现时，自然选择并不是必需的，它们可能仅仅是附属性的或生理强制性的适应性效能。因此，语言应该起源于某种特定机制的发展，而其本身不是进化的直接结果。

反对的观点还有：对语言是否能够给人带来充分的利益，从而能够成为自然选择的对象表示怀疑。原始人的生存状态也许不需要如此复杂的语言系统。和人最接近的灵长类动物黑猩猩不会说话，这说明语言的起源应该始于基因的突变而不是渐变。语言的用途只有在大家都能够使用时才有效，如果部分人先具有了说话的能力也是没有用的。

平克首先辩解道：自然选择的结果并不能用"拱肩"或生理强制性等概念来解释。自然选择是塑造复杂适应性的唯一力量，只有通过生存和繁衍的选择力量才能使得机体呈现出非随机性组织。此外，自然选择的效果还可以通过数学模型模拟、测量自然环境、统计有机体的基因组序列等手段来验证。总之，对自然选择本身的质疑是不成立的。

关于语言是否可能是或应该是自然选择的目标的质疑，平克认为，即使是我们的原始祖先，他们在交流中对意义的精确性、复杂性的要求与现代人也是一样的，因为"如果在某个地方有一些动物，那些动物可能成为你的食物还是你可能成为那些动物的食物是非常不同的"，（Pinker，2007）因此，这些信息的成功传递与传递的失败会产生完全不同的生存价值。

　　关于语言在人群中发展不平衡的质疑，平克解释道，在交流中，对意义符号的编码和解码不是对称的，显然进行意义编码要求更复杂的认知技能。因此，如果有些人先具备了比较复杂的语言能力，这并不会影响他们和其他人的交流，而他们的语言能力反过来会成为其他人的选择性压力，从而促进其他人语言能力的进化。

　　关于语言起源的突变论和渐变论之争，平克认为从黑猩猩来类比人类是对人类进化历史的误解。黑猩猩是和人类最接近的灵长类动物，但并不是说黑猩猩是人类进化历史的前夜，实际上猿和人类在更古老的时候具有共同的祖先，但是在很早的时候他们就分别走上了不同的进化路线。在猿与人进化分离之后，人类在 200,000～300,000 年的进化历程中逐渐形成了语言。

　　可以看出，从"语言本能"到"语言适应器"，平克的论证重心从"语言是一种先天的专门能力"转移到了"语言是自然选择塑造的专门能力"。在第二个判断中，自然选择的意义是论证的核心。这种转向表现出平克为"语言本能"寻找一个符合逻辑的起源解释的急切心态。当他发现 Tooby 等人的"因果推理"理论可以为自己概念支持的时候，便将"适应器"引入了自己的理论建构中。Tooby 和 DeVore（1987）提出人在进化历程中获得了一系列固定的关于因果推理的规则，即各种"if...then..."的法则，人正是依靠这些法则调节社会生活。人对特定领域的因果推理的敏感性是固定的，这就是"适应器"。Cosmides（1989）发现人对涉及社会交换的"if...then..."推理具有特殊的敏感性，从而提出人拥有一个专门用来应对社会交换的"适应器"。

　　平克在引入"适应器"概念的同时，概念的构成标准的前期论证也自然成为理论的构成部分。也就是说，平克将语言界定为自然选择塑造的"适应器"，那么，"适应器"又是什么呢？"适应器"是如何起源的呢？对这些问题的回答使得平克不需要印证更多进化心理学的理论。而对进化心理学理论的依赖使得平克的"语言适应器"被赋予了愈加深刻的模块性特征。

（二）为什么说"语言本能"是模块论

　　福多是第一个明确提出心理模块论的人。但是理论界对福多的模块论多有微词，原因主要有两个。首先，福多认为人的心理在运行机制上有输入系统与中枢系统之分，而具有模块性的只是输入系统，可见福多在模块论上是不彻底的。这让福多的模块论显得不伦不类。其次，对心理模块的构成标准要求过严。福多共罗列了心理模块性的九种必备属性，作为标准它们过于严格，福多后来也放宽了要求，将之简化为：信息封闭、快速、有限通达和固定神经结构等四条，其中，他强调信息封闭是心理模块的核心构成标准。（福多，2002）

创立心理模块概念的是福多，但事实上还是进化心理学家对模块论思想进行了理论实证。但是进化心理学家的"模块"概念却很模糊。首先，进化心理学家没有对模块的标准做精确界定，也没有精确区分各种心理模块的概念；第二，虽然福多的心理模块概念颇具影响，可是进化心理学家却很少提及他的心理模块观念。由此一来，对心理模块构成标准的淡化使得进化心理学家的心理模块概念松散而宽泛，所以，我们只可综合进化心理学家所提及的心理模块的特征，大致总结出"进化论模块"的基本特征：第一，心理模块对应的是领域特殊性；第二，心理模块是一个计算机制；第三，心理模块是天赋的；第四，心理模块是人的普遍的心理特征；第五，心理模块对应固定的神经联结或特定的基因组。（熊哲宏，李其维，2002c）

心理模块在进化心理学家那里被界定为自然选择所塑造的"心理器官"，即"适应器"。因为强调心理模块的进化论负载，所以它必须遵循自然选择学说的领域特殊性要求，因为领域特殊性是自然选择必然的逻辑结果。（蒋柯，2010b）"……器官专业化和分化……自然选择具有该目的倾向，毕竟器官的分化或专业化，将有助于机能的效率提高。"（达尔文，2005）恪守该进化法则，是所有进化心理学家的信条，并由此将心理模块的构成标准界定为心理机制的领域特殊性。

此外，进化心理学家采取了生理类比的方式论证"心理器官"的进化起源，即，既然自然选择可以塑造我们的生理器官，它也应该能够塑造"心理器官"——一套固定的行为倾向或可能性，也称为"本能"或"适应器"。因为将"本能""适应器"或心理机制作了器官类比，一个新的理论诱惑就出现了：如果能够将心理器官对应于某些生理构造，那么原本虚无的心理器官就变成一个"真实"的存在，从而可以使得进化心理学成为最严格意义上的科学。所以，几乎所有的进化心理学家都热切地期待来自神经生理学和基因遗传学方面的新证据。Cosmides 和 Tooby（1997）曾经宣称"心理学最终要建设成为生理学"，而平克也对语言问题的病理学研究非常重视，他们都表达了类似的态度。（Pinker，2001）因此，在以上的五个标准中，进化心理学家最重视的是：领域特殊性和固定的生理学基础。

作为一个语言学家和进化心理学家，平克从来没有明确地使用"语言模块"或"心理模块"等词语来描述自己的理论。但是，每一个熟悉他的理论的读者都不会拒绝这样的评价：平克是把语言以及其他心理机制当作心理模块来讨论的。因为平克完全是按照心理模块的五项构成标准来建构自己的核心概念的。接下来，有必要对比一下心理模块的构成标准和平克的"语言本能"（或"语言适应器"概念）。

"语言本能"作为一个概念被提出来，首先就表明了它的两个特征：天赋性和普遍性。在关于"语言适应器"的论证中，平克所列举的五大证据的前三项分别是语言的跨文化和跨社会普遍性（第一和第二项）和天赋性（第三项）。因此，我们需要检验平克的语言本能或语言适应器是否符合心理模块其他的三项构成标准。

1997 年，平克的新书 *How The Mind Work* 甫一出版，福多就做出反应，于 2000 年出版 *The Mind Doesn't Work That Way*，针锋相对。2005 年，平克在 *Mind & Language* 杂志上发表论文 *"So How Does The Mind Work?"* 总体而言，福多和平克在心理模块性问题上的争论体现为"计算的概念"、模块应该是"领域特殊的"还是"信息封闭的"，以及关于进化论的态度等三个问题。（蒋柯，2010a）

平克和福多都是计算主义的传人，两人都以不同的方式表达了"心理是计算"的命题。（Pinker，2005a；Pinker，Jackendoff，2005b；福多，2002）因此，二人关于计算的讨论有点"为辩而辩"的意思，毕竟，两人围绕这个主题都发表了不少论文。在两人关于计算的辩论中比较有意思的一点是，两人都竭力和"图灵机"的计算模型划清界限。（Fodor，2000；Pinker，2005a）究其原因，我们不难理解，图灵机是一个领域一般性模型，领域一般的信息加工方式和模块性加工方式是对立的。所以，无论福多还是平克，他们从自己的模块性理论出发都不能接受图灵机的计算模型。但是，平克的"本能"或"适应器"为一个计算机制是明白无误的。

平克和福多的第二个辩论焦点是：心理模块的关键标准是"信息封

闭"，还是"领域特殊"。福多把信息封闭看作是心理模块的最重要构成标准，这给他的理论建构造成不小的麻烦，他不得不建立一个非模块性的中枢系统来适应这个概念的需求。这是福多的模块论受到诟病的主要原因。（熊哲宏，李放放，2004）在和福多的辩论中，平克进一步明确了自己的立场。在平克看来，领域特殊性的心理机制更像是机体的组织的构成，比如上皮细胞，可以出现在多种不同的器官中，并且和身体的其他部位有广泛的联络，却行使同一个功能。而一些领域特殊性的思维或情绪也可能作为元素结合成为各种不同的功能体。（Pinker，2005a；Pinker，Jackendoff，2005b；Jackendoff，Pinker，2005）因此，平克的"语言本能"是领域特殊性的。

最后，我们要检验平克的"语言本能"是否对应于固定的神经联结或基因组。在《语言本能》中，平克就广泛印证了语言病理学的证据来说明语言能力和其他心智能力的分离，如特定脑区的病理状况只会影响部分言语功能，而病人的其他言语功能或整体心智能力却几乎不受影响。这些病例说明，病人特定脑区的神经联结和语言活动具有对应关系。2001年，平克介绍了来自基因遗传学方面的新发现。研究者发现有一些人缺乏正确理解和运用语法的能力，这种症状被称为"特殊语言缺陷"。这种病症具有家族遗传性，患者并不一定表现为智力低下。进一步的研究发现，"特殊语言缺陷"和一个被称为FOXP2的基因组存在对应关系。文章最后，平克控制不住自己的兴奋："如果FOXP2被证明是人类语言机能的发展的必要条件，……那么比较人、猿和其他灵长类的FOXP2区域的基因序列，分析它们之间的类型、模式的区别，我们就能够了解人类语言的起源了。"（Pinker，2001）可见，平克是多么希望有来自神经生理学和基因遗传学领域的证据啊。

综上所述，平克关于"语言本能"或"语言适应器"的论证逐项地和心理模块的构成标准相吻合，因此，我们完全可以把平克的心理观看作是模块论的。通过对前面文献的梳理，我们可以发现，以语言机能为例，平克式模块具有这样三个特征：

第一，语言模块是自然选择塑造的机能，而不是其他机能进化的副产品；

第二，语言模块对应于专门的神经生理机制，这些生理机制本身的进化、完整性和语言机能的发展与完整性休戚相关；

第三，语言模块是一个整合的系统，包含了词典、语法结构以及输入输出界面、概念的象征性标签、概念之间的等级结构和语音的线性序列等部分。

（Pinker，2007）

二、从《语言本能》到进化心理学的华丽转身

平克的成名作《语言本能》（*The Language Instinct*）一经发表就引起轰动，并奠定了他在语言学界的地位。其实《语言本能》远远不止是一本语言学著作，平克从语言学的议题出发，矛头最终直指心理机制的进化论解释。可以说平克从一开始就没有将自己的研究局限于语言学领域，而是希望对整体的心智（Mind）活动做出解释。在《语言本能》中，平克提出了语言是先天的模块性心理机制的假设，并且暗示了一个更加大胆的设想：人的其他一些重要心理机制也是先天的模块。他的另一部著作 *How The Mind Work* 则明确了这个命题，在该书中，平克建立了一套心智活动的进化论解释体系：人的心智是由若干包括语言在内的、由自然选择塑造的先天的模块性心理机制所构成。至此，平克终于完成了从语言学家到进化心理学家的华丽转身。

我们可以看出平克关于语言的先天性思想来源于乔姆斯基的"先天语言机制"理论，而平克的模块性思想则和福多的"心理模块性"理论不无关系。（奚家文，2009）我们将通过对比平克与乔姆斯基关于先天语言机制的定义，比较平克和福多关于心理模块性的理解，追溯平克的理论演变过程，从平克的语言学思想出发，解析其关于心理模块性的讨论，厘清平克的语言学和进化心理学思想中的核心架构。

（一）平克"语言本能"的理论建构：先天性与模块性

在《语言本能》一书中，平克建立关于语言机制的模块性理论。平克认为能够使用语言是人类特有的现象，语言是一种由自然选择所塑造的适应性功能，和其他机制相独立，它通过特定的机体组织和神经联结而固定

下来并代代相传，人先天地具有习得语言的可能性。

平克首先假设，语言是人类特有的一种适应性功能，即人类的远古祖先出于生存的需要，相互之间的沟通显得尤为重要，而其中能够更好地理解别人的同时，能够更好地表达自己的个体具有更多的生存与繁衍机会。于是经历无数代自然选择，语言被塑造成了一种先天的、功能独立的领域特殊性机制，平克把它称为"语言本能"。如果语言机制是一种本能活动，那么它就应该具有本能所拥有的所有特征，如先天性、自动化反应、固定反应模式、生理结构对应、功能专属等。平克很高兴地在世界各地的语言种类中、在丰富多彩的语言现象中找到了语言本能的证据。

首先，来自句法、语汇、语音和语义等方面研究的证据，以及有关儿童习得语言的研究成果都支持"语言本能"的假设。来自和语言相关的病理记录也提供了有力的证据，如有的人智力正常但是口头语言表达却有障碍，而有的人智商严重失常却极善于口语表达；特定脑区的病理状况只会影响部分言语功能，而病人的其他言语功能或整体心智能力却几乎不受影响。平克还考察了多种语言交会的地区居民的自发性语言现象。在多语种交会地区，人们在自然交流中会发展出来一种"洋泾浜"语言，表面看起来，洋泾浜语言粗陋简略，好像没有什么规则，但是实际上洋泾浜语言也有自己的语法，这是交流者在交流过程中自然地发展出来的词汇组合规则，平克发现，所有的洋泾浜语法，包括聋哑人自发形成的手语的语法，和任何一种成熟语言的语法规则实际上是一致的，这说明世界上所有使用语言的人都在按照同样的方式组织语言。

其次，通过分析这些现象，平克提出，人类的语言应当是一个先天的、独立的机制，它是一种本能，是由某些基因或大脑部位来实现的。为了说明语言机制的独立性，平克进一步提出：思想和语言是可以分离的。平克讨论道：思想无须语言即可产生。例如，观察证实还没有学会语言的婴儿已经具有了思维能力。相反，语言决定思想的认识只不过是一个错觉，因为即使在同一种语言中，相同的思想常常通过不同的语言来表达，而一种语言形式也可能表达两种完全不同的思想。还有，思想可以不用语言而用表象来表达，思想比语言更简略。思想必须包括计算机制和表征符号，而语言并不是一种内在的计算媒介。总之，口头语言是一回事，而思想过程中进行着的内容是另一回事，"习得一种语言就是知道如何去将思想语言翻

译成为一串的字，或是将一串字转换成思想。没有语言的人还是可以有思想的语言"。（平克，2004）

平克还必须面对这样的疑问："如果语言习得是人类共有的一种本能，那为什么世界上会有不同语言的分别？"平克的解答是：人类的语言是在同一个本能机制上发展起来的，但是由于生活环境的差异，语言的表现形式开始出现区别，并且随着时间和空间的跨度的扩大，这种差异会越来越大，最终形成了我们今天所看到的不同语言的差异。简单而言，当今世界上语言的差异就如同人们肤色的差异一样，是同样的机体适应不同的生活环境的结果。总之，平克相信，语言的习得与使用是人类所特有的现象，它是由人在进化过程中发展起来的一种适应性功能，是人的先天本能。语言机制是功能独立的，并且有特定的解剖和神经结构与之对应。

最后，平克立足语言模块理论，进一步假设人的整个心智都是由若干独立的心理机制构成，这些心理机制都由自然选择塑造的先天的、模块性的功能体。平克最终将自己的研究从语言学拓展到了进化心理学。

通过分析平克的理论建构，我们发现他和乔姆斯基、福多二人的理论有颇多相似。平克和福多都曾经是乔姆斯基的学生、同事，所以三人的理论多有关联就是很自然的了。比如平克的语言机制的先天性显然是继承了乔姆斯基的"先天语言机制"和"普遍语法"的观点；而平克关于语言机制模块性的思想也和福多的"心理模块性"理论相似。我们还看到，平克和后两者除了理论相似之外，争论也异常激烈，涉及一些核心概念、关键假设时，三人之间的分歧也是很明显的。因此，为了更好理解平克的语言模块性思想，我们需要将他的理论和乔姆斯基、福多的理论进行比较。

（二）"语言本能"和"普遍语法"：继承与批判

平克和乔姆斯基有师承关系，所以他从乔姆斯基那里继承了"先天语言机制"的观念是很正常的。但是近年来两人在学术上的争论颇多，可见平克和乔姆斯基二人的先天语言论并不完全等同。

1957 年，乔姆斯基率先给出"普遍语法"概念，开创了语言学的新纪元。乔姆斯基认为，人的语言习得须以"先天语言机制"为前提。所谓"先天语言机制"是所有人的大脑共同具有的某种天赋的心理状态。进而，或者称为人脑"初始状态"的特征图式，"我们把这种图式叫作'普遍语法'。我们实际上可以把普遍语法看成遗传的程序，看成决定可能的人类语言所可能实现的范围的图式。每一种这样可能的实现，就是一种可能的最终稳定状态，是某一特殊语言的语法。普遍语法是一种在初始状态中遗传地决定的系统，它在经验所建立的条件下被具体化、提炼、整理、加工，从而产生在达到稳定状态时所表达出来的特殊语法"。（Chomsky，1980）

乔姆斯基将语言的构成分为深层结构和表层结构，语言的深层结构是指要表达的意义，而表层结构是指语言实际显现出来的形态，包括字词的排列，音节的组织等。"普遍语法"作为人脑中的天赋性质规定了语言的分深层结构与表层结构之间的转换规则。乔姆斯基还将语言功能的执行结构分为"广义的语言机能"（FLB）和"狭义的语言机能"（FLN）两类。其中，FLB 包括实现言语活动的外围生理结构，包括胸腹肌肉群、喉、声带等发声器官以及相应的神经组织。FLN 就是"普遍语法"为主的一套和神经结构相关的意义转换规则。乔姆斯基指出，FLB 是人和动物共同拥有的，而FLN 才是人所特有的。（Hauser，Chomsky，Fitch，2002）

至于"普遍语法"的内容究竟是什么，乔姆斯基的回答经历了 5 个不同的阶段，从最初的"句法结构"（Syntactic Structure）模式开始，经历了"标准理论"（Standard Theory）模式、"扩展的标准理论"（Extended Standard Theory）模式和"管辖与约束"（Government & Binding）模式，最终演变为"最简方案"（Minimalist Program）模式的"唯递归假设"（Recursion-only Hypothesis）。（顾刚，1999）在这个过程中，乔姆斯基不断对"先天语言机制"的核心构成进行修改，其目标是用一种尽可能简单的构成模型来拟合实际的语言现象。于是，语言的结构成了乔姆斯基关注的焦点，乔姆斯基实际上把语言结构视为心理结构的模拟，由此而言，对语言结构的把握就取决于对心理结构在核心特征上的认识。（蒋柯，2010a）在"最简方案"中，乔姆斯基提出"唯递归法则"是人类心理结构中的核心特征，是人与动物心理结构的最重要区别，因此，作为人所特有的语言现象也是以"唯递归法则"为核心。"唯递归法则"并非专属于语言功能的实现，而是相反，语言和推理等多种心理机制共享了"唯递归法则"这个基本建构法则。因此，乔姆斯基没有把语言当作一种专属性机能，而更有可能是其他心理机能的附属产物。乔姆斯基认为，首先是人的思维等高级心理机制发展出来了"唯递归法则"，然后它才成为语言发展的前提可能。所以，在现代进化心理学家看来，乔姆斯基并没有把语言定义为一个功能独立的"心理模块"，而把它看作是一个"拱肩"——即其他心理模块附属的、必然的产物。"拱肩"是指哥特式建筑两个拱门之间的三角形区域，其本身是两个相邻拱门的附带和必然的产物，但是由于它富于装饰功能反而更加引人注意，误使人认为它是一个专门的设计。进化心理学家借用这个建筑学的术语来描述那些作为其他心理机制的附属产物的机制。（张雷，2007）

平克继承了乔姆斯基的关于"先天语言机制"的观念。他认为自己的"语言本能"类似于乔姆斯基的"普遍语法"。他极为认同乔姆斯基提出的语言具有深层结构与表层结构的观点，他认为语言机制的功能就是将深层结构（意义）转换成为表层结构（语言现象），或者相反。

平克和乔姆斯基的分歧开始于乔姆斯基对广义语言机能和狭义语言机能的划分。乔姆斯基通过把语言机能划分为 FLB 和 FLN 事实上走上了对语言的结构性解析之路，同时也拒绝了"语言是人类特有现象"的判断，因为乔姆斯基认为 FLB 是某些动物也拥有的机能。平克首先强调语言是人类特有的一种适应性功能，是人类以自己的方式适应生存竞争的结果。在自然选择的过程中，人与其他动物分别形成了各自特殊的适应方式。如同动物通过尖牙利爪来适应生存要求一样，人类通过语言沟通建立、社会化等方式解决生存问题。因为形成语言是为了应对人类的生存问题，所以语言是人类特有的机能。

平克还列举了解剖学的证据：胸腹、喉咽部、口腔和舌等部位的肌肉以及相应的神经组织在形态上、运动协调方式等方面，人和其他动物都极为不同。因此，即使是和人最接近的黑猩猩也不可能通过训练而学会人类语言的发音。这说明语言是人所拥有一个独特的、只适应于人类功能体，并不存在 FLB 和 FLN 的区分。（Jackendoff，Pinker，2005）

此外，平克也不同意乔姆斯基关于语言是心智发展的"拱肩"的观点。平克认为语言是自然选择塑造的专门性的适应机制，是一个独立的"领域特殊性"机能，有特定的神经联结与之对应。强调语言模块的自然选择起源，这也是平克与乔姆斯基的又一个重大分歧。自然选择起源说意味着语言模块是在物种进化历程中世代积累微小变异而最终形成的，因此是一种渐成论。如果持语言的渐成论，就必须承认在未形成语言和语言之间存在多种过渡形态。乔姆斯基认为这是不可想象的。因此，乔姆斯基不承认是

自然选择造就了语言，而将语言产生归因于基因突变，即认为语言是功能突变的结果。（代天善，2007）

总体上，平克和乔姆斯基都提出了语言模块性的思想，但是他们对心理模块的理解却有极大不同。从乔姆斯基的论著中我们可以看出，他实际上将语言模块看作是一个结构性实体，其中"唯递归"就是规范语言结构的根本法则。（Hauser，Chomsky，Fitch，2002；代天善，2006）而平克基于进化论范式将语言模块看作是一个功能体。关于语言模块的本质意义的理解差异体现出乔姆斯基和平克在心理的实质问题上的分歧，这是两人分歧的根源所在。这种分歧是本体论层面上的差异，很难在理论建构中予以弥补。

（三）平克式模块与福多式模块：领域特殊与信息封闭

和平克一样，福多也曾经是乔姆斯基的学生兼同事，他也批判了乔姆斯基的结构性模块观，并更进一步从功能主义的立场建构了系统的心理模块性理论，明确提出了心理模块的构成标准。平克和福多都持心理模块性观点，但是二人在这个问题上也是争论不断。1997 年，平克发表了 *How The Mind Work* 一书，在其中，平克将模块性的讨论从语言领域推延到整个心智，建构了一个基于进化论范式的心理模块性理论。2000 年，福多发表 "*The Mind Doesn't Work That Way*" 对平克的观点进行批判；2005 年，平克在杂志 *Mind & Language* 上发表论文 "*So How Does The Mind Work?*" 作为对福多的回应，同期也刊载了福多的 "*Response to Pinker*"。总体来看，福多与平克在心理模块性问题上的争论主要表现在："计算的概念"、模块为"领域特殊的"还是说"信息封闭的"，以及对于进化论的态度等。

在平克看来，"计算理论"在人的心智活动和物理世界之间建立了联系，通过计算，知识、目标等心理内容被转换为一系列物质组织或运行图式，即所谓"表征"。平克强调表征的计算遵循着逻辑或统计法则。如果环境刺激曾经引起一个表征，那么可以预见当同样的环境刺激再次出现时一定会引起同样的表征。（Pinker，1997；Pinker，2005）福多也相信"心灵是人脑中的计算机"。（福多，2002）福多认为计算就是心灵根据事实对表征进行的真值判断。福多之所以批判平克的计算理论，是因为他认为平克的计算理论是图灵机的翻版，并指出图灵机并不能反映人类心智活动。

（Fodor，2000）平克辩解说自己的计算理论并不是图灵机，同时也对图灵机的局限性作了评价。（Pinker，2005）福多对计算的理解还有一个特点，他将心智划分为输入系统和中枢系统两部分，并认为只有输入系统执行计算机能而中枢系统则执行综合的外展式推论（abduction）。在这个问题上平克也对福多的划分提出疑问，但是这已经超出关于计算概念的讨论了。可以看出，两人有关"计算的概念"的争论实际上并不成立，他们二人都是计算主义的传人，只是对"计算"的意义和适用范围的理解略有不同罢了。

平克和福多第二个争论的焦点是模块构成标准的核心应该是"领域特殊性"还是"信息封闭"。福多的心理模块理论虽然也是基于功能主义的，但是福多将心理模块界定为一种"垂直官能"。（福多，2004）对心理结构的"垂直官能"界定可以追溯到颅相学的创始人加尔（F. J. Gall）。加尔在心理学史上的名声并不好，但是福多对他的"垂直官能"的观点赞赏有加，他心理模块理论几乎完全继承了"垂直官能"的假说。他认为加尔唯一的错误在于在垂直官能和大脑形态之间寻求简单的对应关系。"垂直官能"将每一种心理能力从其最初级到最高级的表现都限定在一个独立的结构中，和其他心理能力没有关联。"垂直官能"假说实际上并不是纯粹的功能主义，而是一种功能与结构并重的观点。它对功能的界定是建立在结构之上的。因此，福多对心理模块的定义其实是功能与结构双重定义，即他一方面强调心理模块的功能独立，同时也不能放弃其结构上的分离。"信息封闭"是结构分离的必然结果，所以福多强调"信息封闭"是心理模块关键构成标准。也正是因为强调信息封闭，福多必须放弃中枢系统的模块性，因为中枢系统的工作往往需要涉及多向度的信息加工，无法在信息封闭的条件下进行。福多由此构建了一个并不彻底的"心理模块性"理论，即只有输入系统具有模块性，而中枢系统并无模块性。有学者认为福多的这种观点不是真正的模块论。（熊哲宏，李放放，2004）

平克从进化心理学的范式出发，将心理模块定义为一个功能体，因此强调功能特殊性（或领域特殊性）是心理模块的核心构成标准，而在结构上则不作专门的限制。平克认为，"计算机制"并不是像一个个独立的筹码，相互之间没有联系。其构成更像是机体的组织，比如上皮细胞，可以出现在多种不同的器官中，并且和身体的其他部位有广泛的联络。而一些领域特殊性的思维或情绪也可能作为元素结合成为各种不同的功能体。（Pinker，2005）平克由于从功能的维度来定义心理模块，并承认不同的基本功能组合成为心理模块的可能，所以无须受"信息封闭"的限制。例如，关于异姓兄弟或姊妹的身体信息，按照福多的模块理论，人不会关注自己兄弟姊妹的身体信息，只会注意没有血缘关系的异性的身体。但是按照平克的模块理论，人会注意到兄弟姊妹的身体信息，但这种关注不会激活求偶的模块活动，只有潜在的配偶的身体信息才会激发求偶冲动。

平克和福多的争论的第三个议题是对待进化论的态度，这个争论已经超越了心理模块性的争论，上升为一个理论建构的基本预设的讨论。而平克在这个争论中所作的表述将他的早期语言学研究和后来的心理模块性理论整合到进化心理学的框架下，在这个过程中，平克从一个语言学家转变为了一个进化心理学家。

（四）作为进化心理学家的平克

乔姆斯基是语言模块性思想的肇始者，福多和平克从这个起点出发分别开辟了两个不同的研究领域。福多以激进的方式提出心理模块性理论；而平克则将语言模块推衍为整个心智活动的模范，将语言模块性思想导入进化心理学之中。乔姆斯基式模块是一种知识结构，福多式模块是结构和功能双重定义下的"垂直官能"，（福多，2004）平克式模块则是自然选择造就的功能体。如前所述，福多对平克的进化论取向并不认同，福多认为进化心理学存在以下几个方面的问题：第一，心智发展的趋向应当是提升对世界的认识而不是适应性的增加；第二，各个学科之间不应该有必然的联系，动物学、植物学的研究成果不一定适用于心理学；第三，自然选择是一个同语反复的论证，不具有可证伪性，并且没有脱离目的论的宿命；第四，自然选择很难解释生物机能的复杂性。面对这些质问，进化心理学家早已习惯了。巴斯在他的《进化心理学》（2007）中对进化心理学经常遭遇的几种误解作了辩解，其中就包括福多的第一和第三个问题。进化心理学并不包含目的论或决定论的含义，这种误解往往源于对达尔文的自然选择学说及其研究方法的误读。（蒋柯，熊哲宏，胡瑜，2009）在平克对福多的辩解中，我们可以读到几个关键词：适应，起源和功能，（Pinker，2005）

它们是平克的进化心理学理论架构的主要内容。

适应使得有机体在生存竞争中得以存在并繁衍后代。这是自然选择学说的基本预设，也是进化心理学的理论立足点。如果有机体的某种形状具有适应性意义，它就能够帮助个体更好地生存和繁衍后代，这种形状就可能在自然选择过程中通过遗传得以保持和传播。而所谓适应并不等于最优化，而是"够用就好"。是否最优则体现了某种意志的追求，因而是一种决定论或目的论，而是否有足够的适应效果则是由自然选择来识别的。（蒋柯，熊哲宏，胡瑜，2009）通过适应这个概念的界定，平克的进化心理学理论摆脱了决定论或目的论的困扰。

诸如语言等心理机制的起源问题是困扰心理学家的一个难题。进化心理学借鉴达尔文对物种起源的解释提出，如果自然选择能够塑造有机体的身体形态，那么它也应该能够塑造有机体的行为反应方式。通过这种类比，进化心理学为复杂心理机制的起源问题找到了解释。福多和乔姆斯基的模块理论的缺陷正是缺乏对心理机制起源的解释。

进化心理学从功能的维度来定义心理机制是应自然选择学说的要求。因为自然选择是对有机体的适应性提出要求，而适应性体现为有机体的功能而不是其结构，所以自然选择只能作用于有机体的功能，而结构的变化是应功能演变的要求而发生。乔姆斯基对心理模块作了结构性定义，所以他无法用自然选择来解释心理模块的起源，只能采取突变论的解释。平克式模块采取功能性定义的另一个好处是，没有了结构的羁绊以后，心理模块的定义域更广，避免了福多将中枢系统定义为非模块性的尴尬。

综上所述，平克首先在语言学研究中启用了进化论范式，提出语言的适应性意义和功能特殊的构成方式，建立语言模块性的思想。然后，平克将语言模块的观念推衍到对整个心智活动的解释，建立了一个从进化论的基本预设出发，用适应性、功能性意义来定义心智活动的整合性理论。在平克那里，心智被描述为一系列领域特殊性的功能体的组合，而每个功能体按照自然选择塑造的模式独立地进行表征计算。在这种描述中，平克从一个语言学家转变为了一个进化心理学家。

三、平克式模块的理论困境

在进化心理学的模块论思路下，平克对进化论模式下的语言"本能"给予了论证，作为回应，平克的"语言本能"又为进化心理学的心理模块理论提供了支持。因此，可以说平克式模块是进化心理学的所谓"达尔文模块"的典型代表，平克的模块论遭遇到的理论困难和所有其他进化心理学家所遭遇到的困难是类似的。平克认为，不仅仅语言和知觉等具有模块性，事实上，中枢系统上的各类知识结构同样具有模块属性，比方说，"直觉力学对应的是力、运动和物体呈现的各种变形；直觉生物学是理解植物和动物怎么样工作；直觉心理学是从他们的信念和愿望来预期他人的行为；自我概念则是收集和组织关于自己对他人的价值的信息，为他人推销这种信息。""人的心理不是领域普遍的计算机，而是适用于解决进化的重大问题的本能的集合——作为瑞士军刀的心理"。（Pinker，1994）从此，"瑞士军刀模型"就成为进化心理学模块论的著名隐喻。

有学者对这种"瑞士军刀模型"提出了批判（熊哲宏，李其维，2002c），并指出了进化心理学模块论，同时也是平克式模块所面临的理论困难：模块构成标准的界定过于松散，如果将所有的技能与专长皆视为模块，则有"泛模块化"倾向，忽略了文化对进化的导向和加速功能，等等。除此以外，笔者认为最重要、可能给进化心理学模块论造成致命打击的批判是：（1）进化心理学家罗列了许多种模块，却没有说明，或者没办法说明模块彼此之间的关系；（2）自然选择不足以解释达尔文模块的起源。

平克以及其他进化心理学家应对这两个质疑的办法就是急切地希望出现来自神经生理学和基因遗传学领域的重大发现，希望通过生理机制来解释心理模块的工作方式、起源和发展等问题。而这种努力恰恰使得进化心理学模块论陷入了本体论的混淆和方法论的漩涡。

在方法论上，进化心理学模块论用生理机制的进化作类比，提出了心理机制进化的命题，并依此展开了关于心理机制的新式研究，但是当他们的研究遭遇困难的时候，又开始寻求心理向生理还原的途径。请注意，一开始，进化心理学家用生理机制做类比的一个默认前提是生理机制和心理机制是有区别的。否则，就没有必要专门论证心理机制的进化论负载了。

但是，平克等人对当今生理学研究的期待可以看出，进化心理学家正在努力将心理学还原为生理学。（Cosmides，Tooby，1997）因此，进化心理学家前后两个阶段的论证存在逻辑矛盾。而且这种矛盾是一个循环往复的螺旋：将生理和心理分离开来讨论它们的模块性含义，必然会面临心理模块的划分和相互关联等问题，为了解决这些问题，进化心理学家将心理模块和生理模块对应起来，用生理学的内容来解释心理学的意义，那么，一开始将心理模块独立出来的努力还有必要吗？为什么不从一开始就把心理和生理合并为一呢？因此，每当获得生理方面的一些证据，进化心理学家就必须回到起点，加倍努力地论证生理和心理的分离，然后再等待新的生理学证据的出现，好让心理还原为生理。

我们认为，这种矛盾状态源于本体论的混淆。当论证语言的模块性时，平克将语言当作是"功能体"，（Pinker，2005a；Pinker，Jackendoff，2005b；Jackendoff，Pinker，2005）但是，在"语言本能"被界定为模块以后，它却成了一个结构，一个包含词典、语法结构以及输入输出界面的整合的系统，其中还包含了概念的象征性标签，以及概念之间的等级结构和语音的线性序列，等等。（Pinker，2007）也就是说，平克式模块，也包括所有达尔文式模块作为功能性定义是不彻底的，或者是暂时的，在使用时它们被重新做了结构性定义。正是关于心理模块的本体论含义的双重定义导致了达尔文模块的理论困难。

进化心理学家想要突破当前的理论困境，需要突破的不仅仅是研究方法和技术上的障碍，更需要的是将功能主义进行到底，一以贯之地对语言与心理模块做出功能性定义，这可能会导致一场彻底的心理学范式革命，这将是一场思维方式的转变，是彻底的心理功能论对心理结构论的颠覆。

第五章
语言模块性的心理现实性启示

　　福多于 1983 年出版了《心理模块性》（*Modularity of Mind*）一书，该书的出版开辟了心理语言学研究者新的理论关注点，且引发了关于语言模块性的讨论。从此，热点研究的议题从最初的"语言心理应该是模块性的"演化为"语言模块性的意义何在""语言模块的构成标准应该是怎样的"。由研究与关注的热点变化可以知道，尽管关于语言模块性的相关议题尚有争议，然而关于语言模块性的观念业已达成共识。目前来看，我们应该明确"语言模块"的概念，提出语言模块理论的建构纲领，从而促进语言模块研究的概念界定与相关研究方法的进一步规范。（熊哲宏，2004）

　　"语言的模块性"理论作为学科的理论基础概念被提出，有必要确定其自身独立的概念框架、基本假设和相关研究方法。最为必要的是，它需要给出符合其学科特点、理论方向且与其他学科不同的论证基础，此为进行学科研究时所应该有的逻辑前提或基本哲学假设。于是，在逻辑前提的层面上，"语言的模块性"理论和其他语言学流派有什么区别？追本溯源，与其相关的方向曾经盛行过多种理论流派，而现时的语言模块理论和其他的相关理论流派有怎样批判和继承，是对过往相关理论的改良，还是另辟蹊径，重新搭建一个完全不同的理论架构？我们认为，"语言的模块性"理论首先应该具有跨学科属性，而认知神经科学的相关理论与发现应该作为其建构的基本逻辑起点。所以，我们的"语言模块性"理论研究准备从"语言模块性"的心理现实性寻求线索。

一、来自认知神经科学方面的心理现实性

人类大脑是宇宙之内最具复杂性的结构之一，应该寻找一个怎样的概念框架来解释、描述大脑的复杂机制，一直以来都是心理学和认知神经科学的难题。

认知神经科学的神经动力学研究发现，认知神经在执行认知任务的时候，各相关神经元或神经元群不是单一、分散地活动，而是会将领域特殊的专门脑区的各类相关神经元群在瞬间和持续的时间里协同结合起来。（Tononi，1998）认知的任何任务都是瞬间地选择相关的分布式神经元群，这种神经元群是高度整合化和分化的，并且是通过相互、瞬间、动态化的链接联系在一起。（Freeman，1999；Thompson，2001）语言和其他心理活动都属于所谓大尺度脑过程，而语言模块或其他心理模块正是揭示了这种大尺度脑过程内部支配全局性的动态心理活动时的因果规律与内在属性。这也是 Varela 的"大尺度整合问题"。（Varela，2001）内源性和自组织机制是大尺度脑过程的典型特征，而语言模块和其他心理模块强调的正是领域特殊的模块化所能保证的内源性、封闭性和自组织机制。

神经元或神经元群的单个活动不应该是分析和描述大尺度脑过程整合问题的关键变量，我们应该关注的是这些相关神经元群之间的动态关系。因此，专家们建议，研究大脑内部诸如语言活动之类高级的心理活动，都属于大尺度脑过程，其所对应的神经机制研究的最佳方案不应该着眼于神经元的类型或特定的神经元回路，而应该关注能够研究、分析大尺度的整合模式，比如神经元群之间的涌现与集体神经群的动态变量。（Crick，Koch，1998；Varela，2001）

目前，神经现象学也越来越重视利用神经动力学术语表述语言以及其他高级的心理活动中大脑内部各神经元群的结构性耦合（Structural Coupling）。Thompson 与 Lutz（2003）认为，对于实时大尺度脑过程，神经现象学可以用十分精确的预测性动力学术语进行现象学解释，这些术语能够将大尺度脑过程表述为大脑活动特殊的神经动力学之属性。例如，新近的研究取向是采取"动态神经信号"的方法关注发生于多频段的振荡神经元群，定量和描述它们之间的远程时相同步和局部的暂时性模式。（Lachaux，

2017）而之所以关注神经时相同步是因为负责大脑统合的机制，且对随后的知觉、判断与行为事件表现出预测能力。对动物和人类的研究都显示：在重要的意识环节中（如觉醒、感觉运动的神经同步、注意选择、知觉与工作记忆等）均出现了神经同步的特殊改变。（Rudrauf，2003）这些同步（2～80 Hz）的不规则和广泛频段显示存在着比迄今所知更为复杂的神经时相同步形式。为揭示这种神经时相同步形式及其规律，可能需要一些互补的时间尺度（Complementary Temporal Scales）（10～100 毫秒、100～300 毫秒、秒、小时与日）和描述水平（神经元的、细胞结集、大尺度整合的大脑活动）。Le Van Quyen（2003）建议使用一个概念框架上的制图学来分析这些时空水平上大尺度的大脑现象。我们认为，这种神经时相同步形式所对应的正是语言模块理论所强调的模块内部相关语言认知神经活动的强制性操作和高效同步协调，而在语言模块的概念框架上，可以分析这些时空水平上大尺度的大脑现象。

人类的身体互动、使用工具、创造动作、认知图式等均是为了适应社会环境和生存。人类在胎儿时期、婴儿时期便可通过家庭环境来进行身体经验和动作的学习，而其大脑的社会认知回路可跨代发展，即父母与子女的社会认知神经回路可互相影响，子女亦可继承父母的社会认知神经回路模型。这反映了人类的身体、大脑、环境在生存过程中互相塑造（Stotz，2014）。我们人类的语言模块也正是在这样的生存过程中逐渐形成相对成熟、固定的模块性神经回路，负责功能特异的相关机制。

Fifer 等人通过记录新生儿睡眠时的脑电信号，发现新生儿在睡眠时其大脑会进行记忆加工和更新。他们让新生儿戴上 ERP 设备睡眠的同时，向新生儿播放声调练习音频。结果显示，声调音频结束后，新生儿的额叶出现显著的正向慢波脑电信号。因此 Fifer 等人推断出，虽然新生儿每天大部分时间均在睡眠，然而他们在睡眠时也可进行学习，学习的过程就是身体动作和他人、新环境的互动经验。（Fifer，2010）fMRI（功能性磁共振）实验结果得出，个体在观看某身体部位做动作的动词（如踢、抓等）时，其大脑激活的运动皮层区域与个体该身体部位做动作时有着显著的重叠，如手指的动作和与手指有关的动词均激活了左中央前回和右额中回，脚的动作和与脚有关的动词均激活了前运动皮层的后侧。（Hauk，Johnsrude & Pulvermuller，2004）

在 Humphreys 等人的 fMRI 实验中，他们将刺激句子分为四种：个体动作（如技工走向飞机）、个体描述（如技工在看着飞机）、客体动作（如飞机将停靠在建筑物旁）、客体描述（如飞机停靠在建筑物旁）。为了尽可能启动被试的视觉想象，Humphreys 等人在实验程序中使用了黑屏范式，即呈现相关的描述图片或动作视频后随机黑屏 2s ~ 4s，接着再向被试播放刺激句子的录音，指导语要求被试对与相关图片不符的刺激句子进行按键反应。结果证明，即使是使用了黑屏范式，不管是描述性的还是进行时的动作语句加工，其视觉 V5 区的激活并不显著。（Humphreys，Newling & Jennings，2013）可见，我们的大脑在进行与动作相关的语义加工时对运动知觉系统的依赖。

这些来自认知神经科学的相关实验都说明了语言模块应该置于与环境互动的状态之下加以考察。

近期大量关于虚拟环境与身体的研究也为镜像神经系统整合多感觉通道表征、高效重叠的多元动力机制提供了依据。（Carr & Winkielman，2014）另外，"介观脑动力学"（Mesoscopic Brain Dynamics）也是可以成为语言模块理论的神经现实性的重要提示。Freeman 指出"脑系统是在许多组织层次上运作的，每个层次都有它自己的时间尺度和空间尺度。从原子到分子，从大分子细胞器到由细胞器组成的神经元，神经元又组成各种群体，这些群体形成脑的子集群，如此往上直到形成有意识的脑，然后有目的地与物质环境、人际环境以及政治—社会环境相互作用。每个层次对低于它的层次来说都是宏观的，而对高于它的层次来说则都是微观的。这种不同层次的时空尺度相差很大，它们之间的因果关系比同一层次内部的因果关系来说要模糊很多"。（顾凡及 等，2004）面对这个疑难，Freeman 试图在神经元和大脑之间找寻一种介于它们之间的中间层次，该层次可称之为"介观层次"，且可以进一步对它实现动力学的建模。具体而言，"首先要用一些可以直接或间接地加以测量的量（例如所选定的神经元的膜电位和发放率，或是一群神经元的场电位或脉冲密度）来定义其状态，并用微分方程中的变量来表示。下一步是要用状态变量来描述 I – O 关系（既表示经典系统中的'输入—输出'关系，也表示自组织系统中的'内部—外部'关系）。对经典系统而言，系统初始条件和输入都在实验者控制之下，输入到输出关系可以很好地用线性因果律加以定义。但是脑在连续不断地和周围环境相互作用，而每个脑状态既作为感觉结果的运动动作的输入，同时又是可感觉刺激产生的输出。换言之，自组织的脑状态是一种产生介导躯体与其环境的相互作用的动作行为的算子"。（顾凡及 等，2004）

从本质上讲，大脑是一个关系器官，其结构和功能都与人际交往和社会互动有着紧密联系。大脑的结构和功能是被人类的社会交往活动塑造出来的，人与环境、人与人之间的互动使得大脑展现出现有的各种功能。脱离了互动，仅仅从信息采集的视角看待大脑的作用，则忽视了大脑的互动本质。（叶浩生 等，2020）因此，我们后面会论及的语言模块的"具身性"，以及"具身性"语言模块所表达的心—身体—环境的统一，可以从"具身意识"的介观脑动力学中找到相关提示，神经现象学的内外两分的设想由介观脑动力学具体落实到了动力学建模的过程，而语言模块和其他心理模块正是神经元和大脑之间最具神经现象学意义的"介观层次"。

认知神经科学家之所以能够对心身关系的立场做出对应的分析，是基于他们所持有的一个隐含的预设，即"心"与"身"是两个互相分离的独立概念。认知神经科学家所坚持的另一个前提预设是"要建立一个心身统一的解释理论"。这两个预设前提联合在一起能够推理出的结论必然是将二者中的一个还原为另一个。（蒋柯，2017a）而语言模块所追求的正是要建立一个语言机制的心身统一的解释性理论，通过方法论还原的途径，从认知神经的相关事实获取我们人类语言的运行机制的线索。

二、来自言语机能方面的心理现实性

Remez、Rubin、Pisoni、Carrell 等人 1981 年在 *Science* 发表文章 "*Speech perception without traditional speech cues*"，他们通过向被试呈现一些人工合成的语音，要求被试进行记录。结果发现，被试的语音知觉不会受到被试关于"信号特性的信念"等因素的影响，被试的"语音知觉并没有采用传统语音学所界定的那些片段性的语音信息"。因此，他们提出可能存在被称为"语言知觉模块"的独立机制。

1990 年，Mattingley 和 Liberman 进一步根据言语知觉和听知觉的区别，提出"言语知觉涉及一个特异性的模块或认知处理器，其功能独立于其他模块"。（埃森克，基恩，2004）有关言语知觉的研究发现，"处于两个音素之间的言语刺激可以典型地归类为一个音素或另一个音素，从而产生一个区分边界（它比物理刺激本身所保证的更为清楚；参见 Miller 和 Eilmas，1995 的文献综述）"（埃森克，基恩，2004），这被称为"类别语音知觉"模块。例如，日语不区分发音 [l] 和 [r]，对于日本被试来说，这两个音属于同一个类别，听者也很难将它们区分开来。

反对意见则指出，在 Remez 等人的研究中，被试的期待会渗透其语音识别，因此关于语言模块的假设是不成立的。（埃森克，基恩，2004）但是，仔细地分析我们就会发现，语音知觉对期望的依赖并不足以否认语言模块的存在。因为 Remez 等人的研究为模块性假设提供的是充分性证据，而其中所体现出来的期望渗透也是一种充分性证据。也就是说，研究结论显示，存在语音知觉模块的可能，同时也没有排除期望渗透的可能性。这两种可能性不是非此即彼的对立关系，因为期望渗透可以理解为对某种模块的激活水平的影响。模块作为一个相对独立的功能体，（平克，2004；Pinker，2005；Pinker，Jackendoff，2005；Fodor，2000；福多，2004；Robert，2003；Cosmides，Tooby，1994）其内部的执行过程不受外在信息渗透的影响，但是模块本身作为一个机制，它的运作同样有赖于其他条件的激发或抑制。

针对类别语音知觉模块，反对意见认为，已有的证据并不一定意味着言语加工的更早阶段也进行类别加工。（Massaro，1994）要获得人早期言语知觉的证据就需要考察新生婴儿对语音刺激的反应。对婴儿行为的研究受技术的限制，难以获得直接的反应，但是诸如"习惯化—去习惯化"技术可以提供间接的支持证据。1986 年，Mehler 等人用吮吸习惯化技术考察了初生婴儿对语音刺激的反应，发现出生 12 小时的婴儿能够区分与语言有关的刺激和其他非语言听觉刺激。（卡米洛夫—史密斯，2001）Ramus 等人（2000）还发现，初生婴儿能够区分丹麦语和日语，但是将两种语音刺激颠倒顺序播放时，婴儿就不能区分了。这说明初生的婴儿已经具备了专门用来识别正常语言的知觉机制。

来自对拼写和阅读有困难的患者的考察也提供了存在语言模块的证据。Patterson（1986）以及 Hanley 和 Kay（1992）曾经报告，有的患者的拼写错误是由于运用音形规则时出了问题，而另一些患者能正确拼写却不能正确阅读。于是 Weekes 和 Coltheart（1996）提出大脑中存在两个拼写字典，其中一个负责阅读（视觉输入词典），而另一个负责拼写（词形输出词典）。总之，来自语言学领域的研究为模块化心理机制的假设提供了大量的实证证据。

此外，语言模块毕竟是在心理模块性这个心理机制的整体模块化语境下的重要部分，语言的模块性同样可以从其他心理模块的实验得到相关佐证。

比如，思维领域的相关实验。Cosmides（1989）关于条件推理任务的研究为推理这样的复杂思维活动的模块性提供了证据。Cosmides 运用"四卡片任务"实验方法，将推理描述为包含社会交换信息内容的形式。结果发现，虽然两种推理任务在逻辑上是等价的，但是在进行纯粹的条件推理时，大多数大学生会犯错误；当进行包含社会信息的推理时，绝大多数人都不会犯错误。Cosmides 于是推论，人具有一套专门从事社会交换推理的机制。她进一步推论，这种机制是人类祖先在长期的社会交往中进化而来的一种专门化的本能机制，她称之为"骗子侦察模块"。一旦推理内容与社会交换相关，骗子侦察模块就会被激活，既快又准确地形成推理结论，因此大多数人在这样的推理任务中不会犯错误；但是在从事纯粹的形式化推理时，这个推理模块不会被激活，所以人们的推理就会犯错误。后来的研究进一步证实，这种专门化的社会交换任务推理能力具有跨文化一致性。（Sugiyama，Tooby，Cosmides，2004）

此外，专门化的机制还在归纳推理（蒋柯，2009；蒋柯，熊哲宏，2010）、数量认知（胡林成，2009）、信念推理（Apperly，Butterfill，2009）等任务中被发现。还有学者指出，视错觉也是由于心理加工机制的模块性导致的。（福多，2004）在视错觉现象中，即使当事人被告知真实的情况，视错觉依然存在，这说明导致这种认知偏差的机制不受意识干预，具有自己"强制性"的信息加工特征，而这正是心理模块的构成标准之一。

总而言之，来自实证研究的结论为语言之类心理机制的模块性假说提供了充分性证据，依据这些证据，我们可以推论，除了已经考察过的内容外，更多的心理机制也有可能是模块性的，心理模块性特征是人的心理机制组织的固有形式。这个推论的确立还需要经过语言之类心理机制的模块性的必要性论证，即，我们必须有理由断定语言之类心理机制必然或只能是模块性的。

三、语言心理之模块性现实的必然逻辑

这里我们是要论证：假如否认语言与其他心理机制的模块性，那么按照规范的理论逻辑去推论，将不可避免地得出矛盾的结论，这也就证明了语言心理理应具备模块性的现实。

假如不承认语言及所有的心理机制应该遵循模块化的形式运作，那就意味着认为心理是一个统一、均质的整体性机制。果真如此，会不会导致一个矛盾的结果呢？

要指出的是，均质统一心理观必然遭遇执行方式的矛盾。如果心理机制是一个均质的统一体，那么它的运行就应该遵循一个统一的法则。与之对应的是，心理机制必须针对不同的情景做出有差异的反应。一个统一的法则如何应对多变的情景呢？是否存在一个完美到可以应对所有情景的法则呢？

早期的逻辑学家相信，逻辑规则就是对人的思维特征的合理描述，于是，按照逻辑规则进行思考一定能解决人所面临的所有问题。但是，随着心理学对人类思维的了解逐步深入，这样的猜想被放弃了。现有逻辑规则对思维特征的描述很有限，人有大量思维形式是在逻辑之外的。那么这是否意味着现有的逻辑体系不够完善，不能描述人的全部思维特征呢？第一，从人类认识历程来看，在人的认识范畴内不存在能够描述对象的全部特征的"完善的规则"。第二，如果被描述的对象本身包含了势不两立的矛盾特征，那么任何一个法则都不能够描述对象的全部特征。有研究发现，归纳推理任务中，当情景条件不同时，人进行推论所依据的信息有可能是对立的，例如，在"获利"条件下的推理所依据的信息在"避害"条件下则被忽略。（周强，蒋柯，2008；蒋柯，2009；蒋柯，熊哲宏，2010）

因此，在心理是均质统一体的前提下，心理机制为了能够应对各种情景要求，必须准备多种应对法则。如果心理机制是统一的，但是其运行法则是多样性的，这就导致一个新的命题：心理机制和机制的运行法则是分离的。

这种分离进而引发一个问题：决定人的行为的是心理机制还是反应法则？如果反应法则是决定行为的关键，那么心理机制存在的价值又是什么

呢？心理机制和反应法则的分离还会衍生出另一个问题：既然心理机制需要在面临不同情景时选择某种适合的反应法则，那么是谁在做这种决定呢？在心理机制中是否存在一个做这种决定的"小人"呢？这个"小人"又受谁的支配？他的"头脑中"是否又有一个"小小人"呢？这样的追问必然陷入"小人问题"的漩涡。（Leahey，2006）如此看来，从执行方式的角度分析，均质统一的心理观是行不通的。

从身心关系的角度来看，均质统一的心理观也会面临矛盾。如果心理机制是一个均质的统一体，而人的生理机制却是非均质、有差异的结构，关于两者的差异性界定必然产生两个问题：第一，由于将心理和生理界定为两种不同的形态，言外之意就是两者是可分离的两种存在，如果心理和生理是相互分离的，那么在生理之外的心理是一种什么样的存在呢？第二，如果心理和生理是分离的两种机制，那么这两种机制是如何在同一个身体内协调运作的呢，它们通过什么媒介实现互动呢？

这两个诘问都可以追溯到笛卡儿的身心二元论。笛卡儿将心理与生理分离，提出生理等同于机器，其运行遵循物理学原则；心理则是非广延性的存在，需要由专门的心理学来考察。笛卡儿的身心二元论促进了心理学的诞生，至今依然在规划着心理学的学科建构。（Leahey，2006）将心理与生理分离，并将心理界定为某种非广延性的存在，这在心理学与科学研究之间设置了障碍。心理学为了争取科学的地位，采取了各种将心理"还原"为物理运动的做法。例如，通过"心理物理学"在心理量和物理量之间建立对应关系而将两者统一起来；精神分析理论则将心灵世界类比于物理世界，按照物理世界的格局建构心灵的结构，并用能量转化与守恒法则来约束心灵的活动；行为主义则走向另一个极端，采取否定心理的做法，用行为的物理学特征取代关于心理的描述。这些努力并没有完全解决身心分离带来的困惑，因为，心理物理学在心理量和物理量之间建立对应关系本身也是一个心理过程，也就是说这种对应本身只是一种臆想；而精神分析按照物理学的格局平行地建构了一门心理学，却并没有说明两者之间的必然联系，正因如此，精神分析遭遇到针对其科学性的质疑；行为主义因为否认心理的存在而建构了符合科学要求的理论，却遭遇到"不是心理学"的批判。

认知主义力图避免先前理论的困难，用符号运算来描述心理，这就是当代认知科学的计算机隐喻特征。（熊哲宏，2002）计算机隐喻面临的诘问是：众所周知，计算机有硬件和软件之分，那么心理应该类比于硬件还是软件呢？如果将心理类比于软件而将生理类比于硬件，那么又会产生新的疑问：心理这个软件是如何在生理硬件上运行的呢？计算机的硬件和软件的匹配是在人的意志支配下实现的，这是否意味着人的心理和身体的匹配也需要某种超越人心智的更高级意志的控制呢？这样的追问会将讨论引向科学之外的领域，这显然不是科学心理学研究的方向。

如果说计算机隐喻仅仅是一种功能性隐喻，即，心理如计算机一样执行特定功能以达成目标，这也会引起质疑：在功能执行的意义上心理能等同于计算机吗？塞尔用著名的"中文屋论证"批驳了计算机隐喻。塞尔指出，虽然从功能的实现来看，计算机可以像人一样对输入做出恰当的输出反应，但不同的是，在符号运算或网络联结之外，心理还能够把握"意义"，这是心理与计算机根本的差异。人是根据输入的意义做出意义输出反应，而计算机不能了解输入和输出的意义，它不过是按照编定的程序运行而已。（塞尔，2006）如果人也像计算机一样按照既定程序做出反应，那么，人的心理所依据的这个程序又是从何而来的呢？

总之，无论是在结构的意义上还是功能的意义上，计算机隐喻都不是对心理的成功描述。因此，一些学者提出了"第二代认知科学"的概念（Lakoff，Johnson，1999），旨在摆脱早先认知主义的理论困难，强调认知的"具身性""情景性"和"系统动力性"特征（李其维，2008），即在身心统一的前提下、在情景特殊性的范围内来考察心理。可以说，第二代认知科学的本质就是对早先认知理论的均质统一的心理观的否定。

综上所述，以均质统一的心理观为出发点必然推导出了矛盾的结论，而以均质统一的心理观为基本预设建构的理论也遭遇到不可逾越的理论困难，因此，关于语言之类心理机制的描述必然要采取模块性心理观，而且，值得在认知神经科学发展迅速而有大量线索的今天被大家所关注。

四、认知神经科学对语言模块理论建构的提示

上面我们已然对语言以及心理的模块性属性进行了充分性和必然性的论证。然而，我们现在依然需要关注：认知神经科学对语言的心理现实的

发现，对语言模块理论建构给予了重要的、崭新的提示。

首先，语言的心理现实提示我们语言模块理论应该基于身心统一的理论预设。

笛卡儿之后，在思想领域里就未见身心统一理论。上文提到，预设身心分离令心理学理论陷入困境，所以，第二代认知科学进入 21 世纪即积极寻求重回人的心智，提倡体验性的具身性认知。具身性认知强调认知来自身体和外部世界的互动，由此而言，认知离不开主体具运动能力和特殊知觉的身体，以及依此在与外部世界的互动中获得的各种经验。而"这些能力不可分离地相连在一起，共同形成一个记忆、情绪、语言和生命的其他方面在其中编织在一起的机体（matrix）"。（李其维，2008）这里有必要强调，第二代认知科学倡导的具身认知所关注的是"心理是什么"，就像第一代认知科学为此给出了信息加工模式，行为主义为此给出了刺激—反应模式，而精神分析给出了潜意识，对该问题的看法事实上是后期相关理论建构的基础。所以，相对于第一代认知科学，第二代认知科学不只是在理论上有修正，更为重要的是更新、修正了理论建构的前提。第二代认知科学关注认知的具身性，已然可以视为一个重要提示，即心理语言学应该考虑转换传统的身心关系视角，而语言模块的心理现实性可以作为理论建构的重要依据。

其次，语言模块以及心理模块的理论建构应该重新梳理功能和结构的关系。

语言与身体，心理与身体，都能够视为功能与结构存在的两种形式。身体属于结构性的存在，而结构具广延性以及时空的确定性，能够成为科学研究的具体的对象；而语言和心理则是功能性的，表现为一种关系和过程，没有广延性和时空的确定性，所以很难成为传统意义上的科学研究对象。传统意义上的科学仅仅关注离散状态下的时间和空间，至于关系与过程之类连续性的概念则在 20 世纪后期诸如"复杂系统理论""耗散结构理论""自组织理论"流行起来之后，方始为科学家所关注。由此可以理解，为什么基于传统科学的心理学会忽视功能，仅仅关注结构，进一步在言说心理之时，仅能以结构解释、界定功能。比如，第一代认知科学的认知主义以信息的加工机制所对应的结构来解释它的输入与输出；行为主义则以刺激—反应的结构来关注心理的过程；而精神分析则以本我、自我和超我来建立结构，解释它们的能量运行关系。由此可见，从身心分离之预设出发，会自然而然地以结构来定义功能，在逻辑上而言，作为结构的身体在先，作为功能的语言或心理在后，于是，"功能"向"结构"的还原不可避免。该研究取向在语言及其他心理的模块性的研究中提供了一个诱人的方向，然而最终却会引人陷入迷途。福多即为其例，他所给出的语言与其他心理模块的构成标准就有"固定的神经结构"（福多，2004），他就是以结构定义语言与心理模块，这与加尔之"垂直官能说"如出一辙，将语言与其他心理模块和大脑结构对应起来。如此一来，福多难以进一步说明各个模块性结构怎样构建完整性的心理，于是，这些各自为政的亚结构又需要一个统一的结构来组成整体结构，这样不可避免地需要一个"中枢系统"，且该"中枢系统"必须是非模块性的，这也就成了他的模块性理论的致命软肋，使得他的模块性思想失去了意义。（熊哲宏，2004）由此可见，对语言与其他心理模块的结构性定义使得福多陷入了自相矛盾的困境。

所以，对于语言与其他心理模块性的解释应该先在逻辑上理顺关系，应该在逻辑上以功能为先，即以功能决定结构。平克的理论即是基于这样的逻辑，在他的理论叙述中语言模块是一种功能体，该功能体的核心构成标准就是功能的领域特殊性，它不会在结构上给出限定。于是，模块并非独立的个体，毫不相干，它们就如上皮细胞这样的机体的组织，各种器官上都会有，且与身体的其他组织相关联。而有一些具领域特殊性的情绪或思维也会作为元素而结合为各种不一样的功能体。（蒋柯，2010）这样一来，语言与其他心理模块的存在并非对应固定的结构，而只是为了实现某种领域特殊的功能。人类在进化过程中需要具备某种功能，与之相对应的结构才会建构起来，所以说是功能作为逻辑上的先在决定了结构，而不可能是相反的。

我们强调语言模块的功能性具有重要的理论意义，他使得我们能够以达尔文提出的进化论来解释语言模块的起源问题。（莫兰，2008）另外，乔姆斯基也是最早倡导语言模块说的人，不过，在他的相关理论建构中，语言模块还是一种结构性的存在，所以他不得不以"突变"来解释语言模块的起源。（代天善，2007）之后的进化心理学家开始以功能体来定义语言模块，而自然选择成为形成语言模块的缘由，这是由于自然选择是对机体的功能施加影响，而不是直接影响机体的结构。

最后，语言模块理论的理论基础是诸如"复杂系统论""耗散结构""自组织""协同学"等系统科学理论。

为了探究人类感觉运动经验和脑皮质学习的因果联系，研究者模拟胎儿时期的实际环境，包括胎儿在子宫的倒置姿势、羊水、重力等生理和物理环境因素，再结合早产儿的大脑结构和骨骼扫描数据建立了子宫内模型，并以此模型为基础对子宫内条件下动作学习的数据进行整合，与子宫外条件的数据进行对比分析。结果显示，胎儿对身体动作相关的感知经验引起躯体感觉反馈，并促进了大脑对身体表征和视觉躯体感觉的整合学习，而子宫外条件下的数据也显示出了这种身体动作经验、环境、大脑之间的复杂关系。（Yamada, et al., 2016）语言模块强调的是类似语言这类功能特异的心理加工过程应该具有的相对封闭性与专门化，然而，我们人类在完成类似语言这类复杂的加工过程之时，应该会关联其他相关模块，实现对"身体动作经验、环境、大脑之间的复杂关系"的关注。

福多的心理模块理论受困于整合问题，语言模块理论也不能回避这个问题，即相对独立的各个亚语言模块（子语言模块）怎样可以协调整合为一个整体的心理机制？因为语言模块属于功能体，这样各个子模块之间的组合即是功能的组合。依据语言模块的定义，各个子模块的功能应该是遵循其自有的运行规则，不会受到外界的干扰。那么这些子模块怎样可以组织完成整体的语言功能呢？"复杂系统论""耗散结构""自组织""协同学"等系统科学理论为我们提供了解释的线索。它们从各自不同的视角给予解释。复杂系统是具有开放性的，外界的物质、能量、信息不断输入，系统将因之形成自组织过程，原本无序的各个局部运动会跃变为相应的有序运动。（赫尔曼·哈肯，2005）所以，我们认为，作为一个开放的复杂系统，人类的语言机制应该遵循这样的普遍规律，在与外界交互的过程中，语言各个独立的子模块功能将进行自组织，形成一个有序整体。这里应该注意，"复杂系统论""耗散结构""自组织""协同学"皆以整体视角来解释系统的功能，这正好契合了语言模块理论的建构需求。

五、认知神经科学还原论预设的困境与可能的出路

2013 年，美国麻省理工学院的一个研究小组报告了他们成功地通过光

遗传学技术为小鼠植入了"虚假记忆"。（Ramirez，et al.，2013）通过类似的技术，更多的研究团队也在尝试精确预测和控制动物的行为。（Heydendael W.，2014；陈婷 等，2015；杨弋 等，2015）在这些新技术与成果的鼓舞下，一部分研究者以及公众相信：随着技术的发展，从神经生物学的角度来完全诠释人类的心理或精神活动一定是可能的，人类的心理或精神过程最终将被还原为生物学或物理学术语所描述的活动。（斯蒂克，2014）

与此同时，另一些学者则表现出对这种预期的担心。这种担心源于伦理的思考。如果人类的精神活动能够被彻底还原为一系列生物——物理事件，那么，人之为人的意义和价值都将被颠覆，而与之相应的，维系人类社会的道德、法律等规范也将被重新设定。这不仅仅是一系列法规的修订，而是人类社会最基本价值取向的再造。人类的文明是否能够承受这种彻底的"去神化"运动带来的震动？

除了这种伦理的担心之外，认知神经科学的还原论还面临学理上的争议。我们的写作目标即是分析当前认知神经科学的还原论的哲学基础，并解析生物学—物理学技术的实验逻辑，进而论证：还原论的哲学起点是有矛盾的，从一个有问题的哲学起点出发，当前的认知神经科学虽然能够描述越来越多的"心—身"或"心—物"现象，但是不可能真正实现对心理或精神活动的"解释"。

（一） 认知神经科学对还原论预设的论证

首先让我们简要叙述一下认知神经科学还原论的立论过程。

认知神经科学还原论的目标很明确，就是要建立一个"统一的理论"来解释"心灵"。（斯蒂克，2014）自笛卡儿以来，心灵与身体（或物理世界）就被截然分开。这种身心分离的二元论奠定了现代自然科学的基础格局，同时也确立了研究心灵的"心理学"独特学科地位。（黎黑，2013）但是这种分离也导致了我们的知识体系的解离，一方面是言说物理世界的自然科学，另一方面则是讨论"心灵"或"意志"的形而上学。两者之间没有共同的概念体系。这种解离导致了关于人的理解方式的分裂，一方面是在自然科学框架下遵循生物—物理学法则的对人的身体的研究；另一方面则是关于人的心灵或意志的形而上学思辨。两种话语体系的解离也撕裂了人作为一个完整的研究对象的存在意义。

认知神经科学家对还原论的应然性论证采取的是排除法，首先通过综述梳理了既有身心关系理论的四种立场：（1）实在论立场；（2）概念的自主性立场；（3）成分解释的充分性立场；（4）成分的非心理主义立场，（斯蒂克，2014）然后再逐一地排除不可能的理论。其中，立场（1）代表了"本体论的反还原论"，即极端的心理实在论，强调心理实体的存在；立场（2）是"概念的反还原论"，因为否认心理可以被物理事件解释，所以必须接受一个突现的概念系统。因此，这种立场必然导致突现论或副现象论，即"认为心理属性与任何东西（或者，至少与任何物理的东西）都不因果相关"。（斯蒂克，2014）可见，立场（2）较之立场（1）不那么极端地强调心理实体的存在，但是依然无法避免心理属性与物理事件的分离。所以，立场（1）和立场（2）不可避免地被指责为二元论。

立场（4）表达了极端的"非实在论"，即否认心理属性的存在，最终导向了"取消论"。这种立场的较早的代表是行为主义，较近的则有保罗·丘奇兰德和斯蒂芬·斯蒂克。（斯蒂克，2014）取消论面临诸多理论困难，尽管认知神经科学家并不排斥它，但是只有少数人表达支持取消论的立场。

剩下立场（3），即"概念的还原论"成了绝大多数认知神经科学家的选择。认知神经科学家的论证过程是这样的：

第一步，认知神经科学的任务是建立一种心身统一的理论。用两种不相容的话语体系分别描述心理与物理是科学精神所不容许的。所以，在科学的立场上，存在两种分离的理论是不被允许的。

第二步，建构统一的理论意味着什么呢？当我们面临心理和物理两个分离的研究对象时，统一的理论意味着我们可以用一套话语体系解释两个对象。有三种可能的做法：一是建构一个超越的或中立的理论，它可以成为现有的心理和物理理论的元理论；二是将物理的理论纳入到心理的理论体系中，即将物理"还原"为心理；第三，反过来将心理"还原"为物理。

第三步，认知神经科学家需要在以上三种可能的尝试中选择一种。

威廉·詹姆斯，伯兰特·罗素等人都曾经尝试过建构一种超越的或中立的理论。认知神经科学家对他们的评述是："将这种观点描述成为一种唯心主义似乎应当更适合，因为……描述这种中性材料的术语通常和心理现象联系在一起。……心理的东西和物理的东西在中立一元论的本体论中都没有基本的地位。……中立一元论也不支持其基础本体论中有心理或物理的实体，但它对每一种谈论都给出了一种解释。"（斯蒂克，2014）于是，认知神经科学家拒绝了第一种尝试。

同样地，认知神经科学家还拒绝将物理还原为心理的尝试。对于这种尝试，认知神经科学家称之为"泛心论"，并认为它就是"唯心主义"，并且与之前的立场（1）和立场（2）的二元论在本质上属于同一个解释体系。

最后只剩下了第三种尝试，即将心理还原为物理的统一论。经由以上论证，认知神经科学家确立了"概念的还原论"，将心理纳入到物理事件的话语体系，即将心理还原为物理。

接下来要做的事情是论证如何将心理还原为物理。认知神经科学家首先假设每一个心理属性 M 都可以替换为一个物理变量 X，于是，关于心理属性的描述"是由我们身体或中枢神经系统的物理属性满足的，在运用于人类时它可以推出：M_1 就是这种物理属性。因此，我们就得到了心理物理统一论。……鉴于我们描述概念、谓词、状态和属性之间关系的方式，如果我们将一种心理状态或属性统一于一种状态或属性，就可以推出：相应的心理概念就是一个物理概念"。（斯蒂克，2014）

（二）还原论的实验验证

认识神经科学家的下一步任务是检验"心理属性可以被还原为物理属性"。这一步工作包括建构解释心理现象的神经模型，并通过实验来验证这些神经模型的有效性。

认知神经科学的目标是通过中枢神经系统回路的变化来解释诸如学习、记忆等心理现象。"坎德尔等人把还原论的位置又降了一个层次：神经科学的目标是理解心灵，即我们是怎样感知、运动、思维和记忆的。……行为的重要方面可以在个别的神经细胞层次上考察……现在也可能直接在分子层次上处理这些问题。"（斯蒂克，2014）为了趋近这个目标，认知神经科学从理论到实验的模型建构经历了如下的四个步骤。

第一步，以巴甫洛夫经典条件反射为基础，在中枢神经系统（CNS）回路的层次上重构经典条件反射的联结。

认知神经科学家在神经回路的层次上重构了巴甫洛夫经典条件反射的解释：中性条件刺激（CS）引起神经通路中弱的神经递质释放，而非条件刺激（UCS）则可以引起强的神经递质释放。如果 UCS 通路上的活动同时也激活了 CS 通路，那么 CS 通路上的突触联结就会发生长期性改变，从而形成稳定的 CS 通路。

第二步，建立长时程增强（LTP）模型，在分子生物学的层面上假设：作为 CS 通路建立的基础是突触联结在神经回路被激活的过程中发生了长期性改变。

我们已知，Ca^{2+} 在神经元突触联结之间发挥着极其重要的功能。正是 Ca^{2+} 导致了突触前端向突触间隙释放含有神经递质的囊泡。突触间隙中的神经递质打开了突触后端的 Na^+ 和 Ca^{2+} 通道，使得 Na^+ 进入细胞膜内从而引起突触后端的神经冲动。（菲利普·纳尔逊，2006）实验证据还表明，Ca^{2+} 进入突触后端还激活了：

（1）突触后神经元细胞骨架的重构；

（2）B 神经元核中的早期基因，从而引起蛋白质合成的长期改变；

（3）突触后端的易化联结。

这些改变使得由 UCS 引起的 CS 通路的突触联结发生长期改变，从而形成学习、记忆和思维等心理活动的神经基础。（斯蒂克，2014）

第三步，通过"细胞生物学字母表"假说将突触联结的长时增强模型延伸到全面的心理活动。

根据霍金斯和坎德尔（1984）的假说，所谓"细胞生物学字母表"意指单次神经元活动特征，诸如与刺激相匹配的突触前神经递质释放增加。（斯蒂克，2014）若干个神经元活动可以组合成为"词语"以解释人的行为数据。认知神经科学家相信，随着实验研究的推进，足够数量的事实依据可以让我们编写出完整的"字母表"，进而建立一个"词汇量"足够丰富的"神经生理特征——行为"字典。通过这个字典我们就可以精确地预测和控制人的行为。这个字典实际上就是一个基于认知神经科学和实验解剖学的计算模型，这个模型旨在模拟神经元动作电位的变化曲线、学习曲线、易化因素以及随时间而变化的激发率等，并描述它们与人的行为之间的复杂相关性。

第四步，通过认知神经科学的实验数据来验证之前的模型。

认知神经科学的实验研究与神经解剖技术、在体神经技术、脑成像技术以及神经元探测技术等技术手段的进展紧密相关。当前常用的神经技术有脑电记录、功能性磁共振成像、经颅磁刺激、经颅直流电刺激、经红外脑成像基础以及光遗传学技术等。(Gazzaniga，et al.，2011) 当前，认知神经科学的研究内容主要集中在三大议题。

第一个议题是以正常个体为被试，在认知任务下观察并记录神经活动，探索认知刺激与神经活动的相关性。这一类研究主要通过脑电记录、磁共振成像、近红外脑成像以及单细胞电记录（只在动物身上采用）等技术。其目标是探索在特定认知任务刺激下，大脑神经相应的活动表达。这样的探索可以让研究者了解神经机制的工作原理，并找到一些具有特定功能的神经元，比如，镜像神经元的就是通过单细胞放电记录手段而被发现的。

第二个议题是探索神经系统的损伤与外显行为或反应性功能缺失之间的相关性。裂脑人的研究就是这一类研究的代表。因为一部分神经系统损伤，被试表现出相应的功能缺失，再结合第一类研究的结论，这样的发现有助于让研究者在神经活动与行为之间建立因果联系。（Sperry，et al.，1969；Nebes，1974) 如果神经的损伤是可逆的，那么通过损伤—恢复—损伤的实验设计可以让研究者获得神经活动与行为或心理活动之间因果性结论。比如，知觉过程的枕——颞叶通路就是通过这种方式被确认的。（Sperry，et al.，1969) 关于损伤的研究成果还可以直接用于疾病或损伤的治疗和康复。

第三个议题是主动干预神经活动并探索干预与行为反应之间的相关性。研究者通过侵入式或非侵入式手段干预特定大脑神经元的活动，进而观察有机体行为或心理特征的改变。通过这种方式可以确定特定脑区或某个神经元的活动与特定行为或心理活动之间的关联性。这种方式也被用于某些神经性疾病的治疗。目前常用的神经元干预手段有插入微电极、光遗传学、经颅磁刺激和经颅直流电刺激等，此外，植入芯片的技术也已经有了临床试验的案例。经颅磁刺激和直流电刺激是非入侵性的，可以用于研究正常人在道德判断、情绪认知等任务时的反应研究，（甘甜等，2013）以及精神疾病的治疗。(曾波涛 等，2015)

研究者首先通过第一个议题的研究解了神经活动与行为之间的相关性；在第二个议题的研究中则确定某些神经结构在特定的行为表现中的不可或缺性；第三个议题中的实验研究充分地体现了研究者的主动性，即研究者主动地干预被试的神经元活动并观察到被试的行为体现出符合预期的改变。于是，研究者似乎有充分的理由相信，那些受到干预的神经元和神经活动正是引起所观察到的行为或心理特征的原因。这就是认知神经科学家希望在神经活动和心理属性之间建立的因果关系。

那么，依现有的实验数据，以及沿着这条实验道路发展下去，在今后的研究中可能获得的更多的实验数据，是否能够真正支持神经活动与有机体的心理属性之间的因果关系呢？我们接下来将要论证，距离这个问题的肯定答复还很遥远，认知神经科学家的工作很有可能根本是费力不讨好。

（三）神经实验模型的困难

虽然认知神经科学的实验研究已经取得了丰硕的成果，更有临床应用的成效，但是目前的数据并不能支持研究者的预期，即在神经活动和心理属性之间建立因果联系。此预期的更为一般性的陈述是：将心理属性还原为神经生物学的，乃至物理学的属性。实现目标的困难不是来自实验本身的缺陷，而是实验研究所依据的概念化体系和基础性假设的偏差。（蒋柯，2017b）

首先，认知神经科学的理论基础是巴甫洛夫的经典条件反射学说。认知神经科学只是将动作层面的经典条件反射深入到细胞和分子层面，通过在认知任务的刺激和神经反应之间的联结来建立所谓"细胞生物学字母表"。需要注意的是，无论是动作层面，还是在细胞、分子层面，条件反射描述的是特定"刺激"和"反应"之间的联系。不难看出，认知神经科学家将刺激—反应联结中的"反应"等同于心理属性或"心理活动"。无论是研究者操纵认知刺激观察神经活动还是操纵神经活动观察动作反应，实验所记录的都是有机体的"可观察外显动作"，而"心理"正是刺激和反应之间的"黑箱"。认知神经科学将行为主义的观察尺度缩小，缩微到细胞和分子的尺度来观察，但这种尺度的改变并不能支持从可观察现象到不可观察的黑箱之间的跨越。

因此，"在神经活动与心理之间的因果联系"并不能从现有认知神经科学的实验研究中直接获得，因果性是现有结论基础上的二级推论，并没有直接的证据支持这种推论。损伤性研究同样不能帮助我们获得确立这种因果关系的直接证据。损伤性研究的实验逻辑是：

（1）当神经结构 A 存在时，被试拥有心理功能 X；当神经结构 A 被破坏，同时可以观察到心理功能 X 缺失。进一步，如果神经结构 A 再次恢复，心理功能 X 也恢复。

（2）当神经结构 A 之外的其他结构发生改变，不会观察到心理功能 X 发生如（1）中的改变。

于是，我们似乎可以说：当且仅当神经结构 A 完整，心理功能 X 才能实现。这个论证看起来是充分必要的，原则上能够获得因果性结论。但实际上我们从中仍然只能获得结构 A 和功能 X 的相关性，尽管两者的相关度可能到达了（1），但依然不能够形成因果解释。就像闪电和雷声二者有非常高的相关性，但我们却不能够在二者之间建立因果解释。

比如，当且仅当一个机械部件 M 是完好的，某种特定机械功能 N 才能实现。我们可以说 M 是实现 N 的条件，但不能说 M 是 N 的原因，即不能用 M 来"解释"N。因为功能 N 的实现是服务于整个机械系统的工作目标的，同样 M 的也是为了实现功能 N 而被设计和构造出来的。所以，M 和 N 之间的关系有某种关联性。而在因果性的语境中，我们只能通过整个机械系统的工作目标来"解释"功能 N 和结构 M 的特征。

所以，损伤性研究并不能支持因果解释，但是却能够帮助我们了解神经结构和心理功能之间的关联性，并且这种探索在临床上具有重要的意义。

我们再来分析干预性研究。

在干预性研究中，研究者通过主动干预技术引发特定的神经活动，从而引起有机体可观察的动作表现。相应地，所激发的神经活动停止，相应的动作也停止。这种研究形成的结论貌似说服力非常强，所以常常被研究者当作因果性的支持证据。但是，如果我们仔细分析一下就会发现并不是这样。

特定神经元启动与动作发生之间的对应关系并不能构成严格意义上的因果关系。比如，开关与电灯的动作之间具有严格的对应性，但是我们并不能说开关是电灯发光的"原因"，即开关与电灯之间不是严格意义上的因果关系。（奚家文，蒋柯，2014）但是，在操作层面上，或不严谨的情况下，开关与电灯之间有时会被看作是一种"因果关系"。这和神经活动与外显动作之间的因果关系一样，都是一种误解。严格的因果关系是"解释"。只有高阶的理论才能解释低阶的现象，而处于相同水平上两套话语体系之间只能相互描述。对神经活动的操作以及对动作的观察都是在操作层面上进行的，两个发生在同样水平上的现象相互之间并不能做出解释。（蒋柯，

2011）下文将对这个问题的哲学基础进行论证。

　　另外，我们并不能确定研究者操控的神经元活动和所观察的外显动作之间的对应关系是唯一的。也就是说，研究者操控某一些或某一个神经元并引起某种可观察动作甚至被试报告了某种"心理体验"，但不能证明神经活动是唯一的引起这个后果的原因。比如流泪，可能因为某种情绪体验，也可能因为特定的刺激而发生。于是，刺激某个神经元引起流泪不等于引起对应的情绪体验。认知神经科学家可能会举出经颅直流电刺激影响人的道德判断的例子来反驳。在这个研究中，研究者通过定向经颅直流电刺激被试特定脑区，从而影响了被试道德判断的倾向性。于是研究者认为，所刺激的脑区与道德判断有某种因果关系。（甘甜等，2013）

　　须知，复杂的思维活动和情绪体验，诸如道德判断、社会性决策等活动包括很多目前尚未探明的认知加工过程。研究者对被试的整个大脑施加一个强的外在刺激并观察到某些预期的行为反应。尽管通过磁或电的叠加效应可以使作用区域比较集中，但是研究者依然无法确定究竟是哪些神经元在磁或电的刺激下参与了最终的反应。实际上强的外在刺激可能影响了全脑的神经活动，这些神经活动进而可能引起若干种有机体反应表达，而研究者所预期的反应只是其中比较显著的一部分。因此，通过外在刺激引发的某些神经活动和某种外显反应之间的对应关系是不精确的。所以，即使在操作层面上，经颅磁刺激或经颅电刺激所实现的神经操控与有机体反应之间的因果性也是不严格的。

　　认知神经科学家在动物实验中采用了多种单细胞控制技术，诸如微电极介入、光遗传学技术等，可以干预少数几个或单独一个神经元的活动。即使单个神经元放电干预也是一种强外在刺激，同样有可能影响到整个大脑或者一部分脑区的神经活动。神经生物物理学的研究告诉我们：分子动力学引发的分子运动是离子键的熵力协同作用的结果，其中大分子某一个位置上的离子位移都可能引起整个大分子的协同运转；而一个分子的动作则可能引发一个细胞活动的变化。（菲利普·纳尔逊，2006）按同理推论：神经系统的活动是每个神经元协同活动的结果，每个神经元的放电都可能引起神经回路的整体协同改变。因此，人为地干预一个神经元也是对整个神经网络的影响，其中哪些局部的神经活动与预期观察结果相关，仍未可知。

综上，当前认知神经科学的三种实验模式并不能给出充分的证据来支持神经活动与心理属性之间存在因果联系。实验研究所遭遇的困难并不是来自实验方法和实验技术的限制，而是来自研究所依赖的理论基础。接下来，我们将论证认知神经科学还原论的所面临的哲学困窘。

（四）还原论的哲学矛盾

应该说，当前认知神经科学的实验研究是成功的，但是却走在了错误的路上。第一个错误是混淆了动作与行为（或心理）的范畴错误。

如前所述，认知神经科学是以经典条件反射为理论基础，通过神经元活动与反应之间的联结来探索物理与心理之间的因果关系。（斯蒂克，2014）其中，神经活动以及外显的反应都是可操作、可观察的有机体变化。所以，正如经典条件反射描述了一系列生理物理学变化之间的联结一样，认知神经科学也只是在细胞或分子水平上描述了一些生物物理学变化之间的关联性。这种关联性并不能解释心理属性的特征。在这个意义上，当前的认知神经科学与同样是以经典条件反射为基础的行为主义面临同样的理论困难，即在刺激—反应的层面上不能触及"心理"的意义。

面对这种质疑，认知神经科学的反驳是：第一，心理本质上与行为是等同的，对行为的研究就是对心理的研究；第二，实验数据表明，研究者对神经活动的操控的确引起了某种"心理"特征的改变，这种心理特征的改变通过被试的行为表达出来。

"心理与行为的同一性"是当前主流心理学和意识研究不得不认可的一个预设，但是它并没有支持行为主义和认知神经科学的理论预期。因为行为主义以及认知神经科学所探讨的"反应"，也就是经典条件反射所说的"反射"，这一组概念并不同于"行为"概念。混淆这两组概念是一个范畴错误。认知神经科学所讨论的"反应"实际上有机体的神经活动所引发的一系列肌肉和腺体的活动的总和，它们是神经反射弧的自然后果。早在100年前，麦独孤批判华生的行为主义时就明确区分了行为与反射性活动。麦独孤对"行为"做了严格的定义，指出行为必须满足七个限定条件：

> 特定的自发性运动；
> 活动的持续性独立于激发印象的持续性；

持续运动方向的多样性；

一旦动物的状态发生了某种特定改变，它原来的运动就会停止；

总是为新的状态下行为将会产生的结果做好了准备；

行为是有目的；

是有机体的整体性反应。

（麦独孤，2014）

在现有的实验和观察中，"反射"与"行为"常常被混淆。比如本节一开始提及的"记忆植入"的研究。研究者相信，他们通过激活大鼠特定的神经元而给大鼠"植入"了某种记忆。研究者形成这个结论的基础是大鼠在 A 环境和 B 环境中的可观察性特征，如大鼠在环境 B 中遭遇电击，在环境 A 中表现出"恐惧"。实际上大鼠表现来的可观察特征是退缩、回避、抽搐等"反射"性活动，而"恐惧"作为一种"行为"特征只是研究者的推论。在这个实验中，研究者通过神经元操控成功地将本来应该与刺激 B 发生联结的"反射"与刺激 A 产生了联结。但是我们并不知道这种联结对大鼠来说是否真的是某种记忆体验。尽管刺激与反射的联结是在细胞或分子层面上发生的，但是刺激与反射之间的联结依然不能用来解释"行为"。

在一些成功的研究中，认知神经科学家可以通过对神经活动的操纵来获得特定的外显表达，这种外显表达与有机体的真实行为几乎一致，但是我们依然不能确定神经活动等同于有机体的心理过程。比如，一辆车在盘山公路上行驶，车的移动体现出了驾驶者的目标趋向性，以及他对环境情况的自适应调节性等特征。我们可以说，车辆在道路上的移动是一种"行为"。在实验室里面，研究者可以把同样的道路特征缩微成一个可以操控的沙盘模型，用一个小球来模拟汽车。研究者通过调节沙盘的倾斜角度而使得小球沿着道路移动。只要研究者的控制做得足够好，就可以做到小球沿着路线移动，看起来与真实的车辆在道路上的行驶一样。如果这种模拟成功了，我们能不能说小球具有了和车的驾驶者一样的心理机制呢？显然不能。模型中的小球的移动和真实的驾驶者驾车在道路所做出的移动的区别就是"反射"和"行为"的区别。

认知神经科学还原论的第二个理论错误是混淆了"解释"和"描述"的方法论错误。

　　根据"解释的铁律"，被解释的对象不能明显地或隐晦地包含在解释中。（黎黑，2013）所以我们不能用观察现象对同样水平上的另一些观察现象做出解释，尽管这些现象之间可能具有稳定的关联性。比如，开关的动作和灯的动作都是处于同一个观察水平上的现象。所以我们不能用开关的动作来解释灯的动作，尽管二者的关联性极高。对灯的动作的解释只能够立足于更高阶的理论体系，比如用电路、电流、电阻等概念构成的理论架构来做出解释。用高阶的理论解释低阶的现象，这就构成了"解释的阶梯"。（蒋柯，2011）在解释的阶梯上，高阶的理论可以解释低阶的现象。处于同一水平上的现象之间只能做相关性描述而不能做解释。在认知神经科学的研究中，有机体的外显反射现象和神经活动现象处于同一个观察水平上，而心理属性则是由可观察的外显反射活动推论形成的。所以，心理属性实际上处于"解释阶梯"上更高阶的位置，这就使得物理事件不可能对心理事件做出解释。（蒋柯，2016）因此，认知神经科学希望用物理事件来解释心理事件是不可能的。

　　第三个错误是论证方法的错误。

　　如前所述，认识神经科学家关于还原论的论证步骤是：首先分析了四种心身关系的立场；然后指出认可心理独立性的两种立场实际上是二元论，应该予以拒绝；第三步则是在剩下的两种还原论中选择了比较不那么极端的一种。

　　必须注意的是，认知神经科学家于心身关系的立场可以给出这样的分析，是从其隐含的预设出发，也就是说，心身为互相分离的两个独立概念。而心身统一之解释是认知神经科学家另一前提预设。而结合这两个预设前提可以得出的结论应该是二者之一将会还原成另外一个。于是就可能有两种还原的策略：一种是将物理事件还原为心理事件，另一种是将心理事件还原为物理事件。这时，认知神经科学家持有的第三个隐含预设又凸显出来了，这就是"必须保证物理事件的第一性，否则就不能成为科学"。在这三个隐含预设的指导下，将心理事件还原为物理事件就成了唯一可能的选择。

　　当认知神经科学家所持有的三个隐含预设被揭示出来，我们会发现之前看起来完备的论证实际上只是一系列"自验预言"的逻辑谬误。并且其中还包含的预设前提的自相矛盾，前提一和前提二实际上是相互对立，也就是，认知神经科学家首先将"心"与"身"分开来，然后再努力论证二者应该是统一的。所以，认知神经科学的还原论实际上是建立在笛卡儿式二元论的基础之上的。

综上所述，认知神经科学的还原论并不没有得到充分的论证，也没有在实验研究中获得实证证据的真正支持。还原论的基础实际上是笛卡儿式二元论。笛卡儿式二元论的问题在于它所蕴含的本体论矛盾，即心与身被分开以后如何才能够被再次统一的问题。从 18 世纪中后期出现的实验心理学直到今天的认知神经科学，在科学的名义下展开的有关心理或意识的研究都在努力论证"心身统一"的命题。但是这些论证都是不成功的，因为"心身统一"的命题的提出，这个动作本身就是以"心身分离"为预设前提的。所以，本节提出只有重新定义"心灵"（心理事件）和"身体"（物理事件）的逻辑意义以及"统一"的含义，才能从根本上避免认知神经科学所遭遇的困难。也就是，将"心"与"身"定义为同一种存在的两种属性。这样，我们就可以在一个统一的模型下来解释心与身以及它们之间的关系，就像化学家将光和热两种现象都纳入氧化反应这个模型中一样。（蒋柯，2016）

根据之前的论证，心身统一即将心理事件和物理事件当作同一个高阶事件的两种属性表达，并在解释的阶梯的高阶水平上建立一个理论模型来解释两者。

当我们立足于更高阶的理论立场时，物理事件和心理事件之间的相互随附性特征消失了，取而代之的是二者都随附于另一种存在。物理事件的本体论意义被取消了。那么，这是否意味着科学本身的颠覆呢？

这样的担心是不必要的。因为"我们选择什么基本范畴来作为理论建构的基础并不是科学本身的评价标准。选择不同的范畴体系就是选择不同的理论参照系"。（蒋柯，2016）因此，研究者是否以物理事件作为其理论的基本参照系并不会影响其理论的科学价值。只是，参照系的改变意味着科学范式的更迭。（托马斯·库恩，2016）

总而言之，为了避免认知神经科学所遭遇的理论困难，我们可能需要科学范式的改变。即，我们需要重新定义我们所面临的世界的时空属性，而不是用传统范式的定义方式。这意味着对时间和空间的定义方式必须做出根本性的改变。

我们应该以功能哲学的视角来重新定义时间和空间了。

这样看来，语言模块的理论不只是现有的心理模块理论直接应用过来，我应该对身与心、功能与结构等关系的基本预设进行重新修订，诸如此类的改造已经在化学、物理学和生物学等自然科学的领域中发生了。"复杂系统论"和"协同学"这类新兴科学既是此类理论修正的标志，也为语言模块理论的修正提供了支持，使我们得以在一个新的理论构架之上言说心与身的关系，以及心与环境的互动。而认知神经科学的发展给予语言模块的心理现实性证据，同样也为语言模块理论的修正提供了构建的基础，使我们得以更为逼近大脑内部语言模块机制的真实图景。

第六章
具身性功能模块观的建构（一）：功能性模块论

自乔姆斯基以后，关于心理模块的讨论日趋成熟。但是，围绕心理模块理论的诸多困扰也逐渐突显出来。关于心理模块性论题，其构成标准一直是充满争论的关键。关于心理模块的起源则是另一个争议较多的问题。每一种关于心理模块构成与起源的解释都会遭遇严重的理论困惑：如此精致的心理模块的结构体系是如何形成的？需要什么样的结构才能实现如此复杂的心理功能？

《易经·系辞》中有"形而上者谓之道，形而下者谓之器"之说。赵建伟、陈鼓应将其意释为："无形象可见者称为道，有形象可见者称为器。"（赵建伟，陈鼓应，2005）中国古典哲学中的"道"指涉世间万物的运行法则，也是人类对世界认识的终极解说，而"器"指一切实在之物，是道的载体，是人的感官可以直接考察的对象。道是无形的，而器是有形的。于是，这个判断实际上是在有形与无形之间规定了逻辑上的顺序。这就是：无形的道在逻辑上先于有形的器。

在关于心理模块的困惑面前，传统的中国哲学也许能够给我们有益的启示：如果我们把心理模块的有形特征，即心理模块的结构性特征看作是"器"，而将无形的功能性特征看作是"道"，那么，我们就可以把无形的功能当作逻辑上的先在，而把有形的结构看作功能的逻辑结果。这样的逻辑变换是否会让我们在言说心理的问题时更加从容呢？如果功能在逻辑上先于结构，关于心理模块讨论的重点就从结构性特征转移到了功能性特征。那么，我们是否需要重新定义心理模块的含义呢？本章将全面系统地论证当代三大经典的心理模块理论的结构之谬，并指出其应有的功能模块论转向。

一、"先在"机制的结构性定义

有关心理模块的论述始于乔姆斯基。经平克及福多的论证之后，心理模块的概念逐渐清晰起来。乔姆斯基的心理模块经典定义为：人类的心—脑"具有其自己特性的分离的系统（如语言官能、视觉系统、面孔识别模块等）所组成。"（Chomsky，1988）"我们可以把心理想象为一个'心理器官'的系统，而语言能力是其中之一。这些器官中每一个都有它的特殊的结构和功能。"（乔姆斯基，1992）我们所观察到的语言现象"使得语言官能的内部结构的模块属性得到说明，这也说明了人类总的认知结构同样也具有模块性。其实，对后面这一假设不应有太多的分歧。我们目前在认知系统的认识上已经越来越高，随之而来的证据也会越来越多，且不勉强，非常自然"。（乔姆斯基，1992）

事实上，平克从进化论出发承袭了乔姆斯基关于"先天的语言机制"的论题，并以先天的本能对应诠释语言机制。由此展开，平克继续论证了其他的心理机制也具有模块性。平克首先论证了人类语言机制的先天与独立，是与语言相关的某些基因和大脑结构来实现的本能。之后，平克对人类的整个心智的模块性构成做了进一步假设，指出心—脑实为各个独立的心理机制协同合作来构成，是自然选择塑造了这些独立的、先天的模块性功能体。

基于语言机制的模块性论证，乔姆斯基和平克进一步将理论推展到其他心理机制的模块属性。福多则明确地论证了整个心智的模块性特征，并提出了完整的心理模块性的构成标准。在这个意义上，福多才是心理模块性理论的肇始。福多的心理模块性理论完整而系统，对心理模块的标准也清晰地给出了"信息封闭""领域特殊性""强制性"和"先天性"。不过，福多的心理模块性理论最大的特点，也是最让同行诟病的，他将心理机制划分成"输入系统"和"中枢系统"两个相互独立的部分，并且假设只有"输入系统"是模块性的，而"中枢系统"是非模块性的。（熊哲宏，2002f）这样的划分使得福多在认知功能分类的问题上陷入了自相矛盾的谬误。（熊哲宏，王中杰，2004）尽管如此，自福多之后，"心理模块"这个概念在认知科学和心理语言学领域开始被人们接受了。

　　福多和平克的心理模块性理论各有其理论中心和特点，然而从理论的发展来看，乔姆斯基终究还是心理模块性理论的策源，其模块性观念对福多和平克的心理模块性理论具有深远影响。关于心理模块的理论，前期的"先天语言机制"和后期发展的"无穷递归"假说是乔姆斯基模块理论的基本预设。在此基础上，他提出了两个中级假设：第一，"器官学"（organology）假设。"我们可以有用地把语言的能力、数的能力等等，看作为'心理的器官'，类似于心脏或视觉系统，或协调和计划运动神经的系统。身体器官，知觉系统，运动神经系统与认知能力之间在这些有关的方面都没有清楚的界限。"（Chomsky，1988）第二，功能独立假设。我们之所以能够研究心理如研究人的器官一样，其主要原因还是从功能的角度来考虑，而"功能"一般而言关注系统做了什么，服务于怎样的目的。乔姆斯基进一步提出了心理模块的三个特征：第一，天赋性；第二，领域特殊性；第三，无意识性。

　　由此可以看出，乔姆斯基是依据结构性特征来定义心理模块的。首先，乔姆斯基将心理界定为"结构"："心理是一种具有非常多的差异的结构，并带有非常不同的子系统。"（Chomsky，1988）其次，乔姆斯基用结构性术语来描述心理，比如语言的"表层结构"和"深层结构"等。这就是说，乔姆斯基首先将"心理"（Mind）本身看作是一个结构系统，并顺其自然地用结构性的技术来分析心理的特征。心理模块就是对心理的结构进行分析的结果。作为一个结构整体的局部或子系统，每一个心理模块自然也是一种结构性存在。而人们对心理模块的考察自然应该采取结构性的研究技术，包括用结构性的术语来描述心理模块的特征，从结构特征的角度来分析心理模块的形态和功能，用结构性特征来衡量一个心理模块的完整性等。虽然乔姆斯基也强调心理模块的功能，但是，心理模块的功能是由其结构来规定的。比如，"普遍语法"是乔姆斯基理论的核心概念。至于"普遍语法"究竟是什么呢？乔姆斯基的探索经历了 5 个不同的阶段，从最初的"句法结构"到"标准理论"模式，"扩展的标准理论"和"管辖与约束"理论，最终演变为"最简方案"模式的"唯递归假设"。（顾刚，1999）在这个过程中，语言的结构始终是乔姆斯基关注的焦点。乔姆斯基认为语言结构就是心理结构的模拟，所以对语言结构的把握取决于对心理结构核心特征的认识。（蒋柯，2010a）也就是说，根据乔姆斯基的定义，心理模块的结构在逻辑上先于其功能而存在。

二、结构性定义的误区

平克和福多以及后来的其他心理模块论者大都继承了乔姆斯基的传统。比如平克强调了"心理器官"假说，并将它发展为"语言本能"；福多则从"功能独立"的假说出发，建构了心理模块性的理论体系。虽然平克和福多二人关于心理模块的意义是什么颇有争议。但是仔细分析二人的争论后，我们发现他们之间的许多争论并没有统一的议题，有点为辩而辩的意思。（蒋柯，2010a）平克和福多都强调心理模块的功能特征，但是在心理模块如何实现其功能的问题上，两人选择了不同的解释取向。

平克在语言结构特征上继承了乔姆斯基的观点。一方面，他甚为赞同乔姆斯基将语言划分为表层结构和深层结构的做法，同样也认为语言应该包含意义（深层结构）和语言现象（表层结构）的区分。（蒋柯，2010a）另一方面，乔姆斯基将语言看作是心智高度发达的附属产物的观点——用进化心理学家的话来说，就是语言是心智发展的"拱肩"。（张雷，2007）平克对此并不赞同，他更倾向于将语言看作是人类所拥有的一种特别的"适应器"。（平克，2002）这种基于进化论的观点让平克摆脱了乔姆斯基在心理模块起源问题上的困扰。（代天善，2007）平克认为，我们人类以语言来沟通、以社会化方式去应对自然选择，这就像动物以利爪尖牙去达到生存目的。所以，语言和其他的心理机制皆为自然选择的领域特殊性结果，都是自然选择塑造的适应性机制。平克申明了自己的功能主义立场，并强调语言作为适应性机制应该是一种"功能体"。平克看来，人的心智活动和物理世界之间只有通过"计算"来建立联系，即心理模块的功能必须通过计算来实现的。目标和知识等心理内容都应该被转换为"表征"，即一系列的运行图式或物质组织形式。计算就是对表征的结构化组织。如果环境刺激曾经引起一个表征，那么可以预见当同样的环境刺激再次出现时一定会引起同样的表征。（Pinker，1997；Pinker，2005a）这就是功能的实现，而功能实现的规定性就是计算的法则。于是，平克在"功能是如何实现的"这个问题上返回了乔姆斯基式的结构主义：计算是实现功能的手段，计算必须遵守法则，计算法则就是对各种表征的组织序列的规定。表征的组织序列是结构化的。功能就这样被平克还原为结构的特征了。

福多也强调自己的功能主义立场，甚至还将自己的理论基础追溯到早期功能主义。在功能主义先驱中，福多选择了最有争议的加尔作为自己理论的代言人。加尔因为和颅相学有牵连而在心理学史上留了恶名。加尔的功能主义学说最大的失误在于他将"心理官能"与大脑的物质形态直接对应起来，即将心理还原为脑的物质形态。加尔所提出的功能主义对福多影响深远，它使得福多也不可避免地承袭了加尔在功能与脑形态关系上的假说。福多将心理功能对应到神经结构的形态上，强调心理模块的神经基础。于是，福多实际上也是将心理模块还原为了生理结构。正如前面已经讨论过的，这种还原使得福多必须对相互封闭的模块之间的联系方式做出说明。这样一来，福多不得不建构了一个"输入系统是模块性的，中枢系统是非模块性的"自相矛盾的心理模块模型。（熊哲宏，2002f）

由此看来，受乔姆斯基的模块论思想以及加尔的功能定位影响，平克和福多也采取了心理模块的结构化定义。或者说是将心理模块还原为某种结构性的存在。例如，乔姆斯基将心理模块还原为语法结构，福多则要将其还原为神经结构，平克则是基因结构。这样的做法带来的好处是：

第一，因为结构是有形的存在，将心理模块定义为某种结构化的存在使得心理模块的概念更加形象，容易被更多人接受。

第二，只有被定义为某种有形的存在以后，心理模块才可能成为科学研究的对象。实际上这也是当今认知心理学努力的方向，将"心理"定义为一个可以量化的有形存在，也因为如此，心理学才可能为科学所接纳。

但是，结构化的心理模块概念蕴含着一个悖论。结构本质上是时空序列。为了实现特定的功能，结构化的模块需要针对环境的要求做出排列序列的调整。如平克所说，这种结构化序列的调节就是"表征的计算"。如果环境刺激能够稳定地引起某种表征，就意味着在刺激和表征之间存在某种规定性。这种规定性就是表征计算的规则，即"算法"。一个心理模块就是若干"算法"的集合。于是，心理模块的结构就是"算法"的结构。这就是说，乔姆斯基的句法结构、福多的神经结构以及平克的基因结构归根结底都是"算法结构"，他们的心理模块实际上都是"计算模块"。在这里，矛盾出现了。根据心理模块的构成标准，每一个模块都有自己独特的应对领域与应对方式，而不同模块之间应该是相互独立的。当面临同样的或相似的环境刺激时，不同的心理模块分别表达出不同的应对可能。由此可见，各不相同的心理模块所依循的"算法"也各不相同，且各"算法"之间应该是不可公约。另外，"计算"作为一种符号操作过程，是指一种从具体内容中抽象出来的，遵循一般性法则的形式化的活动。（皮亚杰，1986）离开了一般化和形式化两个特征就不能有"计算"，因此，计算不可能是模块性的。计算的规则必须是统一的，一般性的。而模块性的意义在于针对不同的任务采取不同的反应规则。

当然，辩护者也可以坚持认为，每一个心理模块可能拥有属于自己的独特的计算规则，而模块与模块之间计算规则各有不同。每个心理模块通过自己专属的计算规则与自己所应对领域内的刺激发生互动。于是，辩护者实际上建构了如图6-1所示的心理结构模型（模型一）。

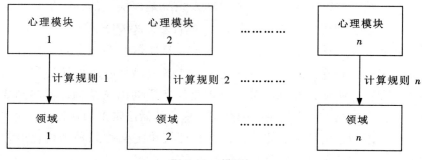

图6-1　模型一

这个模型是不完整的。有机体作为一个整体，所拥有的心理模块不可能完全相互独立，一定需要通过某种途径发生互动。在模型一中，每一个心理模块遵循不同的规则，它们相互之间不可能直接交流。于是我们不得不再加上一个能够实现模块之间互动的层次，就形成了图6-2所示的模型二：

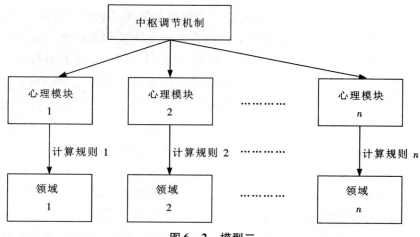

图6-2　模型二

　　为了实现模块之间的互动，我们不得不在心理模块的层次上增加一个中枢调节机制（中枢系统）。中枢系统和每一个心理模块发生联系并调节每一个模块的活动，同时也作为模块之间发生互动的中介。因为中枢系统要和每一个心理模块沟通，所以它们之间必须使用一个"公共频道"，即统一的规则。因此，中枢系统必须是领域一般的。于是问题就来了。对心理模块而言，它们通过各自独特计算规则与应对领域发生互动，这时它们是领域特殊的。但是，同时它们又必须通过一个"公共频道"与中枢系统发生联系，这时它们又是领域一般的了。在模型二中，我们推导出了一个矛盾：心理模块既是领域特殊的又是领域一般的。辩护者还可以进一步完善他们的模型：中枢系统可能针对每一个心理模块采取领域特殊方式与之沟通。于是就有了图 6 - 3 所示的模型三：

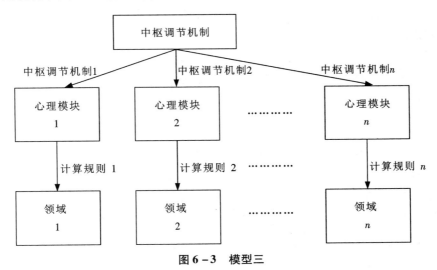

图 6 - 3　模型三

　　实际上模型三并没有避免模型二的矛盾，因为模型三本质上与模型二是一样的。在模型三中，中枢系统使用不同的规则分别地与每一个心理模块进行单独的沟通。这就好比一个一个通晓多种语言的人，身处在操不同语言的人群中，他能够与每一个人用他们各自的语言交谈，他还能够在持不同语言的人群之间进行翻译。但是他一定有属于自己的语言。他自己的语言是他理解和加工其他各种语言的基础。因此，模型三实际上是把统一的规则隐藏起来了，又在中枢系统中分出两个层次，第一个层次分别地与领域特殊的心理模块沟通，第二个层次再次承担模型二的中枢系统的职能，将来自领域特殊的模块的信息整合到一个领域一般的规则之中。模型三并没有消除模型二中的矛盾，只不过将发生矛盾的位置移动到了中枢系统之中。

上述模型建构过程并非杜撰。福多实际上正是采用了同样的，或类似的思路建构了他的心理模块理论。正是在类似的思路中，福多设计了一个"输入系统是领域特殊的，中枢系统是领域一般的"的模块性模型。如前面的分析，这样的模型蕴含着矛盾。因此，福多的心理模块理论并不是真正的模块理论。（熊哲宏，2002f；熊哲宏，王中杰，2004）

综上所述，乔姆斯基、平克和福多对心理模块的定义重点虽各有特色，但是他们一脉相承，都采取了结构性定义的方式。结构化的定义实际上是将心理模块描述为某种形式的"计算模块"。但是，"计算"和"心理模块"两个概念的冲突使得"计算模块"成为自相矛盾的表述，成了一个无法实现的概念。

三、进化心理学之于心理模块论的解困之忧

我们认为，进化心理学为心理模块理论提供了两个方面的支持。

第一，进化心理学以达尔文的自然选择学说作为基本预设。自然选择学说关于有机体适应性发展的论证就已经体现了心理模块论的思想。达尔文论述道："体制高等的标准如对应的是器官的专业化量或分化量，自然选择将会指向该标准：由于生物学家都倾向于肯定器官的专业化将有利于生物，毕竟专业化可优化机能；所以，指向专业化的变异积累属于自然选择的应有范围。"（达尔文，2005）以及"……器官专业化和分化……自然选择设定的发展目的和倾向，其原因在于：器官的更加专业或分化将使对应机能的效率更高"。（达尔文，2005）现代进化心理学家沿袭达尔文的思路，在理论和实证研究等方面不断获得证据支持这样一个判断："领域特殊性心理机制是自然选择的必然结果。"（蒋柯，熊哲宏，2010b）比如，Cosmides首先假设条件推理对于人类而言是一种进化而来的适应能力。随后，她通过实验研究发现了条件推论体现出领域特殊性特征。这项研究已经成为进化心理学的经典例证。（Cosmides，1989）Thompson 与 Nairne 等人（2007）的考察结果是：在和生存发展相关的领域，个体的情节记忆会有较好的记

忆与再认的成绩；Cosmides 与 Klein 等人（2002）则探查到情节记忆与语义记忆提取是分离的。这些研究结果显示情节记忆具有领域特殊性特征。研究者由此推论，情节记忆具有进化的适应性意义。

第二，进化心理学还为心理模块论提供了起源解释。在面对丰富的生命世界时，人们自然会问这样的问题：如此丰富的生命形式是如何形成的？如此精巧的生理结构是如何发生的？同样人们也会问："如此复杂、微妙的心理是如何发生的？"

自然选择学说是对上述问题的多种回答方式中的一种。自然选择学说将生命的生理和心理机制都看作生命适应生存要求的方式。适应性的形成过程是：变异—竞争—遗传，即经过若干代的变异和选择，生物的某些有利于生存的性状被保留下来，而不利于生存和繁衍竞争的性状则因为个体的消亡而渐渐消失。（蒋柯，熊哲宏，2010b）在这个框架下，心理模块和生理器官都具有同样的发生学意义。生理器官是有机体对环境变化做出积极应答的物质基础，而心理模块则是一系列固定的应答模式。如果某种生理器官性状的变异能够提升有机体的生存概率，那么这种性状就会被保留下来并逐渐扩散到整个物种中。同样地，如果有机体的遗传变异引起了特定的反应模式，而这种反应模式能够增加个体的生存或繁衍概率，那么这种反应模式也会被保留下来并逐渐扩散到整个物种中。按照这样的逻辑，进化心理学家提出了心理模块的自然选择起源学说。

比如，福多以及 Cosmides 等人采取这样的论证策略：

其一，假设自然选择塑造了许多固定的反应模式，即本能；

其二，假设这些本能就是固定的心理机制；

其三，假设固定的心理机制是由固定的神经回路来实现的。

这种做法是将心理模块还原为神经生理结构。平克则采取另一种论证方式。平克看来，诸如语言这样的"本能"或"心理模块"就是一系列的反应规则。"我们说，习得或掌握了一种语言意味着我们知晓如何把思想语言转化成文字，或者，把文字反映为思想。不能说话写字不代表其思想语言的缺席。"（平克，2004）这些规则限定了有机体对环境信息进行加工的过程，也就是计算过程，因此，这些规则也就是"算法"。一种本能或一个心理模块可能包含若干"算法"，这些"算法"排列为固定的时空序列，即"算法结构"。正是这种算法结构表达为有机体的本能性行为。平克是将心理模块还原为"算法结构"。

平克和福多都采取了进化主义的立场来论证心理模块的合理性。但是进化主义能否帮他们克服理论上的矛盾呢？

如前所述，从乔姆斯基开始，包括平克和福多，他们都对心理模块做了结构性定义。前文已经论述了，关于心理模块的结构性定义蕴含着矛盾。在这里，我们还要继续讨论：第一，在进化心理学的框架下，关于心理模块的结构性定义的矛盾依然是不可避免的；第二，为了避免结构化定义的矛盾，我们应该对心理模块做"真正的功能主义定义"——在这里我们说"真正的功能主义"是为了与心理学史上曾经有过广泛影响的以詹姆斯为代表的"功能主义"相区别。在后面的论证中，我们将指出，心理学史上的功能主义不是真正的功能主义。

为了搞清楚关于心理模块的结构性定义的矛盾究竟在哪里，让我们先来分析一个进化论的问题：自然选择究竟选择了什么？

四、关于行为的变异与遗传的误读

时至今日，公众对达尔文的进化论早已经不感到陌生了。"适者生存""自然选择"早已进入普罗大众的认知。然而，理论传播广、影响大，有时反而更容易引起误读和曲解。也就是说，对这些理论的误读和曲解一旦形成，它会像雪球一般越滚越大，最后，曲解或误读可能反过来掩盖了理论的本意，从而干扰了理论后继发展。今天的进化心理学家在引入达尔文进化论作为心理研究的理论基础时，不得不先辨明正义，分辨出那些常常引起误解的表述。进化心理学的初学者也要花费许多工夫把自己已经形成的关于进化论的误解纠正过来。如巴斯所言，进化论所遭受的误解主要有三个方面：第一，遗传决定了人的行为；第二，如果行为是进化而来的，那我们就无法改变它；第三，当前的设计是最佳设计。（巴斯，2006）这些误解实际上是对进化论作了目的论和决定论误读。（蒋柯，熊哲宏，胡瑜，2009a）

除了上述常见的关于进化论的误读之外，本研究还发现了另一个潜在的误读。即在自然选择对象上的误解，或者说，自然选择到底做了什么选择？在当代基因遗传学的助推下，这个关于进化论的误解被进一步加强。

今天，严谨的进化论者和进化心理学家都相信：自然选择塑造了特定的基因型。（巴斯，2004；张雷，2004）基因型是什么呢？误解就从这里开始了。第一种误解是将基因型等同于基因物质的排列顺序，即所谓的基因密码；第二种误解是将基因型等同于有机体表现出来的生理构造。我们将要指出，正是这样的误读使得今天的进化心理学在解读心理的意义、关于心理模块的定义等问题上遭遇到了困惑。

在《物种起源》中，达尔文论述道："保存这些有利的个体变异和差异，同时，剔除那些有害的变异和差异，这就是所谓'最适者生存'，或曰，'自然选择'。另外，自然选择不会作用于无用也无害的变异。"（达尔文，2005）之后，达尔文进而指出：自然选择只能存储已然发生且对生物生存有利的那种变异，但不能自己去诱发变异。达尔文自己也承认，"选择"这个词的使用容易引起误解，但它不过是一个比喻的用法。他也提醒读者应该尽量忘记诸如"选择"等术语在常识水平上意义，从而避免可能导致的误解。紧接着，达尔文通过例子来阐述了"自然选择"发生过程。首先，任何气候、物理条件以及生物群落的变化，都会影响到当地的生物比例数，有些物种就会绝灭。"如此而来，变异尽管细小，只要它能有利于某物种的个体生存，使之能较好地适应自身的外界环境，那么它就会有被留存于该物种的趋势……"（达尔文，2005）"这就像人类在饲养动物和培植植物时，会按有益的既定方向去累积个体差异，由此获取更大的收益。自然选择与此相似，而且还要容易得多，毕竟自然选择能够有从容而长久的时间去发生作用。"（达尔文，2005）在这里，达尔文用人工选择作为类比来说明自然选择如何将微小的变异积累起来终于形成物种之间巨大的差异。这种类比可能引起读者对自然选择的目的性误读。（张增一，2003；蒋柯，熊哲宏，胡瑜，2009a）因此，达尔文又强调：被改变的物种自己并未发起有意识的选择。而且，自然选择亦非主动意志之下的"动力"或"神力"，"自然选择的实现过程事实上是保存和积累相关变异的过程"。（达尔文，2005）达尔文希望避免读者对"自然"的拟人化理解。

一开始先建立一个关于"自然选择"概念的准确认识，对于我们后面的讨论非常重要。

现在让我们回过头来讨论自然选择的对象。达尔文发表《物种起源》时还没有遗传学的支持，因此，他所引用的关于"有利或有害的差异或变异"的证据都来自生物的可观察的形态和行为特征。对生物的形态特征的观察是达尔文自然选择学说的重要灵感来源。从达尔文到今天的基因遗传学家，进化论者将生物形态特征的变异与遗传看作是进化论的显然证据。而动物行为的特征，即本能如何从自然选择中获得则是这个学说的难点。达尔文的疑问是："在精明善察的科学家发现之前，蜜蜂早已有定向和营造蜂房的本能，我们应该如何解释它呢？"（达尔文，2005）为此，达尔文在《物种起源》中专门用了一章（第八章）来讨论了"本能"。在这第八章，达尔文对动物"精神能力"的变异性和遗传性做了艰苦的论证。正是变异与遗传的实现，"因此，于环境改变的影响之后，自然选择会存储任何微小但有益的本能变异，并加以积累"。（达尔文，2005）以自然选择诠释动物本能的遗传与变异，对达尔文来说是毫无理论上的困难。然而，如果进一步去探索行为的意义，我们会对自然选择之于行为的作用心存疑虑。

第一，行为是有目的性的活动。"如果是一个动物受了感觉印象的激发而发生运动，我们则无法预测其运动的细节。如果我们对同一种类动物的行为很了解，那么我们可能会有信心预计它的活动的一般性特征，最终的结果以及它在特定环境下的运动方式。例如，野兔是一种胆小的动物，遇到危险通常会躲藏到自己的地下洞穴里去。于是我们可以预计，如果野兔受到一个突然的声响刺激，它会不停地奔跑直到逃回自己的避难所，并且，如果它迷途了没有找到自己的避难所，那么它会东躲西藏直到找到避难所。"（达尔文，2005）避难所就是野兔的目标。在到达它的避难所之前，野兔会持续地努力做出许多动作。这个过程中，虽然开始惊吓了野兔的刺激本身已经消失了，但是野兔的动作依然能够持续，因为这时它是受到自己的目标的激发。在达成目标的过程中，每一个动作可能是随机的。我们无法预计在奔跑中每一个瞬间野兔会向左或向右转向，但是，我们能够预计它的奔跑最终会到达它的避难所。

第二，行为还表现出受到经验的影响而发生改善。"当动物在相似的环境中重复一个行为时，行为效率会有一定程度的提升。当特定的状态重复出现时，动物第二次受到该情景的激发，（行为）就会有进步，体现为为了实现同样的结果，行为表现得更快捷、更直接、更从容，以及经历更少的步骤和减少了似乎多余的随机运动，于是，我们说这是得益于它先前的经验。"（达尔文，2005）

即使在神经系统极简单的昆虫身上，我们也可以观察到经验对本能行为的改变。

法布尔曾经观察过一种特别的黄蜂，当她带着猎物回到事先准备好的巢穴洞口附近的地面时，总是先将猎物放在洞口附近，自己独自钻进洞去，一小会儿以后她又出来抓住猎物，将它拖进洞去。有一次法布尔做了一个小小的试验：每当黄蜂把猎物放在洞口边上，自己进入她的洞穴，他就把她的猎物移开一段距离。黄蜂返回来时，找到自己的猎物，再一次将它拖到洞口边上，然后再一次钻进洞去，把猎物留给这位好心的观察者。于是，他再一次把它移开一小段距离。黄蜂再次返回来，又一次寻找自己的猎物，找到后将它拖到洞口边上，然后她继续表演"空手"入巢的本能性仪式。

……

贝克汉姆夫妇用同一种黄蜂重复了同样的实验。观察者一而再、再而三地重复移动黄蜂的猎物。在这种喜剧性的动作重复很多次以后，黄蜂最终放弃了这个"仪式性"的动作，直接将猎物拖进洞里，而不再将它放在一边。（达尔文，2005）

这是在昆虫身上的经验改变本能行为的例子。在人类身上，经验对本能行为的改进的例子就更多了。初生的婴儿吮吸母亲的乳头是本能行为。但是婴儿第一次接触母亲的乳头时，他（她）的动作也是笨拙的。经过一两天的连续以后，婴儿的吮吸就非常有力了。如果有两个初生的婴儿，他们第一次吮吸母亲乳头时都表现得很笨拙，几乎吃不到奶水。我们假定，由于经验的影响，一两天后其中一个婴儿能够熟练地吸奶了，而另一个婴儿的吸奶动作依然停留在最初的水平。第一个孩子因为能够正常吃奶，所以能够健康成长，长大以后也可能会生养自己的孩子；第二个孩子则有可能因为不能进食而被饿死。但是，第一个孩子未来的孩子不会一出生就能够熟练地吸奶，同样要面临他（她）的父亲（母亲）婴儿时一样的问题，需要尽快学习吸奶的动作。

在这个例子中，自然选择作用的对象是什么呢？达尔文与 19 世纪末和 20 世纪初的心理学一样，会认为是婴儿吮吸奶汁的意愿强度以及学习能力的好坏。如果我们进一步追问，自然选择如何影响孩子吸奶的意愿强度？如何影响孩子的学习能力好坏呢？达尔文以及随后的心理学家都不能给出有效的答案。行为是有目的性的、行为受经验影响，这两个特征是自然选择作用于行为的障碍。根据达尔文的定义，变异和遗传是自然选择发生作用的途径。而遗传如何影响个体行为的目的与个体经验呢？

五、基因型的表达形式——结构还是功能？

进入 20 世纪以后，基因遗传学又一次提升了人们对自然选择理论的认识。基因遗传学把达尔文提到的"个体变异与差异"定义为"基因型"。基因型可以表达为生物个体的形态、结构，以及活动特征。比如，Dawkin 通过两本著作：《自私的基因》（1976）和《延伸的表现型》（1982）在基因的层面讨论了自然选择理论。他提出，生物个体的所有表现形态，甚至包括文化、技术、意识等都是基因的延伸的表现型。之后，Hamilton 的内涵适应性理论进一步扩展了"个体的适应成功繁殖"的意味。Hamilton 提出，个体除了通过自己繁衍后代来实现自我基因的传播之外，还可以通过帮助与自己有基因重叠的其他个体的生长和繁衍来实现自己基因的传播。比如，祖父母帮助孩子养育自己的孙子，以及个体帮助兄弟姊妹养育侄儿侄女等，都是属于这一类。于是，人类的利他行为也是基因型的一种表达形式。

在基因遗传学中，行为的遗传似乎有了可以解释的途径。在前面的婴儿吸奶的例子中，两个孩子的基因规定了他们都拥有吸奶的本能。因为基因规定了儿童嘴唇上皮中的感觉神经元与必要的中枢神经元，以及控制口腔和面部肌肉的运动神经纤维之间形成了固定的联结。于是，只要儿童的嘴唇受到接触刺激，他（她）就会做出吮吸的动作。孩子吸奶的意愿强度体现为儿童体内探测血糖浓度的本体感受器和控制吮吸动作的运动神经元之间的联结强度。儿童的学习能力则体现为在先天具有的神经联结之外形成新的联结的容易程度。

首先我们要指出，这种解释混淆了反射与行为两个概念。反射具有单一性的刺激导向，并由固定的神经结构（反射弧）来实现。比如膝跳反射是当膝盖髌骨下方的感受器受到刺激，产生一个神经冲动。该神经冲动由脊髓里的中枢神经元传送至大腿肌肉，大腿前侧肌随之收缩，然后小腿得以抬升。在这个过程中，个人并不需要意识到自己的动作。而作为观察者，我们可以预言，在神经系统健全的人身上，我们将可以重复地观察到同样的现象。总体上，反射是由刺激激发的，而非自发的；反射是非持续性的，刺激消失，反射就停止；反射是固定的；反射不会表现出对未来情况的准备；反射不会因反复发生而有所改良。（McGoudall，1928）行为则不一样。对于要吸奶的儿童来说，虽然嘴唇的刺激是引起口腔的动作直接激发条件，但是在接下来的过程中，吸到乳汁的满足感或吸不到乳汁的挫败感以及对乳汁的渴望才是孩子持续吮吸乳头的原因。一些初次尝试失败的孩子会因为挫败而放弃，这时，他（她）需要母亲的帮助来获得成功的体验。显然这些过程是不能用反射弧可以解释的。

我们还要指出，这种解释将儿童在环境中的行为表现看作是一组神经联结的结果，在更抽象的水平上，即是将有机体在环境中的复杂应答策略还原为某种结构性特征。这是一个"范畴错误"。神经联结等有形的物质存在具有广延性和时空序列性，是基因型的结构性表达；而学习能力等是儿童在任务过程中体现出来的效果，是基因型的功能性表达。将基因型的功能性还原为结构性表达混淆了两个范畴的逻辑意义。假如有人问我，大学是如何培养学生的？我带他参观大学的实验室、图书馆、教学楼、宿舍等建筑，并向他介绍每栋建筑的结构特征，比如图书馆有多少藏书、教学楼有多少教室等，诸如此类。末了，提问者依然不清楚大学是如何培养学生的。图书馆、教学楼等建筑固然是构成大学必不可少的物质存在和结构特征，但是它们只有在大学的功能的运行过程中才能够体现出作为大学构成部分的意义。同样地，当我们讨论基因型的表达形式时，只有在基因型的功能性表达的前提下，结构性特征才可能有意义。也就是说，长颈鹿不是因为有了长脖子才能够吃到最顶端的叶子，而是需要吃高处的树叶才需要有一个长脖子。自然选择塑造了生物物种的基因型，基因型首先表达为有机体的功能性特征而不是结构性特征。因为功能在逻辑上先于结构，有机体通过功能而不是结构适应环境。

六、再论"功能先于结构"

首先，我们讨论功能与结构的逻辑顺序。比如，一滴水在空气中自由下落，它会呈"水滴形"。"水滴形"属于水滴的结构性特征，多因素的共同作用是其产生的原因，这里参与作用的有：水滴的表面张力、空气的瞬间流动、重力、空气阻力和水滴下落的速率等因素。水珠在空中下落过程中还有另一个特征，即它总是以遭遇的空气阻力最小的形式下落。这是水滴运动过程中的功能性特征。是因为水珠的"水滴形"的形态使得它遭遇的空气阻力最小（结构导致了功能），还是因为水珠在空气中的运动方式塑造了它的形态特征（功能导致了结构）？

如果我们选择第一种说法，是水珠的形态决定了它遭遇的阻力。那么我们还可以进一步追问：是什么原因导致了水珠呈现出这样的形态？答案是唯一的，因为水珠在空气中的运动方式塑造了它的形态。如果我们选择第二种说法，是水珠的运动塑造了它的形态。我们能够提出的问题只有：水珠的运动通过什么方式塑造了它的形态？这种提问方式一方面暗示了在运动特征和形态特征之间的逻辑关系，另一方面还暗示了水珠的运动方式是不需要解释的。为什么呢？水珠在空气中的运动方式是当时它受到的各种自然力的结果。水珠当然不会有主动的意志去选择自己所处的环境，或自己的受力状况。它不过是在自然力的作用下"顺其自然"地运动。因此，这样的运动可以说是"自发的"。如果一定要给这种运动找一个理由，那就是"自然"或"环境"。自组织理论指出，当一个相对独立的系统持续地受到来自环境的压力时，会"自动地"形成有序的运动。（哈肯，2008）这种"自发的"或"自组织"的运动就是对环境的适应。

由此我们也可以看出，有机体的结构总是"被设计"出来的。也就是说，一个结构出现总是有导致它的原因。其原因往往是为了适应环境的要求，而适应环境就是这个有机体的功能。

读者可能会提出这样的疑问：当长颈鹿宝宝的胚胎刚刚形成的时候，它的遗传基因就已经规定了将来的身体形态特征，但是它能够吃到高处的树叶这个"功能"则要等到若干年以后才能体现出来。于是，结构特征的体现在时间上先于功能性特征，我们如何还能够将功能当作结构的前提呢？

在我们的常识经验中，结构性特征是有形的、物质化的存在，容易被观察到。因此，我们往往形成了这样的错觉：结构的出现在时间上先于功能。正如前面那个水珠的例子，实际上我们几乎不可能在时间上辨别水珠的运动开始在前还是水珠的形态体现在前。因为在水珠的每一个运动瞬间，都会对当时受到的自然力做出适应性应答，而它的形态也会随时发生微小的改变。我们似乎可以用水珠在前一个瞬间的形态来作为它在下一个瞬间受力情况的原因，同时，我们也可以用水珠在这一瞬间的受力情况作为下一个瞬间形态的原因。而这样的分辨是没有意义的。因为水珠的运动和它的形态变化都是在连续的过程中发生的，我们把连续的过程切分为一堆离散的点，同时也将连续的关联切断了。因此，在离散的点之间寻求因果解释是没有意义的。

对于长颈鹿来说，它们的身材特征（结构）与生存能力（功能）之间的关系也是在整个连续的进化历程中体现出来的。我们将单个的个体生命中的一段切割出来考察其中结构与功能的因果关系，就像我们在某一个定格的瞬间去考察水珠的形态和运动一样，是没有意义的。

接着，让我们来讨论功能和结构的适应性意义。

达尔文的自然选择理论对适应的描述是："我们要想更好地诠释自然选择的大概过程，可以去研究某些轻微的物理变化，比如专注于气候变化的一隅。气候依范式而变……哪怕是细微的变异，只要其有利物种的个体，有利于它们更好地去适应已然改变了的外部环境，那么它就会有被留存的趋势。"（达尔文，2005）从这段描述中我们可以读到这样一些信息：（1）环境时时在发生变化；（2）适应事关个体的生存；（3）个体适应的方式是发生改变；（4）某些特征的改变能够增加个体生存和繁衍机会。总结起来，适应不是个体是否拥有某些固定的特征，而是具有发生变化的可能性。至于个体的变异到底能否适应外在的环境，这要在个体和环境之间的互动中去体现。

比如，刚出生的婴儿具有遗传赋予的吮吸本能，但是他（她）依然需要通过经验来改善吮吸动作的效果。这就是一种适应，是个体在与环境的互动过程中表现出来的调节和改变的可能性，它使得环境发生变化时，个体依然能够从环境中获得收益。婴儿预先拥有的吮吸本能是否体现了个体对环境的适应呢？准确地说，先天获得的本能是物种祖先的适应性结果，却不能成为当前个体适应性的保证。现代进化心理学有一个著名命题："现代人的头颅中装着原始人的大脑。"（巴斯，2008）意指现代人所拥有的本能是远古祖先在自然选择过程中获得的，但是这些本能可能已经不能适应现代人的环境要求了。诸如，人在选择食物时，对动物脂肪以及糖体现出过度的偏好。在今天的生存状态下，这些食物偏好是不健康的，但是在远古时期，它们可能是让我们的祖先生存下来的保障。

所以说，个体适应环境不在于其是否具有哪些特征，而在于其是否具有改变的可能。如前面关于婴儿吸奶的学习能力的讨论中提到，这种变化的可能性是个体在与环境的互动过程中的活动特征，不可能被还原为某种结构性的存在。换言之，这种变化的可能性是指个体与环境互动之中所展现出来的功能性特征，而非结构性特征。

在适应这个问题中，有机体与环境的互动是核心概念。有机体的结构性特征，诸如生理构造、神经联结等可能是互动的制约条件，但不是决定互动特征的原因。反之，有机体与环境互动的结果却能够通过自然选择决定其结构的未来发展趋向：有的结构会被保留而有的结构则被淘汰。

综上所述，我们论证了在适应环境的过程中，有机体的功能性特征在逻辑上先于结构性特征。自然选择塑造了物种的基因型，基因型的关键表达在于有机体的功能特征。所以，自然选择的对象事实上是有机体的功能性特征。

简而言之，自然选择塑造了功能。

乔姆斯基、福多和平克的三大经典心理模块理论奠定了心理模块论的理论基础，遗憾的是，他们对心理模块所采取的定义方式是结构性的。结构性定义与心理模块的本质有冲突，这使得乔姆斯基等人的模块理论遭遇了难以逾越的理论困难。

进化心理学为心理模块理论提供了一个稳妥的理论基础。福多和平克也持进化主义，但是他们的模块论因为结构性定义的限制，在自然选择学说的基础上难以自圆其说。

于是，我们提出，功能化模块才是真正的模块理论。自然选择所选择的对象应该是功能，而非结构。所以，在逻辑上，真正的、科学的进化主义是将功能置于结构之先。

七、从功能到结构：心脑问题的逆向求解

在构建语言模块理论之前，有必要厘清心脑关系问题，它是语言模块理论建构的逻辑基础。而心脑问题，自古希腊以来，似乎从未有过能一统江湖的确定之论。

直到 17 世纪的某一天，这个戈耳狄俄斯之结（Gordius Knot）终于遇到了它宿命中的亚历山大大帝。笛卡儿的二元论彻底地切分开了"心"和

"脑"。

自笛卡儿以来，心理学就像一个无头的幽灵，一直在心灵和身体之间徘徊。

冯特开启了科学心理学的历史纪元。所谓科学心理学的历史，其实是各种理论努力在分离的心—脑两条线索之间寻求可能的弥合路径的历史。（蒋柯，2018a）这些不同形式的弥合努力，形成了心理学众多的理论流派，例如，冯特坚持二元论主张，建立了两种不同的心理学：实验心理学和文化心理学。詹姆斯则用机能主义的名义倡导了一种还原论的主张。

詹姆斯的还原论在行为主义中被激进地表达为"取消论"，拒绝接受"心理"作为科学研究的对象。这样的主张当然受到了不少传统心理学家的诟病。在快进入 21 世纪的时候，行为主义转世为认知神经科学，强势地宣示了对心理学的控制主权。从 20 世纪的最后十年到 21 世纪的最初二十年期间，认知神经科学就像 20 世纪 30 年代到 50 年代的行为主义一样，高调地运用"科学的"研究手段，在诸多领域的具体研究中取得傲人的成果。于是，认知神经科学家开始预期，人类的心理活动将被完全翻译成为神经活动。（斯蒂克，2014）神经活动可以被数字化编码。通过神经科学的中介，心理活动就被转换成了数字信号，可以被翻译成为计算机运行的程序。于是，在不久的将来，人们可以将自己的记忆下载到人工智能的载体上；人将通过人工智能的硬体而获得永生①。

但是，正如当初行为主义所遭遇的理论困境一样，今天的认知神经科学也遭遇了来自基础理论层面和经验常识层面上的困难。也许，在今天的认知神经科学家看来，目前所遭遇的这些困难不过是万里晴空中一两朵"天边的乌云"。可是，谁又能预料，天边的乌云，在不久的将来会不会带来理论革命的狂风骤雨呢？

（一）两个预置前提

这里，我们将为一种与还原论相逆的心—脑关系理论（姑且称之为"逆向还原论"）做辩护。我们的讨论基于两个前置背景：

---

① 2022 年 9 月 30 日（周五），特斯拉人工智能发布会于加州湾区帕罗奥图（Palo Alto）举行，马斯克在发布会上描绘了这样的未来愿景。

第一，在本体论的层面上，功能与结构是对本体存在的两个方面基本属性的描述。根据"结构主义"的定义，"结构是一个由种种转换规律组成的体系"。（皮亚杰，2021）作为一套转换体系，结构的存在与维持依赖于三个特征：整体性、转换性和自身调节性。这三个特征使得结构呈现为一种存在"事件"，（吉尔伯特·赖尔，2006）即，对特定"意义"的时空序列或逻辑序列的表达与持存。与之相应的，功能则体现为体系的转换规律，"正是由于有一整套转换规律的作用，转换体系才能保持自己的守恒或使自己本身得到充实"，（詹姆斯，2013）因此，功能是对结构持存可能性的规定，是存在的"素质"，（吉尔伯特·赖尔，2006）即，是结构的存在所表达的"意义"。

第二，心—脑关系是功能与结构关系的一种表达形式。"脑"（Brain）是有机体神经系统的代表，甚至在某些语境中可以代表生物学意义上的整个身体。作为一种生物学意义上的存在实体，其存在形式是结构性的，即我们可以通过某种结构性特征来识别、区分和定义"脑"的意义。相对而言，"心"（Mind），和"我"（Self）在本文中作为一组等价的概念①，俱是指有机体功能性特征的表达。根据詹姆斯的定义，（皮亚杰，2021）心是脑的功能性表达，即，心对应于功能，而脑对应于结构；因此，"心—脑问题"蕴涵（Implicate）"功能—结构问题"。

在这两个前置背景下，存在一种"主流"的观念：一件事物的结构性特征规定了它的功能表达。例如，詹姆斯将心理定义为生理活动派生出来的"机能"（Function）；当代认知神经科学则明确地将心理活动（功能）还原为神经生理活动（结构），用神经的结构性特征来解释心理活动。（斯

---

① 关于"心"（Mind）、"我"（Self），以及"意识"（Consciousness）等概念的定义与分析本身即是一个极其宏大的哲学问题，本文的篇幅不足以完成这个任务。在过往的论述中，我们也未尝见到关于"我"、"心"，以及"意识"等概念清晰的说明和辨别。围绕这些概念（或名词）的争论构成了心灵哲学和形而上学的很重要的议题。因为"心"的概念完全源自"我"的体验，而"我"的体验本身则构成了"意识"，"意识"的指向与集中叫"注意"。但是，当我们仔细分析所谓"注意"的概念时，又会发现，其背后一系列概念的逻辑顺序却是混乱的、含糊不清的。最后，所有的问题又被统摄到"心"中，或者被统摄到"我"或"意识"中。这就是说，"心"、"我"和"意识"其实是一组互相定义或循环定义的概念，或者说，它们是当我们从不同的方面讨论同一个对象时，给予对象的不同名称。关于这一组概念的精确辨析以及不同的使用方式也涉及诸多讨论，但由于篇幅限制，以及为了后继论证的方便，本文不打算在此问题上赘述，仅用"心"作为这一组概念的代表性总称。

蒂克，2014；蒋柯，2017b）在常识语境中，人们似乎也更容易理解这样的判断："我们的手因为具有了如此这样的结构，所以才能实现手的功能。"①我们希望论证功能相对于结构的逻辑先在性，即在逻辑上是功能限定了结构，而不是结构限定功能。在此基础上，结合表观遗传学的新近研究证据，提出"心塑造脑"的心—脑问题解决方案。

（二）功能—结构关系的经验论证

在"功能—结构问题"上，采取结构性解释的策略是一种具有诱惑力的选择。从詹姆斯的机能主义到当今的认知神经科学，都采取了这样的解释策略，即通过有机体的结构性特征来解释其功能表达。

这里，我们首先希望说明，用结构来解释功能，将功能定义为结构的逻辑顺延是一个"范畴错误"。（吉尔伯特·赖尔，2006）我们不能用结构性的术语来解释功能的意义。同样地，将心定义为脑的逻辑顺延亦然，作为物理的（或生理的）结构的脑和作为功能的心，二者在范畴上的可解释性是非对称的，我们无法用有关脑的术语来言说心的意义。

比如，当我面对一幢建筑物，我问导游："这是什么？"我是想知道这幢建筑是用来派什么用途的，即我希望了解的是它的功能。如果导游向我描述这幢建筑有几层，每层有多少房间，每个房间有多大，有几扇窗户……诸如此类。从导游的描述中，我也许能够推测出这幢建筑是一栋教学楼。于是，导游认为自己很成功地向我解释了这幢建筑的功能，向我传递了关于这幢建筑的知识。其实，这些知识是我从导游的关于建筑物的结构性描述中推论出来的。我能够做出这样的推论，必须有一个前提，就是我先要具备足够的关于教学楼的结构与功能的知识。我的前提知识已经告诉我，具有教学楼功能的建筑应该具有什么样的结构特征。也就是说，导游之所以可以通过结构性的描述向我传递关于功能的知识，是因为我事先具备了关于教学楼的功能的必要知识，并且能够理解建筑物的结构和功能之间的某种对应关系。实际上我是在使用有关功能的知识来解释功能和结构之间的关系，而不是"用结构来解释了功能"。

再比如，当考古学家发掘一座古城遗址，他能够得到一些关于这座古

---

① 在一次心灵哲学主题的会议上，一位与会者以这个例子来论证结构对功能的规定性。

代城市某些建筑的地基的位置、大小、数量等信息。但是，这些信息很难让他重构一个古代城市当年的繁荣景象。但是，如果他对古遗址的功能性特征有所了解，则能够借助推论和想象来复原出一个古代城市的印象。这种推论是以功能为前提并指向结构的演绎性推理。当然，在发掘过程中，他也需要从相关的结构性信息去推测某个建筑的功能，它可能是宫殿或祭台或其他，这样的推论是从观察事实向规则的归纳。在人的认识活动中，演绎和归纳都是必需的认识路径。归纳是人从现象中发现新知识的手段，演绎则是使用知识来实现对现象的解释。在解释的阶梯上，前者是自下而上的知识建构过程，后者是自上而下的知识实现过程。

我们还看到，用结构来解释功能的策略也体现在认知神经科学的工作中。大部分认知神经科学家都有一个宏大的计划，即通过对神经生化活动的深入了解，研究者应该最终能够实现对心理机制的"解释"。这被称为认知神经科学的还原论主张。还原论面临的理论困难也是用结构来解释功能的解释悖论。（蒋柯，2017b）

我们必须承认，认知神经科学通过对神经生理系统的结构性研究，事实上提升了我们关于神经生理领域的知识，同时也因神经活动和心理活动之间的相关性而让我们对心理活动的认识得到提升。但是我们也需要认识到，这个过程中并不是演绎式的因果解释，而是归纳式的经验尝试。即认知神经科学所获得的事实在认识水平上可以用来作为推测心理机制的依据，但不构成解释的因果起点，即我们可以通过某个神经网络联结（结构性特征）推测某种心理过程（功能性特征）的表达，但是不能用神经联结来"解释"心理过程。尽管这个神经联结对实现对应的心理过程具有决定性的作用，例如，神经联结形成了则心理过程能实现，神经联结损伤则心理过程也受损。这种关系依然不能构成因果解释。我们可以说神经联结是相应心理过程的实现基础、实现条件，但是却不能说神经联结是心理过程发生的原因。

我们可以看出，认知神经科学的实际工作和理论逻辑之间是存在分歧的。其实际工作路线是科学的归纳进路，但是其还原论假设却是一种演绎式的形而上学解释。这种分歧导致了隐藏在认知神经科学的实践和理论之间的逻辑矛盾，即"解释悖论"——用低级的观察现象来"解释"更高级的认识原理。

同样的困难也存在于生物学领域的研究。

生物学的基础研究发端于关于生物个体或种群的形态学和解剖学考察。例如，达尔文正是通过对许多生物个体的形态和解剖结构的观察，发现了自然变异和生存选择之间的关系，从而提出自然选择理论。但是，接下来自然选择理论遭遇最严重的质疑，人们很难相信诸如人类的大脑、眼睛等这样精巧复杂的生物学结构是通过完全随机的自然选择塑造的。因为现在我们所观察到的每一种生物的生理结构无一不是充满了设计感的，不由得让人想象有一个比人类更伟大的设计者和建造者才能制造出如此巧夺天工的生物学结构。

这个过程中，我们同样看到了从结构出发进行科学的归纳是可行的方案，但是在理论层面上，用结构作为解释的依据就会遭遇逻辑的甚至是常识的困难。但是，当我们把自然选择的作用对象定义为功能而不是结构，即自然选择塑造的是功能而非结构，则可以免除上述困难。（奚家文，蒋柯，2014）例如，海豚的鳍是由四肢演化而来，是因为海豚要适应水中生活，要实现划水的功能，原来的肢才演化形成了鳍，而不是相反，因为先有了鳍所以海豚才适应了水中的生活。也就是，作为适应性的功能在逻辑上先于生理结构。在这样的逻辑顺序中，自然选择理论面临的结构形成的困难就不存在了。

更极端的例子是一种珊瑚礁鱼类，当鱼群中的性别失调时，其中一些个体能够改变自身性别以保持种群的性别比例。（Tooby，2003）从进化生物学的观点来看，这正是结构依存于功能的一个证据。有机体的结构是基因表型。基因表型并不是完全由基因预先地决定了的，而是有机体在与环境的互动过程中所体现出来的适应性表达，即从环境输入到表型输出，其中体现了有机体"为了适应某种生存需求而做出的必要调节"。其中，有机体对"生存需求的适应"即是一种功能的体现。（Tooby，1990）诸如某些鱼的个体改变自身的性别（结构），是为了适应鱼群中的性别比例（功能）。

来自神经系统可塑性方面的证据也表明，即使在成年人身上，脑的结构可以因为个体的经验、学习等条件的改变而发生"戏剧性的变化"。Leslie Ungerlierder 及其同事的研究发现，被试每天用几分钟时间训练某个手指动作，几周后，fMRI 的测量就显示了可以观察的相应的脑结构改变。而Classen 等人甚至报告，皮质重组在训练开始 15～30 分钟后就开始了。

（Gazzaniga，2011）2019 年，Moore 等人的研究结果报道了线虫的个体经验可以遗传给后代的实验证据。线虫的个体经验是个体与环境互动过程的功能性表达，而遗传则有赖于 DNA 结构的改变。个体经验对 DNA 结构的影响正是体现了功能之于结构的规定性。（Moore，2019）

来自生物学和神经科学的案例显示，生物的结构性特征是生物在满足生存和繁衍的功能性目标过程中的逻辑顺延。也就是，功能在逻辑上先于结构。

结构的逻辑先在性解释的传统直到 20 世纪开始遇到了挑战。诸如：非欧几何：对空间结构稳定性和绝对性预设的挑战；相对论：对时空稳定性的挑战——时空不再是均匀、平坦的。时空可以弯曲、塌陷，结构的时空意义也被颠覆了。（吴国盛，1996）在这些声音中，有关时间哲学的争论是其中最深刻的。柏格森的时间哲学指出，结构能不能体现时间性。尽管某些结构体现出了时间属性，比如语言的结构是有时间性的，但是这个时间本质上是用空间来定义的时间。（柏格森，2005）时间本身是意识流动的体验，即所谓绵延。绵延不是由空间定义的，而是定义空间的逻辑前提。因为时间才是真正的功能表达的平台，正如空间是结构表达的平台一样。纯粹的结构是非时间性的（Time-Free），只有这样才能构成结构本身的科学价值的来源，因为结构只有离开时间性才能满足重复测量原则。而功能则是在时间流变过程中的应答性表达，这个特征和意识（心）流是相一致的，是时间性的。因此，柏格森的时间哲学也在功能和结构之间做出了功能的逻辑先在的选择。

Function 一词还有另一个含义，即作为数学名词的"函数"。函数作为一个数学名词，指一种确定的数学—逻辑关系，相当于"如果……那么……"的数量化和形式化表述。当我们说 y 是 x 的函数，即 $y = f(x)$，这意味着变量 y 的变化受到变量 x 的变化的约束，二者之间的关系是对应性的、稳定的和必然的，正因为如此，y 或 x 的变化是可以通过对方的变化来实现精确的预测或控制的。

"功能主义"或"机能主义"（Functionalism）表达是指有机体能够实现的活动是其结构性特征的函数（计算功能主义），活动特征与结构特征二者之间的关系是必然的。也就是说，有机体的心理的或精神的活动与其生理结构之间可能建立起某种函数关系。类似表述在行为主义和认知神经科学的还原论（Reductionism）的论述中很常见。

函数中的自变量、因变量的设定貌似规定了某种因果关系，而这个因果关系其实只是函数的两个映射集合之间的对应关系，两个集合处于同样的观察水平，因此它们不构成真正意义上的因果性和解释关系。而规定自变量和因变量之间关系的是函数本身，因为，如果没有函数的规则，自变量和因变量可以任意交换位置而同样保持两个集合的映射关系。所以，在函数中，能够承担解释任务的是函数的规则，即中间的 f，而这个规则是不能直接观察到的，它规定了自变量和因变量之间的转换关系，即 x 以什么方式作用于 y。这个作用方式才构成解释的基础。正是有了某种规则，我们才能确定 x "能够" 以某种方式作用于 y，所以，这种规则构成了 "功能" ——这就是函数的 "功能" 意义。

另一方面，函数的这种规则在直观上体现为变量 x 和 y 在空间中的位置对应关系，即以 x 为横坐标、y 为纵坐标，那么我们可以依据 $y = f(x)$ 函数来定义空间中的某一个点，以及一系列的点所构成的线或面，这种定义体现了某种结构性特征，而规定这种结构性特征的是函数（Function），即功能。在函数这个术语层面上，功能与结构是不可分离的，但是，两者之间的逻辑顺序却是清晰的，即是函数的运算规则定义了变量之间的结构关系。

所以，功能在逻辑上先于结构。

（三）　功能—结构关系的范畴论证

接下来，我们将从认识论的角度来论证功能与结构的逻辑先后顺序。

功能与结构是我们对本体存在的某种属性的描述。但是，功能和结构二者在逻辑上的先后顺序直接影响到我们关于世界的本体论设定。结构与功能之间的逻辑关系可能有三种形式：第一，功能与结二者在逻辑上是平等的，不能用其中一项来解释另一项；第二，结构在逻辑上先于功能，我们应该用结构来解释功能，即可以说因为有某种结构所以有某种功能；第三，功能在逻辑上先于结构。我们应该用功能来解释结构，即可以说因为有某种功能所以才有了某种结构。

第一种形式即是建立在二元论基础之上的 "预置和谐论" ——作为结构的身与作为功能的心是平行且相互独立的，二者看起来的协同一致仅仅是因为某种超级意志安排下的预置和谐。这种主张的神创论和决定论观点不会得到今天科学家的认可，所以我们只需要在剩下的两种形式中做出选择，要么是结构在逻辑上先于功能，要么功能在逻辑上先于结构。我们接下来将论证：结构在逻辑上先于功能是不可能的，我们只能选择功能在逻辑上先于结构才有可能真正解决心身二元论的难题。

第一个论证：在"解释的阶梯"上，功能所处的认识水平高于结构，因此在解释的逻辑顺序上，功能先于结构。

根据"解释的铁律"——被解释的对象不能直接地或隐含地包含在解释之中——我们可以建立起一个逐层上升的"解释阶梯"。（黎黑，2013；蒋柯，2011）

在解释的阶梯上，处于同一层次的现象与认识（或知识）在逻辑上是平行的，相互之间不能做解释，而只能是描述或说明。只有高层次的认识可以对低层次的现象做解释。于是，我们论证的焦点就在于，结构和功能二者中的哪一个应该位于解释阶梯的更高一层次上？

关于人类的认识在解释阶梯上的排列次序，我们应该遵循这样一个判断原则：可直接观察的东西必然位于解释阶梯的底层，而需要某种限定条件才能观察到的或不能直接观察的东西则处于高位。理由有二：

其一，寻求解释是人的认识过程的基本动因。人的认识就是探索在可直接观察现象之外的那些不能直接观察到的某种规律，这些规律能够为可观察现象变化提供预测、控制的依据。当我们能够做到对现象变化的预测和控制，就可以说我们能够"解释"这个现象了。在这种解释关系中，对现象做出解释的规律是不可直接观察的。如果这些规律与现象同处于一样的观察水平，当我们观察到现象时，同样也能够观察到其解释规律，那么人类的全部认识活动和思维的努力都失去了应有的价值。

其二，我们能够直接观察的现象总是具体的个别例证，对观察现象做出解释所依据的却是关于类别的知识。而类别是不能被直接观察到的。因此，对可直接观察的现象的解释，总是有赖于关于不能被直接观察的那些东西的知识。

在可观察性水平的层级上，结构总是拥有更直接或更容易的可观察性，而功能是不可直接观察的。

对于所有实体性结构而言，这种区分是显然的，所有的物理结构和生理结构的可观察性都更强于相应的功能性特征。对于非实体性结构，例如心理逻辑结构，这种关系是否依然成立呢？非实体性结构也必须有作为结构的边界，即与结构之外的环境相区分的那些界定条件。在这个意义上，即使是非实体性的结构也必须满足从背景中被区分出来的识别条件。例如，人类的知识体系因为概念的层级关系而构成了"群"（Group）和"格"（Lattice）的结构，这些结构必须拥有自身的边界。（Piaget，1948）正因为如此，结构必定在某种层级上是可观察的。在相应的观察水平上，功能则始终是结构"不在场"的显现，即功能永远是当我们观察到结构时而无法观察到的那种东西，只有当结构被消除了，功能才体现出来。这就是"埏埴以为器，当其无，有器之用"（《道德经》第十一章），（陈鼓应，2015）即是说，一个器皿，作为一个实体，它所呈现的是特定的结构性特征，而中间"无"的部分才使得它具有了作为一个器皿的功能。但是，这种功能并不能在"器"的相同的观察水平上可以被直接观察到的。

　　结构与功能在可观察水平上的差异还表现在，结构的可观察性是非时间性的，而功能只有在时间中才能体现出来。

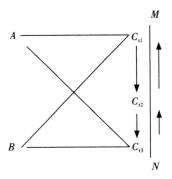

图6-4　由 A、B、C 三个元素构成的系统示意图（蒋柯，2017）

　　例如，有一个由 A、B、C 三个元素构成的系统，C 在 M 和 N 之间做往复运动（如图6-4）。这个系统的结构性特征是通过在每个时刻 t，C 相对于 A 和 B 的位置来描述的。为了描述系统的动态特征，我们必须收集 C 在无数个时刻 t 的位置，形成无数个子结构的集合。但是这个系统的功能性特征是通过 C 在时间区间 T 内的运动来体现的。（蒋柯，2017b）对于 C 在每一个时刻 t 的位置，我们可以相对精确地观察到，但是对于时间区间 T 内 C 的运动特征，我们只能通过运动初始态和结束态的对比推演出来。例如，用移动的总距离除以所用的时长来计算移动的平均速率。因此，在引入了时间性这个维度以后，我们发现结构可以在某个时间点被直接地观察得到，而功能只能间接地、推论性地在整体的时间区间中体现出来。

于是，通过可观察性的比较，我们认为结构在解释阶梯上的层级位置低于功能。也就是，功能为结构提供解释。

第二个论证：功能能够为结构的出现提供解释，而不是结构为功能的出现提供解释。

对于结构与功能的解释顺序还有一种常识性的或直觉性的辩护：对于以下两种表述——

> S1："因为有某种结构，所以有了相应的功能。"
> S2："因为有某种功能，所以有了相应的结构。"

人们会觉得 S1 要比 S2 听起来更容易被接受。这至少能说明，在常识的或直觉的意义上，结构先于功能是更符合人们对因果性的预期。

在逻辑格式上，S1 和 S2 并没有区别，都是"因为 A 所以 B"，这个命题表达了两个事件之间的因果性关系。在命题 S1 中的原因 A 和结果 B 在 S2 中位置互换，所以，决定 S1 和 S2 哪一个命题为真的关键是 A 与 B 之间是否具有某种确定的因果性，以及，在两个因素之间具有因果性的真正含义是什么。

当可观察的事件 A 与 B 总是按照固定的先后顺序相伴地发生，那么人们倾向于认为 A 与 B 之间具有因果性联系。例如，墙上的开关的动作和灯的动作之间总是具有固定的联结，但是我们并不能说开关是灯发光的原因。尽管我们可以通过开关的动作来"预测"和"控制"灯的动作，但是我们依然不能用开关的动作来"解释"灯发光的动作。在解释的阶梯上，开关的动作和灯的动作处于同样的观察水平，两者处于同一个认识层面上，所以不能做出解释。二者之间的关系只是相关关系。当关系的相关性系数接近于 1，并能够成功地实现预测和控制时，往往被误认为是因果性，并可以作为解释的依据。这种关系其实是一种"伪因果性"和"伪解释"。一旦我们面对的问题复杂程度增加了，比如，一边有 n 个开关，另一边有 m 盏灯，当有若干个开关 x（$k_1 \cdots\cdots k_i$）有动作时，则有一些数量的灯 y（$j_1 \cdots\cdots j_i$）

会发光；当另外一些开关 x（p_1……p_i）有动作时，对应另外一系列的灯 y（q_1……q_i）会发光……仅仅靠探索开关和灯的动作之间的关联性，我们几乎没有可能仅仅通过有限次的尝试成功地实现"预测"和"控制"。于是，我们不得不"杜撰某种假设去解释"这些现象。（罗素，2001）我们"杜撰"的假设又可以被称为"理论"或"模型"。当理论或模型通过检验是有效的，我们就可以用它们来"解释"开关和灯的活动。于是，在理论或模型与可观察的开关与灯的动作之间才构成真正的"解释"关系，因为它们才能够在复杂的或变化的条件下在可观察现象之间实现稳定的预测和控制。

所以，在结构和功能之间，我们只需要考察其中哪一方对另一方拥有更稳定、更一般性的预测和控制的可能。如果我们先确定一种结构，然后通过结构来预测或控制相应的功能，比如，让我们思考一下一根木棍可能实现的功能，结果发现木棍可能实现的功能几乎是无限的。反过来，如果我们先确定某种功能，然后通过功能去预测或控制结构，例如，我们需要某种能够盛装液体的结构，则可以获得比较明确的关于结构的限定性条件。

我们看到了，结构对于功能的预测与控制几乎是无效的，而功能对结构的预测和控制则相对有效。所以，即使是在常识性的因果性语境中，结构和功能之间的关系并不是：因为某种结构所以才有某种功能，而是相反：因为实现某种功能的需要，所以才需要有相应的结构。

（四）心—脑问题的经典论证与反驳

在前面论证的功能—结构关系的框架下，我们将对两个经典的心—脑问题论证质疑，并提出心—脑问题的新的解决方案。

第一个是笛卡儿通过"我思故我在"对"心"的存在的论证。笛卡儿首先以"怀疑一切"的方式考察这个世界，发现，除了"怀疑"本身是不可怀疑的之外，其余一切都是可能被怀疑的。而"怀疑"这个动作一定有作为怀疑的主体的"施动者"（Agent）的存在作为前提，即既然怀疑的存在是确定的，那么怀疑这个动作一定有动作的施动者，所以，怀疑这个动作的主语，即"我"的存在是不能被质疑的。这就是"我"所存在的意义。（笛卡儿，2006）笛卡儿的这个论证在逻辑上是无法被反驳的。但是，作为施动者的"我"永远退隐在"思"这个动作之后而成为一个无法被认识的幽灵，这使得"我"与所"思"的对象被分离开。（罗素，2001）也正是因为如此，笛卡儿之后的心灵哲学、心理学和认知科学都受到了"心身二元论"的困扰。这种困扰甚至影响到了自然科学领域的研究。（吉尔伯特·赖尔，2006）

在笛卡儿的论证中，"我"被等同于"心"。笛卡儿通过"我思故我在"的论证"发现了心智"。（黎黑，2013）这确立了笛卡儿在心的研究问题上里程碑式的意义，即赋予了心以独立的存在意义。心智独立的前提是它与物理世界的分离。笛卡儿在论证了"心"的存在之后，进一步从物理世界"必然在空间中占据特定范围"的预设出发，论证了作为具有"广延性的"物理存在和"非广延性的"心理存在之间的区别。有关论证参见笛卡儿的《谈谈方法》一书。（笛卡儿，2006）

经过这样的论证，"心"被从物理世界中完全剥离出来。这种分离事实上构成了现代自然科学体系的基本架构。自然科学研究物理世界的问题，形而上学和人文学科讨论心智的问题。这种分离区分了两个学科阵营，两者之间的争议与辩论至今依然在继续。处于这些争论中的一个问题是："心理学是否满足自然科学的构成标准"。可以说心理学因为笛卡儿的论证而获得了独立学科的意义，同时也被拒绝在自然科学的大门之外。后来的心理学工作者一百多年来持续努力，想要回到科学的阵营，但是始终没有得到科学的完全认可。心理学作为科学的最大障碍就是"心"作为研究对象缺乏科学研究的基本特征，即客观性。因为笛卡儿的心智是通过"我"的体验而获得的，而"我的体验"是一个绝对私密的内容，无法放在公共话语中来讨论。这就是笛卡儿的论证带来的一个直接后果："唯一心谬误"，即如果每个人都只是通过"我思故我在"的论证而确证"我的心"的存在，那么，我们每个人都没有理由认为周围的其他人也是有"心"的。于是，他人的心是依据其身体的物理活动的现象推论出来的，但是对"他心"本身的确证却是没有物质基础的。（让·保尔·萨特，2014；王晓阳，2018；费多益，2018）

人对物理世界的认识是"显而易见"的，因为物理世界可以通过刺激有机体的感觉器官"自然"地显现出来；但是对"他心"的认识则只能通过我们所观察到的他人的物理活动来推测。物理世界中的活动总是伴随着时间和空间中的位置或序列的变化，因此可以很容易地被定义为某种结构性的属性。但是，心是另一种与物理存在相区别的独立存在，并且不具备物理世界的广延性，也就是没有空间中的位置和序列的属性，所以它不能直接用结构性属性来定义。心理学家试图通过心理—物理同构或转换的方式赋予"心"以结构性特征，例如费希纳的心理物理学、铁欣纳的构造主义等。（费多益，2018）

即便如此，心智结构的存在依然是通过物理活动特征来推测的。所以，如何确认心智的存在依然是一个问题。这个问题在不同的形而上学语境中可能衍生出"心身交感问题"和"小人悖论"等理论质疑。（蒋柯，2018b）

在笛卡儿之后，有若干解决心身二元论的理论尝试。（蒋柯，2018a）例如，将物理存在的结构映射到心中，对心也做结构性的定义。诸如精神分析理论、人格结构理论、智力结构论、心理物理学，以及心理语言学等，这些理论都试图为心建构一个和物理存在相对应的结构，用科学的架构来设计心的研究的理论框架。但是，这些努力并没有办法真正解决"心身如何互动"的问题，也未能让有关心的研究具备了真正的科学性。（蒋柯，2018b）

20世纪中期，赖尔通过分析哲学的方法，尖锐地批判了已然成为"官方学说"的笛卡儿二元论。（吉尔伯特·赖尔，2006）赖尔首先指出，将心和脑作为两种相提并论的实在的做法是一种"范畴错误"。进而，他论证了脑作为一种物理性实体，其存在是一个"事件"，而心并不是另一个独立的"事件"，而是脑作为实在的"素质"，即，心是作为一个整体结构的有机体在活动中所展现出来的规律与可能性。赖尔的工作提示我们，笛卡儿二元论应该被放弃了。

第二论证来自还原论的尝试。从詹姆斯的机能主义到今天的认知神经科学，持这一种观念的研究者希望通过生理的，或物理的术语来解释心的过程，或者完全放弃关于心的言说。这一系列的努力目前成果颇丰。尽管还原论在理论上遭遇很多质疑，但是在实验科学领域，研究者显示出极大的信心，他们提倡用计算机的或电生理的术语来解释一切心的问题。（斯蒂克，2006）

塞尔在20世纪80年代提出"脑产生心"论证，为一种新的还原论做了强势的辩护。

塞尔在《心、脑与科学》一书中首先提出了著名的"中文屋"论证。（塞尔，2006）这个论证直接针对心身分离的计算主义，同时也反驳了其他心身分离的假说。"中文屋"论证的核心在于：第一：心必须是存在的；第二，通过计算结构来映射心的结构特征是不可能的。（Moore，2019）通过"中文屋"论证，塞尔批判了传统还原论和取消论对心的否定，同时也反驳了平行映射假设的尝试，即将心的过程类比于计算规则，用结构性特征来言说心的活动的做法。

因为"中文屋"论证成功地驳斥了计算主义的结构性映射。这使得他接下来的"脑产生心"的论证看上去顺其自然地具有了合理性。"脑产生心"的方案首先并不否认心的存在，再者，它明确地定义了心和脑的逻辑关系。它不同于心身平行论，也不同于取消论，而是试图用"脑产生心"这样的因果关系让心成为脑的逻辑顺延，以此来解决心身分离的困难。平行论和映射假设，以及传统还原论等，事实上是先预设了心身分离，然后再努力寻找弥合二者分离的方式。"脑产生心"的假说将心设定为生理或物理事件的逻辑后果，从一开始就假定了心身应该是统一的，其论证的重点在于，一个统一的存在体现出心和身两种属性。

塞尔在《心、脑与科学》中的论证包括两个部分，第一部分即是著名的"中文屋"论证，这是一个强论证；第二部分则是关于"脑产生心"的论证，但这个论证只是一个充分性论证，缺少了必要性。尽管"脑产生心"的论证不是很成功，但是，塞尔的工作却设计了心脑关系的一种重要格局，即脑是结构性的存在，而心则是脑的功能性表达。在逻辑上，结构先于功能，即脑的存在决定了心的表现，心是脑的逻辑顺延，所以"脑产生心"。总体而言，塞尔的论证并没有真正颠覆还原论的主张，只不过是一种"新还原论"。

"脑产生心"的假说是在心身统一前提下的一种尝试。按照本文的前设背景，脑对应于结构，心对应于功能。脑产生心则蕴涵结构决定功能。根据前文有关功能—结构关系的论证，"脑产生心"也是一个范畴错误。并且，用结构性存在（脑）来解释功能性存在（心），这种解释看起来符合常识，似乎也能满足科学研究的构成标准，但是这种看似合理的理论设计违背了"解释的铁律"，包含了"解释阶梯"上的逻辑矛盾。总之，用"脑"来解释"心"的假设只是一种幻觉。

通过对上述两个心脑问题的经典论证的反驳，我们发现，心—脑二元论的主张，以及"脑产生心"的新还原论主张等都面临"范畴错误"的逻辑困难，于是，心—脑问题的解决策略只剩下第三种，即"心塑造脑"。"心塑造脑"是"功能在逻辑上先于结构"这个解释框架的演绎结果。因此，如果我们接受了本文论证的"功能—结构解释框架"，那么，就必然接受"心塑造脑"这个结论。

　　行为主义以还原论的极端表达形式，即"取消论"的姿态，几乎将心灵主义逼到了绝境。但是，正当华生、斯金纳等人的工作如火如荼的时候，来自行为主义阵营中的一些人却开始了向"心理"探索的返回。托尔曼、班杜拉等人为代表新行为主义者，秉持行为主义严格的科学实验逻辑，却开始对刺激和反应中间的"看不见的内容"进行探索。（蒋柯，2022）对于当时如日中天的行为主义而言，对"看不见的内容"的探索不过是"天边的乌云"。但是，被行为主义挤压的心灵主义很快意识到，这些看不见的内容正是心灵主义者希望去了解的"心理"。

　　在 20 世纪 50 年代到 60 年代，一群秉持心灵主义观点的心理学家、认知哲学家和计算机科学家联合掀起了一场认知革命。天边的乌云果然覆盖了大部分天空，风雨大作。从此以后，认知心理学成了心理学的主流。认知心理学继承了行为主义严格的科学范式。这常常让后继研究者误以为认知心理学不过是行为主义的延续。实际上，从新行为主义开始探索 S（刺激）和 R（反应）之间的 O（有机体）时，一种具有革命性的主张就已经萌芽了：心理学应该努力探索可观察的 S 和 R 之间那些不能被直接观察到的内容——这就是所谓"心理"。在这个层面上，认知心理学与行为主义之间存在根本性的区别。因此，从行为主义到认知主义的过渡被称为"认知革命"，是对两种理论的对抗态势的准确描述。

　　行为主义采取了比还原论更加激进的主张，彻底否认"心理"作为科学研究对象的存在意义。其根本主张依然是二元论的。认知主义对行为主义的更替，肯定了"心理"作为科学研究对象的本体论意义，却没有从根本上避免二元论的困境。因为认知主义根本上是心灵主义的心理实在论的一种变式。这使得认知主义的一些基本范式，诸如信息加工范式、联结主义范式等，都受到了有关客观性和科学性的质疑。

　　当认知主义面临前进的困扰时，行为主义则与神经科学联合，假"认知神经科学"之名重新回到心理学的主流舞台。所谓认知神经科学的兴起，其实是行为主义的回归。认知神经科学与认知心理学的差异，并不仅仅是研究过程中采用的技术手段与设备的差异，二者对于"心理"的基本假设是不一样的。因此，当下认知神经科学强势挤压认知心理学，也是一场革命。

过去的 100 年内，从行为主义到认知主义，再到认知神经科学的交替，其实是物理主义和心灵主义之间的相互转换。你方唱罢我登场。但是，无论是谁，双方都没有找到更好应对二元论困扰的策略。因为，无论是还原论、取消论，还是实在论，其基本预设前提都是二元论的。立足于二元论的基本立场却要寻求解决二元论困难的方法。这就是前文中所说的"范畴错误"。

既然二元论造成的困扰是一个无法回避的悖论，那我们不妨回到起点，在戈耳狄俄斯之结被劈开之前，从这个"结"的内部去寻求解决方案。这就是心脑关系的逆向求解策略。

这里，我们从以下几个方面论证了"心—脑二元论"以及"脑产生心"是不可能的。

其一，用结构来解释功能是一个"范畴错误"；

其二，从形而上学到经验科学，有很多例子支持功能在逻辑上先于结构；

其三，心对应于功能，脑对应于结构。

接下来，我们论证了"功能的逻辑先在性"，并且指出，基于此来言说心—脑关系，才能避免结构性心—脑问题的诸多悖论，如：

A. 生理结构是如何起源的？

B. 生理结构是如何演化的？

C. 心理结构如何作用于生理结构？等等。

在结构主义语境下，本体论的讨论必然被引向了决定论：结构是稳定的，因此结构的运行结果是预置的（如莱布尼茨的预置和谐论）。所以，我们只能选择以功能作为解释的起点。当我们说功能在逻辑上先于结构时，依据的是解释阶梯的原则：高阶的理论是做出解释的理由，低层次的观察事实是归纳形成理论的认识起点。以功能作为解释的逻辑起点，上述问题都可以得到解答。

最后，形成结论：在结构和功能之间，我们应该将功能置于逻辑先在。心对应于"功能"，脑对应于"结构"，因此，在逻辑上是"心塑造了脑"。

第七章
具身性功能模块观的建构（二）：具身性模块论

自 1996 年"镜像神经元"被发现以来，关于"离身"与"具身"的讨论就成了认知科学和认知心理学的焦点，而具身认知亦为"第二代认知科学"区别于过往的认知科学的关键。有关"具身性"的讨论之所以受到认知科学的重视，主要是因为旧式认知科学在"计算机隐喻"的阴影中已经失去了进一步前行的动力。镜像神经元的发现让认知心理学家重新认识到"具身性心智"的理论价值，并相信它将成为第二代认知科学的新进路。（李其维，2008）

与此同时，模块性理论也在积极探索克服旧式认知科学理论困境的出路。模块性理论希望通过功能分解的策略来规避计算机隐喻所带来的悖论。塞尔的"中文屋"论证揭示了计算机隐喻无法克服的理论障碍，即计算不能产生"意义"，而"意义"才是心智活动的本质。独立性的功能单元是模块性理论的分解思路，而各个功能独立的单元所对应的又是一个领域特殊的应对机制。通过这样的方法，模块性理论似乎"解决"了心智中的"意义"的难题。但是，在前面的讨论中，我们已经看到，由于从心理的结构性分析出发，乔姆斯基、福多，到平克，几种主要的模块理论并没有跳出"计算"的藩篱。我们将基于心智的结构性特征而建构的模块理论称为"结构性模块理论"。在前面我们已经论证了结构性模块理论是不可能成立的，它们将面临与计算理论一样的理论障碍。因此，我们提出应该以功能来定义心理模块的意义，并建构功能性的模块理论。

如果具身性认知理论和功能性模块理论都是现代认知科学寻求突破的进路，那么这两者之间是否存在某种关联呢？本章提出：具身性心智一定是模块性的；反过来，功能性模块也必然是具身性的。也就是说，功能性模块假说与具身心智假说分别代表了从心灵哲学和认知神经科学两个方面对第二代认知科学新进路规划。而两种研究思路的结合则能够形成更有效能的理论。这正像 D. 洛马尔的所论："规律的揭示往往来自其发现者和评价者之间的有效合作。"（陈巍，2007a）

本章接下来将从结构模块的特征分析开始，指出结构性模块实际上是计算模块，而计算模块必然是离身性的；另一方面，功能性模块一定是具身性的。

一、结构性模块实际上是计算模块

乔姆斯基、平克以及福多分别建构了具有自己理论特色的模块理论。乔姆斯基可以说是现代模块理论的肇始，平克则促进了模块理论与进化论的融合，而福多则是模块论的最终缔造者。三人对模块理论的贡献各异，三人的模块理论也各有特色，但是，他们三人的模块理论都可以被归属为结构性模块。

乔姆斯基以语法结构为基本假设，推论人的心智的其他方面也是模块性的。他把这些心理模块想象为"心理器官"，并强调其模块性是通过结构性特征来体现的。大量语言现象"说明语言官能结构内部呈模块性（Modularity），而总的认知结构系统也呈模块性"。（乔姆斯基，1992）

平克采取了和乔姆斯基类似的论证策略，即从人类的语言现象出发，先论证了语言的模块性，进而推论人类心智的其他方面也是模块性的。平克与乔姆斯基的主要差异在于，心理模块被平克定义作"本能"，进而用自然选择的进化论去解释"本能"的源起。作为自然选择的产物，语言以及其他心智能力都是有机体适应生存环境的必然应答方式，这种应答是适应性功能，因而平克构想的心理模块应该是功能性的。在平克的这种"功能体"如何与世界互动这一问题上，他进一步提出，心智活动与物理世界必须以计算勾连，也就是说，应该以计算实现心理模块的功能。这样一来，平克选择了将功能实体化的方法来定义他的心理模块。一旦功能被实体化，那么功能的实现就成了一个实体与另一个实体的关系与转换问题，这个过程就是计算。同时，当功能被当作实体并与另外一个实体发生关系时，必然会涉及两者之间的时空关系或逻辑关系的排列，于是，功能问题就被召回到了结构的语境中，功能也成了被结构描述的对象。平克的模块理论从功能主义出发，终于还是落实到了"结构"和"计算"的层面上。

　　与前二人相比，福多是更加激进的模块论者，他明确地提出了心理模块性的命题，并为心理模块制定了标准。但是福多的模块理论也引起了更多的争议。最主要的质疑集中在福多的模块论是不是真正的模块论，因为他建构了一个一半是模块性，一半是非模块性的"模块论模型"。前面已经分析过，福多建构这个模型多少是有些出于无奈。因为福多和平克一样，虽然都强调心理模块的功能性意义，但是他们都将功能看作某种实体。正如前面已经讨论过的，福多以心理功能对应神经结构的形态，关注的是心理模块可能的神经基础。于是，福多实际上也是将心理模块还原为了生理结构，这样一来，对于互相封闭的模块间的联结，福多势必要给出相应的解释。于是，作为功能主义者的福多不可避免地将功能引导进了结构的方向。

　　通过简单地回顾前面的分析，我们可以这样说，乔姆斯基、平克和福多等人所倡导的心理模块实际上都是结构性模块。模块理论的提出原本是为了避免计算机隐喻的理论困境。然而，一旦将心理模块定义为一种结构，结构性模块也就成了心理模块的本质属性，且不可避免地成为计算模块。于是，乔姆斯基等人的模块理论又回到了"计算隐喻"，当初希望避免的困境再一次出现在这些模块论面前。那么，为什么说结构性模块就是计算模块呢？

　　第一，结构意味着一系列元素在时间、空间中，或者逻辑关系中的排列序列。（皮亚杰，1984）结构的意义在于这种排列序列的特殊构成形式，或者特别的排列规则。当一个结构与另一个结构相对比时，两者之间所比较的正是各自元素的排列序列和排列规则；或者一个结构要转变成为另一个结构时，转换的依据也是这些序列和规则。于是，结构的活动即意味着结构的构成元素的时空序列或逻辑序列的重置，这种活动实际上都是规定了结构意义的规则的运作。而这些规定时空序列或逻辑序列的规则的运作过程即是计算。

　　第二，作为计算的高度抽象的表述，数学，就是以有序的时间、空间以及逻辑关系作为其基本预设的。所有的数学计算就是对各个元素在时空体系中的，或者逻辑体系中排列序列进行转换。（克莱因，2007）显然，这种在时空体系或逻辑体系中的转换就是结构性的活动。在基于计算隐喻的认知科学看来，心理加工过程也是计算的过程，即是对一系列表征或符号进行的序列转换。（高新民，2002）将心理过程看作是计算过程使得当代认知科学能够用简单的数学模型来描述复杂的心理事件。当心理事件被计算模型描述时，心理事件本身就具有了结构性的特征。所有的心理事件在一系列计算规则的引导下最终构成了人的"认知结构"。（皮亚杰，1990）

至此，我们认识到了，乔姆斯基等人的模块论模型是结构性模型。因为它们的结构性特征，它们同时也是计算模型。于是，乔姆斯基等人提出的心理模块在前面被我们界定为结构性模块，它们同时也是计算模块。于是，计算模型所具有的特征一定会在结构性模块中体现出来。接下来我们将讨论，计算模块必然是离身的。

二、计算模块必然是离身的

Marr 在 1982 年的一项评论中提出，计算模型是各种向量模型中抽象水平最高的模型，它只是集中于对认知系统的目标的描写，而并不关心实现这些目标的心智过程，也不考虑这些认知系统是如何在大脑中得以实现的。（Sloman，2004；转引自：蒋柯，熊哲宏，2008）正因为计算模型不关心认知系统的实现过程，所以在理论上，这种模型可以在任何东西构成的系统上实现，而无需人的心智与身体。正如图灵最初关于计算机的构想一样，只需要有一套计算规则以及记录计算结果的媒介，"图灵机"就可能完成所规定的任务。制约图灵机的能力的因素不是它在什么媒介上运行，而是规定它的计算过程的计算规则。只要这套运行规则足够强大，图灵机就能够完成足够复杂的任务。在这个过程中，计算规则可以与运行媒介彻底分离，也就是说，这套计算规则可以在人的大脑中运行，也可以在一条传送带上运行，甚至可以在由任何瓶瓶罐罐组成的系统中运行，只要这套系统具有读取特定信息的能力、改写信息的能力、输出信息的能力。因为有了图灵的天才构想，计算机科学发展起来了，伴随着计算机科学的成长，认知科学在计算机隐喻的扶持下日渐丰满。但是，图灵的构想在"人—机"问题上从一开始就埋下了一个伏笔。

虽然"图灵机"的构想解决了如何让机器进行"计算"的问题，从计算机的实际表现来看，它们也仿佛是具有"思考"能力（至少是部分的"思考"能力）的机器。但是，"图灵机"从一开始就不是为了描述人的心智而设计的，它仅仅是模拟了在相同条件下人的心智所产生的结果。即，如前所说，"它只是集中于对认知系统的目标的描写，而并不关心实现这些目标的心智过程，也不考虑这些认知系统是如何在大脑中得以实现的"。正是这样的设计理念使得我们今天的计算机具备"思考"的能力，因为它们能够产生与人在相同条件下产生的相同，或相似的结果。但是，计算机绝不是用人思考的方式在进行"思考"。正是这样一个伏笔使得今天的计算机科学在"人工智能"——用计算机模拟人的心理——领域举步维艰。因为我们并不知道人的心智是如何工作的，但是我们却要制造一个机器来模拟人的心智的工作。这个任务看似简单，因为我们完全可以将心智活动看作一个黑箱，我们只要能够找到输入端和输出端之间的对应规则，然后将这个规则编成计算机程序，就可以让计算机做出和人一样的反应了。这个任务最重要的部分，也是最困难的部分就是去发现输入端和输出端之间的对应规则。从人可能面临的环境变化和人可能做出的反应变化两个方面的数量来看，执行这样的对应规则所需要的计算量是今天的计算机不能完成的任务。图灵当初提出了检验人工智能是否成功的标志性任务，即"图灵测验"。图灵测验要求测试者与屏风后面的计算机对话，如果测试者不能识别与他对话的是人还是机器，那么这台计算机就算通过了图灵测试，即认为它具备了与人一样的"思维"能力。

至今并没有计算机真正通过了严格意义上的图灵测试。而哲学家却从另一个角度提出了质疑：就算有计算机通过了图灵测试，是否可以说它就拥有了人的思维能力呢？塞尔（《心、脑与科学》）通过"中文屋"论证指出，即使计算机通过了图灵测试，我们也不能说它具备了和人一样的思维。因为在与别人对话时，人的心智加工的是"意义"，而计算机与人对话时，是按照程序指令做出"恰当"的回应，虽然在对方看来两者似乎没有区别，但是计算机不会因为对方赞扬它而"感到"自豪，也不会因为对方对它出言不逊而恼怒。当然，计算机的设计者完全可以给它编写出会做出情绪反应的程序，让它可以表现出"自豪"或"恼怒"的特征。尽管如此，计算机仅仅是依据程序的指令做出这些反应，它并没有真正的"情绪"。人则不同，一个人对别人的应答是心理和身体协调一致的反应。当受到赞扬时，他（她）不仅仅是接收到来自外界的具有褒奖意义的词汇输入，他（她）会由衷地感到高兴，他（她）的身体也会因此而做出相一致的动作。总之，在这个人"身上"（包括他的"心"和"脑"）发生的是一系列完整的心理

—生理事件，而不是单纯的符号输入和输出。

对用计算来描述心智的第二种质疑来自数学家。今天人类所使用的数学所做的是以离散量为算子的计算。（克莱因，2007）比如，一支箭从 A 点飞行到 B 点，数学模型能够描述箭在飞行过程中每一个"时刻"所在的位置——"点"，但并没有真正描述它的整个飞行过程。由于飞行的箭有着连续的量的变化过程，它在数学模型的描述下，这一连续的过程会被切分成无数的离散点，而每个点之上的状态会被用来描述这一变化的过程。正因为如此，才有了"飞矢不动"的悖谬。用"状态"来描述"过程"也成了今天认知心理学中的一个悖谬。（蒋柯，胡瑜，2013）用计算来描述心智就会陷入用离散量来描述连续量、用状态来描述过程的悖谬。今天的认知心理学正在努力寻找摆脱这种悖谬的新进路，而心理模块论假说就是众多努力中的一种。

通过上述分析，我们可以看出计算机的"计算"与人的心智活动之间存在很大的差异。准确地说，计算机的"计算"并不是"模拟"了人类的心智，而是在一些任务中能够替代人类心智。正如勺子可以代替筷子，但不是模拟筷子一样。因此，当一种理论模型是用"计算"作为描述心智活动的语言时，它一定不是对心智活动的准确描述，而是用另一种方式建构了一个"心智"。这个建构的"心智"与人类的心智不是一回事，尽管它在一定程度上可以"替代"人类心智达成某些目标。

通过前面的分析，我们还可以看到，乔姆斯基、平克和福多等人的模块理论首先建构了一种结构性的心理模块模型，结构性模型同时也就是计算模型。所以，模块模型在乔姆斯基等人那里实际上是计算模型。而不论是通过对"计算"的意义的分析，还是通过对人类心智与计算模型的关系的分析，我们都能得到：离身性是计算模型的必然结果。计算模型并不是努力还原心智过程本来的特征，而是在另一条平行的路线上用另行建构的模型达成相同的目标。这个模型相对于人的"心"或"脑"都是独立的。

因此，乔姆斯基、平克和福多等人的心理模块理论实际上都是离身的模型。他们的理论所构想的心理模块可以被称为"离身性模块"。

三、离身性模块的悖谬

离身性模块的假设有可能成立吗？我们认为，答案是否定的。

离身性正是传统认知科学颇受诟病的特征。众所周知，这种特征可以追溯到笛卡儿的"身心二元论"。因为身体和心智被分离开了，所以对身体和对心理的描述似乎都找到了属于自己的话语体系。但是，这种分离所造成的概念混淆在今天的认知科学中体现得越来越明显，以至于一些心灵哲学和认知科学的学者前瞻性地提出了"第二代认知科学"的观念。简而言之，第二代认知科学就是要颠覆传统认知科学（或者叫"第一代认知科学"）"身心分离"的基本预设。用库恩的话来说，就是要建构一个全新的认知科学范式。（李其维，2008）

为什么我们说传统认知科学的基本预设是"身心分离的"呢？正如前面我们分析计算模型的特征时已经指出，认知科学用"计算"来描述人的心智活动，而计算只是模仿了心智活动的结果而不关心活动的过程。此外，从"计算"本身的设计理念来看，计算过程并不需要特定的实现媒介，理论上计算可以在任何物质媒介上实现。这些特征表明计算是一个与人的身、心都没有必然联系的操作。当认知科学家将计算用于描述人的心智活动时，和计算机工程师将一个程序软件安装在某一台计算机上运行是一样的。这就意味着，该软件能够随意安装在任何一台机器上来运行，而硬件和软件的结合纯属偶然。同样地，当认知科学家将某种计算放在人的"身上"来运行时，这种计算与人的结合也是偶然的。

还需要注意的是，这种计算仅仅是与人的"身体"结合了。而计算本身并不是对人的心智的"模拟"，而只能说是"替代"。因此，认知科学家实际上是做了这样一系列的工作：第一步，将人的身心分离开来，并且假定"心"就是一套计算规则；第二步，将认知科学家设计的计算程序"安装"到人的身体这个硬件上运行；第三步，将人"心"之类的软件运行和计算软件的运行进行比较，如果两者几乎一样，那么，就可以说"计算软件模拟了人的'心'"；第四步，于计算机之上运行该软件，且以之运行的结果去预测人的可能结果。由此可见，认知科学家无论是对待人的身心问题还是对待计算与人的问题，都采取了"离身性"的姿态。

对这种"离身性"姿态的批判声音近年来日渐增长。很多批评者论证了离身性认知科学的理论困窘与问题，我们不在这里赘述。接下来我们讨论离身性模块理论所面临的悖谬。

模块理论的提出就是为了消除认知科学所面临的"离身性"困窘。模块理论希望建立一个将身体动作与心理反应统一起来的话语体系。即在身心统一的语境下来言说人的精神生活。"本能"应该是模块观念中所谓身心统一的基础，假如本能驱动人的行为，那么于该行为中的身心的统一便在可理解的范围。而在变化莫测的环境之中，人类也会有复杂多变的心理反应。为了言说这一系列复杂的内容，模块理论采取了功能分析的做法。将复杂的生存任务分解为足够单一的元素，然后假设这些简单的功能性单元能够由有机体的本能来实现，或者能够在生理学的层面上解释这些功能的实现。比如，我们很难想象一个人努力学习，然后谋取一个工作职位，并在职场中努力打拼谋求上位，然后竭尽所能地讨一个异性的欢心，并终于与他（她）建立家庭，生儿育女，等等，诸如此类的生活事件都是由本能支持的。但是，当这一系列任务被分解为"社会合作""求偶""抚育"等功能单元后，说它们分别由相应的本能驱动就不再难理解了。

但是，前文中已经探讨过，模块论采用了从结构性特征来进行功能分析的范式。这里的"范式"指的是模块论的基本预设的选择，即用结构性特征来定义心理活动的功能。正因为如此，就有了前文分析所得出的结论，即现代流行的几种模块论都是结构性模块，也是计算模块，进而是"离身性模块"。于是，模块论从摆脱"离身性"的目标出发，却又回到"离身性"这个牢笼。因此，这样的模块论实际上是想要用离身性的思路解决"离身性"本身的问题，这就好比一个人想抓住自己的头发将自己提起来一样。所以，离身性的模块论是不能成立的。

四、功能性模块的具身性含义

结构性模块因为其理论出发预设的限制，并没有让认知科学走出"离身性"的迷雾。我们认为，只有功能性模块才能够成为"第二代认知科学"的理论代表。

当我们在讨论"功能性模块"时，首先要避免与心理学史上的"功能主义"发生混淆。我们应该厘清功能主义的发生与发展，关注功能主义和行为主义的关系，把握功能主义在当代认知心理学中复活的渊源，"功能主义一度为科学心理学奠定哲学基调，遗忘了心灵之内的意识本质，从而将科学心理学引入了困境"。（陈巍，2007b）陈先生还指出，普兰特、福多等人的功能主义实际上都是计算主义。计算机的功能或逻辑曾被 Putnam 拿来与心理进行比较，他指出："计算机程序能实现于诸多不同的硬件之中，心理的'程序'亦然，它也能够实现于各类不同的机体之中，由此而来，具有不同的生理结构和状态的不同物种能够实现相同类型的心理状态。"（Putnam，2000）正如我们已经论述过的，虽然这样的功能主义强调"功能"，但这种"功能"是用结构性特征来定义的，功能的实现不需要特定的硬件，因而功能被转化成了一种计算程序。唐热风先生曾以"捕鼠器"做了精彩比喻："捉鼠器的功能就是将自由的老鼠转变成受困的老鼠。这样一个对捉鼠器的定义就是一个功能性定义。不管这个东西是由什么构成的，有怎样的内部运行机制，只要它能把一个自由的老鼠变成被捉住的老鼠，那它就一定是一个捉鼠器。"（陈巍，2008）

　　不论构成怎样，机制如何，功能主义认为：能将自由的老鼠转变成受困的老鼠，可实现该转变之物的便是捕鼠器。而事实上，也有一个常识性的风趣反驳：它还有可能仅仅是一只饿猫或者一帖毒鼠药而已。总而言之，功能主义所具有的理论优势在于它克服了"心身同一"的强还原，不过，这也未能使之规避行为主义的谬误，在试图远离沙文主义的努力中，却又遁入了自由主义的泥潭。（陈巍，2008）

　　我们前面的论证表明，乔姆斯基、平克与福多等人建立的三大经典模块理论都自觉或不自觉地依据了这样的"功能主义"，因而他们并没逃过"行为主义的泥沼"。三大经典模块都是"结构性模块"，与"功能性模块"相比，之间的差异关键是理论建构的预设逻辑，即"结构"与"功能"的孰先孰后。传统的功能主义虽然强调功能的价值，但是却采取了用结构来定义功能的做法，也就是说它们的基础性理论预设是"结构在逻辑上先于功能"。我们提出的"功能性模块"是基于"功能在逻辑上先于结构"的基本预设而建构的。

　　以"捕鼠器"为例，捕鼠器的"功能"当然是逮到老鼠，要实现这个功能可能有无穷多种途径，每一种途径都是一系列"结构"发生特定运动的结果。即实现功能并不是通过"结构"，而是"结构"的特定运动过程。对于各种实现功能的途径，我们可以比较它们的成本、可靠性、便捷性、安全性等。经过诸多特征比较，某一种或几种在各方面都能够被接受的方案被固定下来。养一只猫当然是一种途径，但是养猫的成本、对猫的管理等问题使得这种方案可能被淘汰；粘鼠板也可能是候选方案之一，但是考虑了它的安全性和可靠性之后也可能将它淘汰。经过多次尝试（这种尝试过程可能经历了几代人甚至更长的时间），最终，由一组弹簧和铁丝构成的某种结构被保留下来。而这个结构之所以能够实现捕鼠的功能，是因为它能够做出某种特定的动作。在这个例子中，我们看到，捕鼠器的结构的形成过程始终是被最初的"功能"要求所制约的，而不是反过来由结构制约了"功能"的要求。即，是因为我有了要捕鼠的要求，才有了弹簧和铁丝的组合，而不是反过来有了弹簧和铁丝的组合，从而我有了捕鼠的要求。

这里需要再一次强调，功能实现的关键不是存在某种结构，而是这种结构能够产生某种动作。即，功能是一个过程的范畴，而不是状态的范畴。传统的功能主义正是因为将功能当作状态的范畴，所以才陷入谜团。这也即维特根斯坦所谓的"范畴错误"（维特根斯坦，2001）

在捕鼠器的例子中，人的有意的选择起到了重要的作用，这容易引起这样的误解，即在选择实现功能的结构时，这种选择是有目的的，甚至是被某种更高级的规则决定了的。当用这种想法来看待心智的功能与实现，就容易陷入目的论和决定论的谬误中。现代认知科学相信，人类的心智是自然选择"塑造"的。但是自然选择其实是非目的论和非决定论的。（蒋柯，熊哲宏，胡瑜，2009a）比如前文中提到的在空气中下落的水珠的例子。空气的阻力以及水的重力和水表面的张力会使得水珠在自由下落时有"水滴形"的样态。水滴形同时也是受到空气阻力最小的一种运动形态。前面我们已经论述了，如果受到空气阻力最小化是功能，水滴的形状是结构，那么，在这个运动过程中，功能在逻辑上先于结构。该过程也可谓是纯粹的"自然选择"，它与目的论或决定论毫不相干。

基于这种关于"功能"的观念，我们所说的"功能性模块"意味着"围绕着某种特定功能而发生的结构性运动的集合，这种运动的集合与其他的集合具有相对的独立性"。这样的模块只能是"具身性"的。

"具身性"与"具身认知"等概念是随着"镜像神经元"的发现而进入认知科学家的视野的。研究者首先在猴子的大脑中发现了有一些神经元对其他猴子，甚至对作为实验者的人的某些动作会做出反应，并且这些反应与猴子自己做出同样动作时的反应是一样的。"F5区，大脑皮层的运动前区，是镜像神经元的作用区域，抓取、行走以及手脚的各类动作都离不开该区域的监控。""最令人感到惊讶的独特之处在于镜像神经元只有在实验动物（主要是恒河猴）看到有意图的行为时才被触发。可见的目标似乎是镜像神经元活动的重要组成部分。没有可见目标作为导向，手部的凭空模仿运动不会触发镜像神经元活动。同样，在自主使用工具以达成目的的活动中，镜像神经元的活动也有显著减弱。"（洛马尔，2007a）有关手部运动的神经活动的研究结果显示，有三分之一的神经元不仅在个体自身活动过程中被触发，而且在对其他猴子相同行为的视觉观察中依旧被触发。（Fardiga，et al.，1998；Gallese，et al.，2001）在研究者看来，镜像神经元的发现为"他心问题"找到了一个新的解释途径。如果别人的某种意图动作能激活我的大脑中特定神经元的兴奋，并且这些神经元的兴奋与我自己做出同样的意图动作时的兴奋状态是一致的，那么，别人的动作就与我自己做出同样的动作具有了同样的意义。进而我就能够理解并解释别人的动作的意图。并且这种理解是以神经元的活动为基础的。也就是说，我们不再需要在独立于身体之外的地方去寻找理解"他心"的理由。我们是通过"身体"的活动理解"心"的问题。于是，"心"的活动就与"身"有了联结的基础，或者说是镜像神经元让"心"回到了"身"之中，于是就有了"具身认知"或"具身性"的概念。通过"具身认知"，"他人的'声音'，比如他人的感知、情感、和意志在一定程度上'真实存在'，并使得我们对其产生共同的经验"。（洛马尔，2007a）

功能性模块正是实现这种"共同经验"的模型。如果将心智类比于功能，而身体类比于结构，那么，正如前面所提及的水珠的例子所表明的，水珠的下落与水珠的形状是一个完整统一体，两个方面都是在水珠的运动过程中体现出来的特征。在这个过程中，水珠在空气中遭受的阻力最小与水珠的形状是不可分割的。同样，在人的"运动"过程中，获得最大化的生存机会与特殊的身体构造也是不可分割的统一体。因此，我们提出：功能性模块才是具身性的模块。

五、"客观主义"意义观下的空中楼阁

乔姆斯基虽然提出了语言的模块性问题，可他本人终其一生也只是止步于对词语和句子结构的形式化分析，以至于他的学生平克称其为"深奥

而空洞的形式主义"（Pinker，2005a）；福多则因为经典的心的计算理论的有限性（其所谓中枢系统的非模块性）令他"忧虑不堪"（Fodor，2000）；而平克的达尔文模块所遭遇的困难首先是表征语义的情境依赖性使得以表征语义性质为基础的思维的领域划分难以为继，其次是无法回答斯帕伯（Sperber）关于文化多样性和新颖性的质疑："大多数现代人的思维领域都过于多样和新颖，不可能是通过遗传而规定的模块的领域特殊。"（Sperber，1994）

　　三大经典心理模块研究目前所面临的困境各有不同，但深究其因，还是具有共同的形而上学根源，即它们不约而同地遵循第一代认知科学的"客观主义"意义（语义）观。而"客观主义"意义观无外乎两种取向：其一，认为意义是符号计算之果，完全取决于符号间的内在关系；其二，认为刻画思想的符号是外部世界的内在表征，即符号借由指称外部实在而获取意义。（Lakoff，1999）这两种取向都将符号从认知主体抽离，将心理表征等同于独立的和客观的符号表征，将意义视为符号间的关系或符号与外部实在的关系。

　　那么，"客观主义"意义观之下的心理模块研究到底遗漏了什么？我们尝试以语言模块为例，建立"语言模块的三个层次"（参见图7-1）来进行分析。

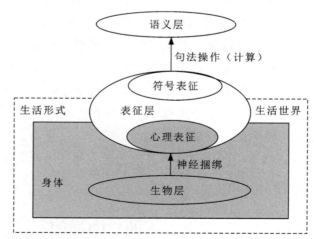

图 7-1　语言模块的三个层次（图中深色部分含具身属性）

　　在分析之前，有必要先澄清"客观主义"意义观之下的"表征"态度。表征是第一代认知科学的核心概念，自 20 世纪 50 年代的"认知革命"以来，认知科学就试图以表征计算来描述脑内认知的信息加工，但第一代认知科学的表征概念"不考虑表征的意向性（Intentionality）意义，使得在认知科学中，人这种智能体（Agent）一直被视为类似于计算机这类信息加工装置，这严重忽略了人作为一个'活的'生物表现出的最根本的东西，即个体的感受性（Qualia）或主观的方面"。（李恒威，2008）由此看来，第一代认知科学之下，"客观主义"意义观的"表征"的准确表达应该是离身的"符号表征"，而绝不是具有"个体的感受性或主观性"的"心理表征"。

于是，从层次图中我们可以形象地看到，"客观主义"意义观之下的语言模块研究反映的是"表征层"中"符号表征"通过句法操作（或计算）进入"语义层"，由此完成语义关系的表达或实现。但内观自身，"符号表征"与"符号"的操作者和使用者脱离了关系，丧失了主观性，忽视了对主体的"心理表征"和"脑与身体"的观照，成了无所依附的离身的"空中楼阁"。

除此之外，"客观主义"意义观之下的语言模块研究还存在着重大遗漏。我们可以从 20 世纪 90 年代的伟大发现——"镜像神经元"来切入分析，镜像神经元用以专指一种对于理解他者具有特殊意义的神经元，它们在主体没有外显动作的情况下，只看到别人进行相同动作时也会被激活。（Giacomo，2006）镜像神经元无疑为我们的"感同身受"——对他者的体验提供了生物学上的基础，它使我们能够解读他者的所行、所言和所思，其作用方式应是和各类功能模块（如语言模块）中的其他神经元协同合作，以多种"组合模式"完成不同的解读任务。然而，有一点应该是很明确的，镜像神经元要有所作为，或者说认知主体要准确完成各类解读任务，还需要主体与他者之间共享"世界与主观被给予方式之间的相关性"。（胡塞尔，1994）就语言模块而言，主体与他者之间应共享维特根斯坦所谓的"语言游戏的多样性"，即共享"语言和活动——那些和语言编织在一起的活动——所组成的整体"，（维特根斯坦，2001）不能忽视同语言紧密联系的"生活形式"。（维特根斯坦，2001）遗憾的是，"客观主义"意义观之下的语言模块研究不但悬置了符号表征，忽视了对"脑与身体"的观照，还由此疏离了主体与他者的"语言游戏"和"生活形式"，甚至，它连主体与他者"本然亲熟的、浸淫其间的生活世界"（胡塞尔，2001）也一并抽离了。这样，在"离身"之后，"客观主义"意义观之下的语言模块研究不可避免地又成了"离世"的"空中楼阁"。此种情境之下，镜像神经元恐也难为"无米之炊"了。

值得提醒的是，如欲使语言模块的研究摆脱"空中楼阁"的离身困境，不应该只寄望于哈纳德的所谓"符号接地问题（Symbol Grounding Problem）"（Luciano，2004）的解决，因为从抽象、任意的符号着手，所对接的还是悬置的符号。要彻底摆脱悬空困境，语言模块研究与其他的心理模块研究还是要选择一条新的进路——回归到"暧昧"的身体。

六、回归"暧昧"的身体：脑—身体—环境的统一

要完成对人类心理的本质的探索，心理模块研究势必要回归到身体之"经"和在世之"纬"编织而成的认知主体。这一认知主体既非纯粹外在的物理活动的存在，也非纯粹意识的无形质的精神活动的存在，它应是这两极之间的"暧昧"（Ambiguous）存在。（梅洛·庞蒂，2001）而为准确地把握这种暧昧性，我们在对心理模块进行探索时，就不应该只游弋于纯物质或纯精神的任何一端，最佳视域的获取还是要从回归"暧昧"的身体开始。

回到身体，方能探知我们暧昧的"现象身体"（梅洛·庞蒂，2001）事实上是源于我们的"客观身体"（梅洛·庞蒂，2001）的复杂系统的特质。作为整体的身体应满足系统的统一性和组织性，绝不是各个组成部分的简单堆积。就语言心理而言，我们的视、听、读、写的运动神经和语言认知神经相互联系在一起，其联系的趋势应是在多个层级上实现领域特殊的高度特异化的功能性结构，即与语言有关的神经系统的组织性的实现要走层级性的模块化之路，各个层级上的模块分工协作，形成梅洛·庞蒂所谓的某种"内在统一的姿势"。（梅洛·庞蒂，2005）

目前，已有大量实验证明，在语言的认知过程中，我们的语言模块系统不但会与视、听、读、写的运动神经系统相配合，它们还会与身体的其他运动神经系统相配合。例如，Zwaan 和 Taylor 做了一系列的"动感谐振"（Motor Resonance）实验。（Zwaan，2006）以其中一个实验为例，呈现句子"他/感觉到/音乐声/太大，/于是，/减弱了/音量。"（本实验中，减弱音量

设置为逆时针转动旋钮），句子按节呈现，被试边转动旋钮边阅读，每旋四度则呈现下节内容，一半被试按顺时针转动旋钮，而另一半被试则按逆时针转动旋钮。结果发现：当句子描述的旋转方向与被试实际转动旋钮的方向（逆时针）一致时，被试阅读速度较快；而当这两方向不一致时，被试阅读速度较慢。"动感谐振"系列实验说明了身体的运动神经系统和语言的认知神经系统在语言认知中的协作关系。

从生物学上看，人类的认知正是由脑神经系统和弥散于躯体的外周神经系统紧密联系，分工协作，共同完成。回归身体，使我们的"脑"（包括其中的语言模块）得以和"体验"世界的外周神经系统结合，全息地还原其原本的"内在统一的姿势"，同时，也使得我们有个实在的主客统一的视角外观我们的"脑—身体"与环境的关系。

当我们回归己身，外观"脑—身体"与环境的关系时，我们应重拾杜威、庞蒂、施密茨、皮亚杰等先辈哲人的相关思考，他们的经典理论是我们今天在新技术条件下进行方法论修正的宝贵思想之源。这里有必要重点提一下皮亚杰，他关注主客双向互动的"发生认识论"，对认知科学的推进影响深远，我们循之可"追本溯源人的理性的、知识的、逻辑的整个大厦乃是建基在人的活动及其协调之上"。（李其维，1999；李其维，2008）此处"人的活动"强调与环境交互的是"脑—身体"，而"协调"则强调"脑—身体"在与环境交互时的动态性、建构性以及进化可能。

皮亚杰意义上的"协调"蕴涵"脑—身体"与环境极具动态性的交互关系。对于这种动态性交互，我们可以借用索罗斯在金融市场上的"鞋襻"理论来做进一步阐述。以语言认知为例，我们在进行语言认知时，"脑—身体"与环境并非相互独立，而是相互作用，相互决定，也因此增加了认知的不确定性，这种交互作用形成了一个不断展开的时序：即目前语言认知的完成是基于过去相关语言认知情境的解释，并又将成为未来相关语言情境的认知基础。对这种交互相关的"缠结"性时序结构，可以用一对递归函数来表达：

$X = \Phi\ (Y)$　认知功能（函数）。

$Y = \Psi\ (X)$　参与功能（函数）。

其中，X 代表认知主体关于言语情境 Y 的认知，Y 代表有 X 参与解释的言语认知的情境。在认知主体置身的言语情境中，认知功能（函数）Φ 和参与功能（函数）Ψ是同时运作的，每一个功能（函数）都不是独立地发挥作用，于是这两个（功能）函数在连续的时序中递归地联系在一起。所以有：

$$Y = \Psi \left[\Phi \left(Y \right) \right]。$$

$$X = \Phi \left[\Psi \left(X \right) \right]。$$

式中，Y和X都不是线性自相关，而是在两个递归的运动（Φ，Ψ）中"缠结"在一起。两个函数的同时运作表明这个"缠结"结构不是静定的而是动力性运作的，从中我们可以看到语言认知过程内禀的动力性"耦合"关系。

由此看来，当我们回归身体时，内观可实现心理认知中"内在的主客统一"和"脑—身体"的统一；外观则可把握人类认知中"脑—身体"与环境的"耦合"关系；内外结合，从而实现"脑—身体—环境的统一"，这也是第二代认知科学"具身认知观"的核心所在。

我们认为，"心理模块"研究力图从生物基础和认知机制的多视角探索中为复杂的心理给出一个综合的解释，然而，第一代认知科学表征计算范式下的心理模块研究因受离身之困，目前推进艰难。未来我们应选择第二代认知科学所提示的新进路，回归到"脑—身体—环境相互作用的统一体上"，对心理模块进行具身考察，关注心理模块的具身性、情境性、发展性和动力系统性，以实现解释的充分和全息。（奚家文，2009b）

第八章
语言模块新论：具身性功能模块观

　　一直以来人类都对其语言机制的奥秘孜孜以求，认知科学的相关心理与语言研究由"离身"到"具身"，再由"符号计算"到"亚符号的神经计算"，之后又有"非计算性动力系统内状态空间的演化"。直到今天，心智的探索已然进入一个崭新的阶段，而语言机制的研究也已经到了要结合语言学、认知神经科学、认知神经心理学与认知心理学等多个领域成果的时候，应该开始寻求跨学科和跨领域的视角，以便获取统一性与整合性的成果。而模块性理论由于具有了功能分解、层次化和整合性的理论蕴含，因此注定其能为诸多学科提供一个具有包容性和解释力的理论框架，一个可以交融与集结、分殊与共通的研究视角，以便获取具整合性和统一性的研究成果。

　　一般来说，新理论的基本理论框架的确立是按"范式"（Paradigms）的要求建构的，而一个范式的确立通常要包括理论假设、概念框架和研究方法这样一些内在的构成要素。（托马斯·库恩，2016）所以，我们认为：在未来以具身性功能模块观为范式导向的心理模块理论应该主要围绕这些构成要素来立论，且需将上面我们论证的功能性模块观和具身性模块观有机统一起来。也正是基于这种思路，在建构具身性功能模块观的语言模块理论时，应该注意以下几个关键问题。

一、理论假设的重设

　　语言模块理论的"假设"是该理论得以立论的前提，参考语言模块的心理现实性依据，并按照具身性模块观与功能性模块观进行有机统一的建构，全新的语言模块观的基本理论假设将从下面三个方面重新设定：

首先，语言模块是在具身环境中进化了的功能性心理机制。

具身性的语言模块理论的理论假设存在两个蕴含：第一，语言模块所解释的应该为进化后的一种心理机制，其关键意味在于语言模块为进化获得的一种模块性心理机制。从该理论蕴含来说，它和我们前面提到的三大经典心理模块思想具有一致性，也即和我们前面提到的背景理论具有一致性。基于心理现实性构建全新的语言模块理论会更加关注语言模块所对应的心理现实机制，而在模块属性的界定上应该还是要保留背景理论的合理部分，并保持前后理论在合理线索上的相容性，也就是说，基于心理现实性构建的全新的语言模块理论和之前的三大经典模块理论于模块化的天赋性机制的观念之上还是存有相当的一致性。第二，应该要强调心理机制意义上的语言所具有的进化环境为具身性的相关环境，精确一些而言就其进化获得的机制为具身环境之下的模块化的、功能性的语言机制，所以说，两个理论要素——"功能性"和"具身性"——应该结合起来进行考察。这事实上是新理论的关键蕴含，且于理论假设之上应该不同于之前的三大经典模块理论。

语言模块事实上是进化而来的一种心理机制，此亦为当前流行的进化心理学强调和提倡的研究领域。"生命逻辑"是人类作为一种生命形态在人—环境、人—人互动过程中所采用的逻辑规则。这种逻辑规则首先体现了生命活动的基本追求，这就是生命本身的存活和种族的存活。因而这样的逻辑规则具有有限适用性、任务指向性以及领域特殊性等特征，即这样的逻辑规则可能仅仅针对某一种任务有效，或者仅仅在特定的环境中有效。（蒋柯，2018a）在进化心理学家看来，人类从诞生开始就不得不面对纷繁复杂的适应任务，不同的适应任务常常对应于不同的解决方案，如此一来，纷繁的领域特殊性任务所对应的应该是各种各样的领域特殊的解决方案。正如人类的身体，事实上存在很多不同的、具有领域特殊性的心理机制，举例来说，血液的循环对应的是心脏的跳动，氧气的吸取和二氧化碳的呼出对应的是肺的收缩与舒张，毒素的过滤与清除对应的是肝的运行，至于我们的大脑，事实上应该存在不同的心理模块对应于各种各样领域特殊的心理机制。

人类在生存过程中会面临各种适应任务，如果只凭借少量的机制去完成各种适应任务，应该是不可能的。人类在心理机制上应该存在各种领域特殊性的进化机制，也就是心理模块。所以说，语言模块应该为进化而来的一种心理机制，是人类应对生存过程中相关的语言任务而具有的领域特殊性的专门化机制，以保证封闭性、专注性的语言信息的加工。

语言模块是语言反应和语言信息加工的专门化机制，它实际上反映了语言的心理活动或语言认知加工的特定的组织方式。当然，有必要专门说明一下，这里所谓的机制，有必要区别于脑机制、生理机制以及神经机制等。因为在所谓的语言模块思想中，其机制并不是为相关的神经或生理的机制找到相应的结构性对应。这里必须强调的是，它事实上属于在功能意义上的对应，并且它还必须具备"非线性"与"动态"的特征。在研究语言模块的时候，必须有机地结合神经机制与生理机制进行考察，特别是要关注它们相应的功能所具有的具身作用方式。总的来说，语言机制关注的应为具身性环境里"自上而下"与"自下而上"的协同运作。

于具身性的环境之下，我们人类慢慢进化针对语言的特殊性的解决方案和高效完成此方案的领域特殊的机制，此类语言机制应该是遵循具身性的功能实现策略，并且会将之刻录于世代相传的基因遗传密码里面，进一步，由基因遗传密码再至基因表达与功能实现，还是依靠具身性的环境来将之激活和实现。没有这种具身性的环境，所谓基因遗传密码就肯定仅仅停留在基因遗传密码的层面而已，无从实现。正如乔姆斯基关于语言的描述，将会仅仅有遗传上的"普遍语法"，不会激活具体的、实在的语言能力。举例来说，一个初生的婴儿由狼群来抚养，在其长大成人后，他天生具有的语言模块（或者说普遍语法）未能于所必需的具身环境下被激活，那么他天赋的语言基因就仅仅会停留在基因遗传密码之上，于现实之中只能是个难以实现人类语言能力的"狼孩"。

其次，语言模块的实现应该要基于基因表达。

就本体论而言，"语言模块"的思想是有其进化论意义的。应该说，模块性于基因遗传密码上所携带的具身功能趋势符合达尔文所提倡的进化选择的逻辑思路，并依"下向因果的关系"来进行多层级控制，以表达与实现具身功能。

这里，下向因果的关系指位于低层次的过程会被高层次的规律所约束，且依循此类规律运行。（Campbell，2006）来自圣菲研究所的考夫曼的观点是，谈到生命的起源问题，像人体内二十种氨基酸那样，单个的它们没有生命的意味，然而，这些大分子会有盲目性的多样发生，也会有盲目性的变异，然后会巧合地构成原始的细菌酶，进而巧合地生成为一个细菌。此类神奇的事情事实上发生的概率非常之小，其发生的概率就像一个超级龙卷风刮过垃圾站，卷起烂铁、破铜之类的废墟，竟然奇迹般地装备成了一个大型波音 737 的飞机，可以说，这样的事情实际上发生的概率完全接近于零。（考夫曼，2003）所以，坎贝尔针对自然选择会有"广义进化"的概念，即盲目变异和选择保持的概念。就是说，盲目的多样性，或者说盲目的变异事实上是不充分的，必须有一个自组织一样的机制方可说明复杂系统的这种进化。这样一来，"自组织机制，以及达尔文的所谓自然选择，它们两者的作用皆应纳入进化论的考虑范围"。（N. Murphy，2009）

于此观点之上，笛根也提出了他的想法。

第一，生命本质、生命起源与生命进化能够这样解释，即于二阶层次之上的自组织所实现的突现机制，这当然也涉及二阶层次之上的下向因果力的机制，会由环境进一步施加下向的、具有放大性的因果力之类的机制，这样一来，能够以自组织机制下的多样性突现为基础，再加上一个下向的放大性的机制，进而，于多样性的突现之内选定可以适应环境的模式，然后再给予放大，这样就应该是可以决定宏观的生物体的某种状态，笛根指出，"如果能够把两个二阶之上布局进行自组织，三阶之上的突现便可能形成，所以，三阶之上的突现能够称为自催化的子系统所具有的自催化的系统"。（T. Deacon，2007）这就意味着：自组织可以完成自我组织与自我创生。

第二，像这样的三阶层级之上的突现与下向因果关系的发生"往往颇费时间"，这是由于，它一定要于进化的历程里，"生成类似记号的一种动力学，用以表征其体系结构或自身的拓扑形式所具有的细微特征，此类的表征能力会因为其具有环境的适应特征而得以获得选择"。笛根认为，于第三层级之上的突现关键是在物理和能量的动力学属性之内分划一个表征的或记号的语言学，（T. Deacon，2003）这也是重新构建新的结构所需要的种子，该种子承载有先前的系统信息。此类区分属于认识的切割，而我们目前熟知的 DNA 便存在此类表征功能。

在墨菲看来，"笛根称之为循环性的因果结构，与时间同步变化的有两个突现的过程，都属于下向因果关系发生的作用，这种作用不仅为上层的环境到中层的有机体这样的下向因果关系，还有由顶层至底层，即从环境至基因的下向因果关系也会发生作用"。（N. Murphy，2009）由此也解释了生命与认识的关系，它的解读需要应用表征、信息、功能与适应的概念，从而了解颇具进化意味的突现现象。由此亦反映了生命科学与其他物理科学的不同。应该强调的是，具有生命的有机体往往将为心脏和神经系统等生命系统加上功能的关注。

事实上，此类生命的起源与进化的逻辑应该也是人类在心理机制进化时所需遵循的规律。近来，认知神经科学揭示了人类大脑总共存在860亿个神经元以及数以万亿计的突触或者联结。对于心理机制这样复杂的系统，如果只进行盲目的选择和变异来完成进化任务，实在是不可思议的。

实际上，应该是人类在其生存和进化的具身性环境之下，使得其心理和认知的发展承受了放大的下向因果力的影响，这样一来，也就于自组织所存在的多样性的突现可能之上，令心理和认知的相关神经系统承受了一个下向的因果放大机制。于是，在多样性的突现模式之内，人类心理和认知的神经系统将遴选能够适应各种相应具身性环境的相关模式，并进一步将之放大。"模块性的具身性功能"实际上应为此下向放大性的因果力被记载在遗传基因密码里面，从而注定左右神经系统在运作与进化上的可能选择。

这样一来，下向因果力将会使得数目众多的神经元按照相关的特定逻辑来运作自组织的过程，而存在具身性功能相关的心理和认知的模块也就得以建构。此类记载在基因遗传密码里面的"模块性的具身功能"不只作用于较为宏观的心理和认知系统，长久以来的进化和选择之下，基因遗传密码里面的"模块性的具身功能"还会以记号动力学的方式依"下向的因果力"作用于更细微的层级之上，并实现相应的表征。

最后，人类大脑或心智应为具身环境下的"可以功能分解"的系统。

人类大脑或心智并不是透明的、均质的或单一的原始单元，也不是混沌、不可分的统一体，而更可能由多种多样的可以功能分解的诸多单元来构成。此类功能独立的单元会与其周围的环境之间形成协同性的运作，构建动力统一的机制，由此建立了一个具有复杂性的动态系统。

平克与乔姆斯基皆认为语言应该是较为独立的一种能力，它应该独立于一般认知能力之外，而且，语言能力一旦受损，倒不会影响别的认知能力的状态，反过来也是这样。如此一来，对两个方面都给予了关注，即功能分解与心智机制的复杂性。也许，其中某个分解模块受损将影响到该复杂系统某些部分的协作状态，然而，这并不可能导致整个心智机制的失灵。

另外，西蒙关注了复杂的系统内的分层机制，区分了近乎的可分解性与简单的可分解性。我们如欲解释复杂系统的机制，往往会在各组织部分之内识别其相应的独立功能，如此一来，也许将遗忘各层级之内所可能有的其他部分的作用，同样也可能遗忘较低或较高层级内其他运作的作用。（Simon，1995）该解释既揭示了复杂的系统的运作机制，同样也揭示了心智所可能具有的机制。所以，要关注心智各层级之内的心理模块，就必须防止单一的分析视角。必须关注的是，从功能分解得到各心理模块应该与同层级之上的其他相关心理模块，甚或与其他层级之上的相关心理模块动力统一、协同合作，由此完成这些模块的具身性考察，获得其具身性环境之下各个分解功能的完整画面。

在分析具有复杂性的事物时，有必要对其加以分解，将之还原为具有基本功能的基本性的组成与结构，由此进一步再做具体而详细的针对性分析。此类的分解不用还原至最小层级，事实上只需还原至基本且有意义的层级即可。（唐孝威，2007）所以说，应该将心智分解、还原至心理模块的层级，也就是说，将心智看作能够进行功能分解的具有具身性属性的一个系统。

如此一来，我们就可以由相互协作的路径且从系统协调的观点分析心智的复杂性机制，于相应层级做相关还原的方法实现分解性的分析与研究，从而掌握各个分解机制之间所存在的相关联系，进而将此类具有基本功能的基本性的组成与结构依循其所具有的联系方式加以有机整合，由此获得心智复杂机制的完整画面。当我们联合考虑合理还原论与有机整合论的时候，必须关注心智复杂机制所具有的各部分都应该在具身性的整体环境中运作，各具有模块性的各个部分之间会存在相互的作用，并于此类相互作用中实现有机体之内的相生相依与协作运作。

合理还原策略与有机整合策略应该是语言模块的具身性功能模块观所推荐的路径。我们还原语言心理的现象与语言的心脑机制时，应该关注和语言心理现象相关的各心理模块间的相生相依与协作运作，毋庸置疑，此类协作必须在具身性的语言环境之中来进行研究，这样才有心理现实性的意义。我们这里所说的还原应该为具有合理性的还原，为具有适度性的还原，应该归为弱还原的概念范畴，而且此类还原对应的各种语言心理所具有的模块间的相互作用都存在心理现实性的意义。而且，也应该将语言模块运作时所有相关心理模块之间的相互作用加以整合，并以之为相关基础来分析其于具身环境中所可能具有的功能统一，同时也关注语言模块运作时所有相关心理模块之间的相互作用所可能具有的整体过程。此外，这里的有机整合的具身语境亦为我们的关注内容。

二、核心标准的重建

福多、平克和乔姆斯基的经典模块理论都没有为心理模块（包括语言模块）的概念提出明确的定义，他们仅仅描述了心理模块（包括语言模块）的构成应该遵循的标准，此类构成标准也就成了语言与心理模块研究的核心问题。他们的理论更多的还是基于经验的假设，缺少具身性以及心理现实性事实的支持，同样也没有功能性与具身性的有机统一，现在看来，还是有不少地方应该加以修正。

首先，语言模块的"先天性""发展性""领域特殊性"的构建标准。

乔姆斯基基于器官学假设所提到的"人的心理结构或认知结构会按照一种生物禀赋所设定或引导的过程生长着"（Chomsky，1980）的观点可以保留，但他将天赋的"语言能力"（即今天意义上的"语言模块"）等同于"内在的知识"，并将"内在的知识"做形式化处理的方法论思路应该剔除。平克提到，心理模块是大脑中的"任务定向的神经回路"，且认为这些神经回路是通过进化形成的本能，（Pinker，1994）这一进化论态度值得肯定。但正如上文提到，平克的进化论思路有待完善，未来应结合"脑—身体—环境"的动力关系解释心理模块的历史性进化和个体性发展。

在我们进行语言模块的"功能性"和"具身性"考察的时候，"先天性"和"发展性"不应该是对立的两极。先天性事实上强调语言模块预设的生物性基础，加工语言任务的相关神经回路会存在先天预设的协作发展的可能；至于发展性，则是预设的相关回路会因为领域特殊的相关输入获得激活，然后协作、绑定，那些基于先天预设的回路会在发展中获得相应的修剪与加强，功能高度特异化的、领域特殊性的神经回路由此逐渐形成，最后绑定成形，固定下来。

所谓领域特殊性，按照科斯米德斯（Leda Cosmides）和图比（John Tooby）的观点，我们的心理主要由一些特殊化的机制所构成，它们对领域特殊的表征进行操作。（Cosmides，1994）这种特殊化机制的工作原理是：接收作为输入的表征，并根据某些规则来操作表征，以便产生作为输出的表征（或动作）。我们的心理构架类似于成百或上千个有独立功能的计算机（实际上就是达尔文模块）的联盟，它被设计来解决我们的祖先所遇到的特有的适应问题（Adaptive Problem）。（商卫星等，2007）

语言模块的"领域特殊性"对应的是"功能高度特异化"，由此确保语言加工的速度、效率与可靠性。语言模块的效率在不同的个体身上会有不同的状态与反映，这主要取决于这些"功能高度特异化"的回路在不同个体身上的激活、修剪与加强的具体情况，由此也反映了不同个体在发展上的差异性。应该强调的是，这种差异性应该是在"绑定的神经回路"整体一致的前提下的局部细微差异。另外还要关注，语言模块内所"绑定的神经回路"的发展具有不可逆性，此亦为语言习得所给出的所谓"关键期假说"立论的心理现实性依据。

孩童所具有的阅读脑的逐渐发展也为语言模块的发展性提供了心理现实性依据。约翰逊的"交互特异化"指出，人类在诞生之后，脑功能的特异化事实上得益于大脑皮层之内各脑区之间所存在的相互作用，并由此慢慢发展而成。（Johnson，2000）孩童于诞生之后，即会获得新的神经运作能力，在皮层区域内的相关反应属性会于互相竞争中存在逐渐改变的过程。比如，拿孩童学习阅读作例子，孩童必须学习如何书写文字，学习如何把书写的符号和语言声音对应起来，此类的语言学习进程所对应的脑区不只是关联到视觉加工所对应的脑区，也会关联孩童早期的口语语言系统所对应的脑区。（Bradley，2007）

所以说，语言模块的各个部分从小就会在不断地刺激和学习的过程中，感应具身环境下语言模块内神经回路的各个部分的协同合作，逐渐形成语言模块各个部分相应的功能实现的方式和状态。同时，语言模块必须能够适应具身环境即时变化所要求的各种神经绑定之间的协同任务。所以，从婴幼儿发展至成人所经历的各个发展阶段，大脑内语言模块具体参与阅读的神经绑定之间的具体协同状态可能会存在一定的差异。随着孩童在具身的语言环境下的日益适应，其相应的口语语言的神经绑定和书面语言的神经绑定将慢慢特异化，进而固定成型，也即语言模块里的子模块在具身语言环境下逐渐发展成形。

语言模块的领域特殊性还会受到下向因果关系的影响，由此约束到语言模块神经绑定的微观层面。举例来说，人类的感觉皆有其特定的神经通道，每一种信息都会有特定的神经回路来完成相应的信息传导，如感觉神经回路会将信息从第一个感觉神经元（对触觉、光感与味觉等进行反应的感受器）传导至大脑和脊髓中特定的神经元，这样听觉信息和视觉信息由于传导通路不同而获得了不一样的感知。（坎德尔，2007）而对于语言模块的这种状态，我们也会有来自心理现实性的相关证据。比如一些脑受损患者，在大脑受伤之后，由于语言模块之内的局部神经回路受到损伤，从而丧失了其对应的相关功能。常见的例子有：第二外语相关的语言模块的子模块的相关神经回路受损，导致患者丧失了该语言子模块所对应的语言功能，而其他未伤及的语言子模块所对应的语言功能丝毫不受影响，比如母语功能没有任何影响。

其次，语言模块应该具有"不可通达性"和"封闭性"：

这是福多所强调的心理模块的核心属性，（Fodor，1998）福多的"封闭性"指"心理模块除了它们自己专有的信息源之外不能利用其他任何东西"；而"不可通达性"指"心理的其他系统有限制地通达一个心理模块内正在加工的东西"。我们认为这两个所谓"心理模块的核心属性"应予颠覆性的重建，或者说，有必要从"核心属性"中剔除。

之所以这么说，因为它实质上是认知计算主义局限下的无奈选择。只有在"封闭性"和"不可通达性"的条件下，心理的计算理论的线性模式才能有所作为，否则，多渠道信息源的输入会令之应接不暇。只可惜，福多在放弃中枢系统的模块性之后，却又认定心理是具有模块性的，那他如何以他的计算理论回应后维特根斯坦的所谓"语言游戏的多样性"呢？事实上，就成熟的模块而言，会有相对稳定的神经回路，信息源相对固定，但未必专有，如算术模块就会利用语言模块的相关加工成果（马朝林，2004）。即便拿成熟的语言模块而论，在其相对稳定的神经回路中，信息源也是丰富多样的。这绝非福多的线性计算模式所能应付，而只能以具身性条件下的动力系统来加以阐述。

另外，大量的神经解剖学和神经生理学的研究表明，"封闭性"和"不可通达性"只是成熟模块相对稳定的神经回路在认知过程的某个时间点的相对宏观的"取像"而已。如果我们进入到更加微观的视域之内，则会发现神经回路中会有大量新的突触连接在忙于搭建，在这中间，可能就会有新的信息或信息源类型在接入到回路之中，而同时，又有大量久未使用的突触将会被修剪掉，而这又意味着曾经在回路之内的某类信息或信息源将不再会在该回路之内得到连接（或捆绑）。拿非熟练双语者的双语模块为例，第二语言模块的神经回路尚未成熟和完善，新的突触连接的搭建将会更为活跃。当面临第二语言的认知任务时，常常会发生类似逻辑上的"近值取代"现象，也即如果第二语言模块内某神经回路中出现内容短缺，它将会联系第一语言模块内功能类似的神经元群中"逻辑值"相近的神经元（或神经元群）。因此会有所谓"中式英文（洋泾浜英文）"。而且，这种联系会在回路中维持，直到第二语言模块的神经回路形成自己的相关搭建后，日久不用而遭修剪。从这一点看来，用"封闭性"和"不可通达性"作为定义心理模块的标准，就像用成熟的白天鹅的属性来定义白天鹅，结果让"丑小鸭"找不到家的温暖。

三、概念框架的修正

如上文所提到的，心理模块的三大经典理论都没有给出完整、统一的"模块"定义，只是在他们各自的理论描述中蕴含了他们的定义倾向，而理论的建构还是需要一系列独特的概念，应该要有自身完整的概念框架。我们会在本节修正心理模块观的概念框架，并按照具身性功能模块观的建构路径重新思考和建立语言模块的概念框架。

合理的概念应该要有合理的概念预设，而概念预设亦为构建语言模块概念所必需的建构前提，其存在可以防止"泛模块化"的可能，同时，还可以使得语言模块理论的模块概念获得确定而统一的理论意义，也带来清晰准确的心理学解释力。在语言模块的具身性与功能性的模块观之内，语言模块的概念上面已经分析了"天赋性"与"领域特殊性"，这些是经典模块论里面已然存在的较为合理的概念属性，可以继续沿用，此也为新旧模块论的理论延续与传承。此外，我们必须修正"封闭性"的概念预设，另外还要增加层次性、动态性、整体性、功能性与具身性的概念预设：

首先，语言模块应该有"具身性"与"功能性"的概念预设。

"具身性"与"功能性"的概念预设应为语言模块理论的核心概念，上面我们已经有详细分析，这里不再赘述，仅简单说明一下：

其一，语言模块应该是具身含义下的界定，属于人类在具身条件下的生物基础（物质基础），语言模块以其自身的模块加工逻辑为线索，在具身环境中将各个神经元协调合作，"捆绑"成了具有明显功能性边界的神经元群的聚类。

其二，语言模块必须为功能含义下的概念界定，意指语言模块中神经元群的绑定是以功能为导向的模块化构建过程，其构建会依照领域特殊性的模块协作的逻辑，旨在形成神经元群具有非线性与动态性的功能性聚类，且借此满足该逻辑之下的领域特殊性的功能实现。

这里，领域特殊性的功能实现必须为语言模块和相关的具身环境共同作用之下的功能实现，没有了具身的环境条件，语言模块领域特殊的功能将没有了实现的意义与可能。这也就意味着，要了解语言模块领域特殊的功能，则必须分析、研究语言模块是怎样和它的具身环境互为条件、协同运作的，还要关注不同的具身条件之下语言模块怎样做出相应的协作从而实现其功能。

另外，值得一提的是，心理模块的功能意义在大脑皮层和神经元的联系上也早有发现，比如，大脑皮层研究是由 Cajal 于 19—20 世纪之交开始的，他发现个体神经元之间的联系是很精确的，而 Mountcastle、Hubel 和 Wiesel 发现，这些联系的模式有着重要的功能意义，它们在皮层通路和皮层中过滤并转换感觉信息，皮层以功能层和模块的形式组织，这种结构可以随着经验发生改变。（坎德尔，2007）在这里，所谓"随着经验发生改变"等同于我们所讲的语言模块与其具身性环境的互动和统一关系。而在神经元层面的联结特异性是为相对宏观的心理模块的特异性做微观准备，或者是提供微观基础。

一个世纪之前，费希纳关注过主观感受与环境刺激之间具有的定量关系。浙江大学唐孝威带领的团队同样也关注了环境刺激与心理活动之间的关系的相关公式。（唐孝威，2008）他们从与上面提出的具身性模块观类似的理论角度去加注相关定量性的描述。下面，我们参考唐孝威所率团队的相关公式，并以之作为线索尝试提出语言模块在具身性的环境下，其相互作用与功能激活所可能存在的几条相关定律：

（1）语言模块的输入和激活律

语言模块的"输入和激活律"意味着语言模块能够感受其所在的具身环境之内的相关刺激的信号，进而激活它们在功能运作上的相关属性。

由具身性环境之内输入的信号会令语言模块的功能获得激活，同时，语言模块功能所具有的激活水平会依具身环境之内增强的输入信号的强度做相应的提高。假定合乎要求的数值区间里，语言模块的激活水平和周围的具身性环境之内输入的信号的强弱形成了正比关系，倘若超出了合适的数值区间，则功能的激活状态和输入进来的信号之强度将不再保持其曾经的线性关系。下面的公式中，A 是具身性环境之内所输入信号的相关强度，语言模块所具有的功能相关激活状态（Z）与 A 则存在下面公式所示的线性关系：

$Z = KA$。

该公式里，K 为合乎要求的数值区间里所具有的比例系数，于各个语言模块而言，它们会有不一样的比例系数。

（2）语言模块的激活和衰减律

语言模块的"激活和衰减律"能够论证语言模块保持自己所激活的相关功能的属性。被具身性环境所激活的语言模块假设没有接收到具身性环境所给予的输入性信号，那么语言模块就可以维持住它们已经激活的相关功能性状态。不过，如果已然激活的语言模块不再获得具身性环境所输入的相关信号，那么语言模块之中功能相应激活的状态会依时间而衰减。我们假设语言模块先有的功能激活状态为 Z_0，如果时间 $t = 0$，那么语言模块可能会停止接收信号，此时语言模块所具有的功能激活水平会与时间 t 一起减弱，公式如下：

$Z = Z_0 f^{-t/\Pi}$。

该公式中，Π 指衰减所用去的相关特征时间，事实上如果是不同的语言模块，衰减所用去的相关特征时间将不会一样，其取值的跨度将会为数百毫秒至数十秒，这都是可能的。

（3）语言模块的输出和联接律

　　语言模块的输出和联接律反映的是语言模块在功能上的激活与其关联的其他语言模块的关系。在功能上被激活的语言模块通过连接的通路或者接口把它的输出信号输出至其关联的其他心理模块，语言模块信号传输强度将会因语言模块在激活的水平上的增强而提高，同时，还会因传输通道在效能上的增强而提高。

　　假如设语言模块为 Y，那么语言模块 Y 和其他心理模块 X 的联结通道将为 $Y - X$，$Y = 1, \cdots, N$，这就是说，语言模块 Y 将会和其他 N 个相关心理模块以联结通道相关联。在合适的数值范围里，语言模块 Y 的信号传输至其他心理模块 X 的强度会与相关语言模块 Y 在功能上所达到的激活水平存在正比的关联。假设超过合适的数值范围，那么之前所形成的正比线性关联不会得到维持。假设语言模块 Y 在功能上的激活水平是 Y_r，同时联结通道所具有的效能为 E_{YX}，这样一来，输出至其他心理模块 X 的相关信号的强度 Xr 与 Yr 所存在的线性关系能够描述如下：

$$X_r = E_{YX} Y_r。$$

（4）语言模块的反作用和易化律

　　用语言模块的反作用和易化律描述语言模块在功能上的激活会使得联结通道属性发生变化，同时，语言模块所关联的其他心理模块也将在功能上被相应激活。进一步，在功能上激活的其他心理模块还将反作用于它所关联的该语言模块。像这样在功能上激活的语言模块和其他心理模块间的关联，将令其联结通道获得更高的效能，从而还将易化联结通道。如果于一定范围内，该联结通道的相关易化依照幂定律，同时设定联结通道的初始效能是 E_o，那么联结通道的相应实时效能 E 会因该通路的传输次数 N 而有易化的可能，它们之间的关系可以表达如下：

$$E = E_o N^u。$$

　　U 应该是幂指数，它的数值的合适范围应该为 $1 > u > 0$。语言模块和其他心理模块之间的联结通道如果发生了变化，那么 E_o 与 u 的取值也应该发生相应的变化。

　　有一点值得重点强调，关于自然的很多定律会有保守的倾向，其结果就是使得不同的细胞、组织与系统会倾向于依循同样的运作机制。（坎德尔，2007）正因为这个原因，虽然上面给出的四个定律仅为具身环境下语言模块在功能上的激活状况所具有的线性关联，事实上仅为初步且颇具局部性的定量解释，然而，由于"机制近似依循"，它们颇有可能是语言模块以至所有其他心理模块运作机制的基础性描述，我们这里所做的仅仅是抛砖引玉而已。

在具身性环境下，语言模块在功能上的激活应该存在的全景关系实际上应该属于非线性关联，应该是语言模块内各层级以及语言模块与其他心理模块之间借由协同振荡实现相关的非线性关联。所以说，将来学界将会以耦合性相互关联的非线性方程实现相关描述，由此给出语言模块之内以及语言模块与其他心理模块之间的各种相互辅助、协同并动态演化的各种变量关系，从而描述在具身环境下各语言模块之间的功能作用状态，以及与之对应的语言、心理的相应发展。

其次，语言模块具有"动态性"与"整体性"概念。

事实上，语言模块所具有的具体构建与运作的逻辑应该是多样性的，而按照此原则"绑定"的相关神经元群于空间分布上应该具有多样性。依循不同的心理模块逻辑，语言模块会于大脑的各个部位绑定神经元群，从而获得一些反映特定逻辑关系的神经回路。功能各异的神经元群会存在各种交叉、重叠和通达，具有积极的"动态性"品质，也借此预备了语言模块的进化可能。而"整体性"则意味着语言模块之内的各个神经元群，会存在相互作用与配合，再细致到各特定回路内的各个低一级神经元群也是不可或缺，最后协作统一而形成了整体，该整体之内各个层级里的神经回路与神经元群等都将遵循系统论的统一协调与制约。

学术背景的一致，常常对应了理论倾向的一致性。语言模块的具身性功能模块观所提倡的"动态性"与"整体性"的概念和神经现象学的相关理论假设都是第二代认知科学的学术思想，它们就具有相当的一致性。

动态系统的理论家们像皮亚杰一样，将儿童视为某种积极的、自我调节的、自我组织的系统。行为总是随"机体的即刻状态"和"环境的即刻状态"的变化而变化，而发展就发生于机体和环境之间永无休止的相互作用之中。此外，还存在某种自然的发展方向，即自组织系统的这种动态性会确保系统的复杂性和组织性逐渐提高。（弗拉维尔，2002）

神经现象学指出，意识的经验对应了相关神经活动所具有的神经解释，它会和某一刻的神经关联集合的运作相关联，而神经关联集合事实上属于情境化和具身化的环境下神经层面的某种动力耦合过程。"耦合"是一个动力学概念。耦合的英文词"coupling"的一个含义是"联轴器"。两个本来独立的轴承，通过联轴器组成紧密的一体。这一比喻多多少少让我们对耦合的含义有了一定了解，但是也给了我们一个错误印象，即在认知、行动和环境之间是一种线性因果联系。实际上，在生成认知研究中，耦合指的就是行动者与环境之间的相互依赖、彼此制约，从而形成紧密联结的整体，其关系是非线性的复杂性动力关系。认知应该是涌现（Emergence）于行动者与环境的互动互助、彼此约束的多样而复杂的过程之中。（叶浩生等，2019）

这样一来，意识经验的涌现就对应了专门化的神经关联的集合。如果获得了神经的相位同步信息，我们就可以借此考察大脑之内所进行的功能特异的、相应的大范围动力耦合，由此获得相应的具有适应性的意识经验。（陈巍，郭本禹，2011）该观点的关键在于，"功能特异的、相应的大范围动力耦合"，以及"情境化""具身化""动力耦合"。这些关键点亦为"基于心理现实性的语言模块新论"所提倡的具身性功能模块的核心要义。

上面提到的两个理论会有相关思想内容的类似，然而神经现象学理论旨在关注"意识的难问题"，如欲建构的理论既可以解释意识的主观性又可以作为神经生物学的研究提示，那么它的研究视域必定会是较为宏观的。对于"基于心理现实性的语言模块新论"应该具有不一样的研究纲领，新论所强调的不仅仅是在宏观层面上的相关语言机制，同样还会强调在具有心理现实性的微观层面上语言机制运作的模块化趋势，会以模块化逻辑关联语言机制中"由下而上"与"由上而下"的因果作用，借此形成一个对语言机制的统一的、多维的、动态的描绘，既有共时性又有历时性，既有宏观性又有微观性。

其次，语言模块具有"封闭性"的概念。

从宏观上来说，语言模块应该为封闭性的，语言模块在内部运作上会遵循语言模块领域特殊的"整体的逻辑原则"，对于第一语言的子模块与第二语言的子模块之类的较为微观的模块层级，其应该有的理想状态事实上必须遵循运作时要有的封闭性，因为封闭性实际上能够有效地保证模块内相关运作的秩序与效率。只是在子模块的层级之内，又应该依照领域特殊的相关子模块的具体逻辑来运作。

不过，值得注意的是，目前已经有的语言模块的心理现实性考察结果说明了语言的子模块在其发生和发展的开始阶段，由于神经绑定与联结都还没有成熟，所以暂时还不能形成完全的封闭，常常会发生之前提到过的所谓"近值取代"的情况。

有一点需要强调，第一语言的子模块与第二语言子模块这类较为微观的各个子模块之间，在微观层级上的运作事实上会有明显的封闭性倾向。不过，因为这些子模块的运作常常会与其他相关子模块发生动态的协作关联，所以它们的封闭性不会太过强硬，应该是功能特异的区域内的有限封闭和语言模块整体协作的必要关联相结合。

除了语言模块的心理现实性证据，这种子模块的分离与协作可以进一步在心理现实性上获得相关证据。就拿空间关系的相关模块来说，大脑之内存在两个分离的功能特异的空间关系模块，负责数量空间关系与类别空间关系的加工，其中，类别空间关系的运作一般会发生于左半球，数量空间关系的运作则一般会发生于右半球。（Kosslyn，1999）这两种功能特异的空间关系子模块不只是会有功能分离的整体趋势，同样还会有在大脑神经水平之上的相应分离的趋势。我们人类的大脑存在此类神经水平上以及功能执行上的相对封闭，如此进化而来的机制事实上是为确保信息加工的准确性以及相应的运作高效。

我们知道，分离且封闭的系统能够保证系统加工时环境的相对纯粹，免除不相关信息的影响。我们识别物体的时候，能够忽视数量空间关系的精确性，只需要完成相对粗略的类别加工。如果数量加工过于精确，则可能干扰识别任务的完成。不过，相关的心理现实性考察发现了此类空间子模块加工的分离或者说封闭的相对性。尼鲍尔（Niebauer）的心理现实性考察发现空间关系加工的两种子模块之间应该会有相关联系，类别的空间关系加工应该为数量的空间关系加工所需的初级状态，而且类别空间关系往往会为数量空间关系加工提供基础，类别空间关系事实上能够作为数量空间关系的运作基础，并能使数量空间关系的加工变得轻松一些。（Niebauer，1999）

所以说，在相同的特定领域之内，子模块于大环境的整体封闭倾向之下，一般都会借由各个子模块之间的协作关系实现运作上的关联和协作。正因为如此，如欲给出语言模块的"封闭性"特点，就一定要否定"绝对封闭"与"永远静止"的倾向，尤其应该关注于微观层面之上各个子模块之间封闭的动态性与相对性。

而且，语言模块所具有的封闭属性并非只存在于较为宏观的语言模块的层级之上，在较为微观的神经元群的层级之上，也存在模块化的关联与构建趋势，这种在较为微观层级之上的封闭性事实上也是为了寻求较为宏观层级之上的语言模块良好的模块化效能。

我们知道，模块内各个神经元之间会有功能特异的关联，也就是说，各个神经元间会有模块化关联的趋势，倾向于将功能相关的特异性神经元或者神经元群连接起来，神经元仅仅会和相关的功能特定的神经元搭建突触，并进一步关联形成功能特定的神经元群，模块内的神经元或神经元群仅仅专注于模块内的协作，大多不会和其他神经元或神经元群发生关联。（坎德尔，2007）此类关联的特异性可以说反映了语言模块的封闭性在神经层面上的微观状态，它还作为我们人类进化之后的遗传信息被刻录在基因中，它反映的是语言模块的神经功能的模块化倾向，依循前面所言的下向因果关系获得在微观层级上的选择与控制，如此一来，可以确保语言模块在微观层级上能够具有良好的功能特异性，从而确保在较为宏观的层级有良好的模块化表现。

语言模块性于微观的神经元或神经元群层级所具有的模块化倾向亦为语言模块心理现实性的重要依据。在这种微观层级，神经元所具有的模块化的选择与控制是一种普遍的现象。

相关实验研究证明，我们人类在婴幼儿时期，大脑内部皮层的兴奋和相关抑制发展都具有不平衡性，往往会使大脑的兴奋具有优势，而相关抑制的发展往往不容易成熟，而兴奋所发生的时间相对较短，并且容易形成泛化。它所对应的行为上的表现则是非常容易兴奋，对于周围的刺激很敏感，从而不能长时间维持注意的效率，较难维持动作的准确性。如果进入到婴幼儿微观的神经层级去考察，会发现这都是由于孩童在婴幼儿时期，其神经元的突触量处于飞速发展的阶段，在四岁之时，其大脑皮层之内的突触密度往往可以发展到成年人的150%。婴幼儿具有如此多的突触量事实上是由于其"封闭性"并没有发展成熟，失去"封闭性"的约束与控制就使得神经发展具有了"泛化"的倾向。然而，这一时期事实上也是心理机制在为语言等各种功能特异的神经系统预备最为充分而全面的模块化基础的时期，也就是说，为语言等各种功能特异的神经系统预备了模块化修剪与搭建的丰富可能性。

不论是婴儿还是成年人，"身体—环境"互动的经验都是抽象概念和高级心理活动习得的基础。（Williams，2009）孩童们从婴幼儿时期开始，各种功能特异的神经系统将基于其与环境的具身性互动，修剪无用的突触联结，加强有用的突触联结，从而缓慢实现语言等心理机制的"封闭性"模块化进程。

进入微观视域，我们会发现婴幼儿时期的神经纤维都会加紧实现神经的髓鞘①化，实现了神经纤维的髓鞘化，就能够让信号在轴突之内的传输速度加快近一百倍。这样一来，就能够保证相关神经系统所对应加工的准确性。新生儿的神经纤维往往缺乏髓鞘，所以其动作往往难以做到精确。我们人类神经的髓鞘化一般是在 6 岁左右发展得相对成熟，不过在前额叶相关联合区的髓鞘化则需等到二十岁之后方可发展成熟。我们知道，此类神经纤维的髓鞘化实际上也是给予了语言等心理机制"封闭性"的模块化的微观基础与保证。

最后，语言模块还具有"层次性"概念。

语言模块于各个不同的层级之上会存在各自对应的模块性构建。在相对低级的层级之上的语言模块的子模块将专司功能特异的一职，例如负责语音的有语音模块，负责词形的有词形加工模块，第一语言有相对专一的第一语言模块，而第二语言则会有相对专一的第二语言模块，各个子模块之内会有相对的封闭性保证各自领域特殊的相关加工的效率。如果层级再往上走，会有整体的语言模块负责协调语言各个层级子模块的运作，协作完成整体加工任务，同时也在语言模块的整体运作上保持系统之内的相对封闭，实现整体上的模块化运行。

语言模块对应的神经系统是功能特异的加工系统，只专注于接收和加工语言文字信息，相对封闭的运作将不可能与其他不相干模块发生关联，仅仅对应关联诸如视觉加工、空间加工和数字加工的相关模块，并会有特

---

① 髓鞘应为神经突起之外围近似电线绝缘体一般的一层磷脂类物质，其作用就像是预防"串电"与"跑电"一样。

定的接口形成相关的定向协作。

　　下面我们以语言模块内的第一语言子模块和第二语言子模块为例，解释语言模块之内上下层级之间、各层级之内的各子模块之间所可能存在的协作状态。事实上，语言模块内的第一语言子模块和第二语言子模块首先会遵循其总体的语言逻辑，同时也会遵循第一语言子模块和第二语言子模块各自所具有的子模块逻辑，此即为上面所说的"总模块逻辑"与"子模块逻辑"的关系。第一语言子模块和第二语言子模块的语言逻辑应该属于子模块逻辑，它们各自绑定的神经回路都会依照各自的逻辑绑定、协作。

　　进入到第二语言的子模块，可见其神经元群的这些自组织属性：

　　（1）基础共核。说的是第二语言的子模块会与第一语言子模块一起有共同的运作基础，遵循共同的语言运作相关逻辑。

　　（2）资源同享。说的是第二语言的子模块会与第一语言子模块一起共享大系统之外的相关认知模块系统，在其子模块运作过程中会有限制地与系统之外的其他心理模块发生有限制的关联协作。

　　（3）群内自律。说的是第二语言的子模块内的神经元群皆会存在其功能特异的独立决策与加工的可能，并将遵循其自身独有的运行逻辑。

　　（4）近值取代。本概念上面提到过，说的是第二语言子模块之内，运行过程中的相关神经元群会有传导短路的可能。此时，第二语言子模块将联络第一语言子模块里面近似神经元群之内、逻辑值较为近似的神经元联结，从而发生所谓的近值取代来实现相关的认知任务，它在行为表现上对应的是"洋泾浜英文"。我们认为，如果某人的第二语言的水平较高、较熟练，则意味着他的第二语言子模块较为成熟，封闭性较好，发生近值取代的可能性就较低。

　　（5）递归调用。说的是第二语言的子模块之内的神经元与神经元群能够依照其搭建与表达逻辑完成各种内嵌、并列与重复的操作，从而支持丰富成熟的第二语言的加工。

　　（6）迭代趋简。说的是第二语言的子模块之内的神经元与神经元群在第二语言的习得过程中，不会是一蹴而就，毫无变化，而是会有反复的迭代进化，去繁从简，日趋成熟精练，最终达成"最简方案"的理想状态，保证模块之内的最佳效率。当然，此处所言的最简方案并非生成语言学的

"仅需一个词库与一个句法程序",而是一种最佳状态之下的最高效率的最简实现方案。

四、方法论的修订

(一) 方法论的拓展

"人脑作为我们认识的对象不是那种最基本的、不可再分的原始单元,而是复杂程度极高的、近乎可分解的动态系统。"(熊哲宏,2005b)这里有三个重要内容,首先是"复杂程度极高",它提醒我们对人脑运行机制的探索不应有一蹴而就的想法,而应该基于"近乎可分解"的事实进行分析性方法的探索,即进行功能分解的细致分析。然而,这"功能分解"绝非传统意义上的"还原论"思路,因为"近乎"二字提示我们这"分解"并未纯净,如循此法还原,必有遗漏,而可能遗漏的重要内容之一便是各个分解系统之间的动态关系。这又提示我们,如欲做到探索的全息,势必还要考虑用"动态系统"的建立来联系我们"功能分解"的局部。

我们人脑之内存在多个心理的模块化系统的协作,任何认知过程都必须有外周的神经系统作为它的运行条件,这就必须依靠我们的大脑之内所具有的认知神经系统相关的集群性分工之间的功能特异的协作,而此类集群性神经系统亦为模块化系统之间的协作,各种领域特殊的神经机制之内会有功能特异的相关模块化的构建与之相对应,各类认知任务的完成往往是依靠整体协作之下的动力耦合。另外,在考察此类动力耦合的协作关系之时,还要重视具身环境下外周神经系统存在的"身体与环境"的关系,必须将功能的完成置于具身的语境之下,而且我们还要注意此类动力耦合的过程会影响到领域特殊的模块化神经回路的构建。

在我们的大脑之内,语言模块与其他心理模块一样都存在有模块化的运作趋势,语言模块与其他心理模块之间,会存在着动力耦合的协作关联,因此,对于语言模块的分析和研究,必须观照语言模块内外的耦合关联,这里的"内"是关注语言模块之内的运行状态,它亦意味着关注较为微观的层次,例如会关注句法子模块、语音子模块与语义加工子模块等。像这样的分析方法可以说是属于功能分解的方法论思路。

在分解之后，我们需要进一步分析多个功能特异的子模块之间的协作，这样一来，就会关注到相对微观的层次上所存在的动力耦合，从而能够了解到相对微观层次上所具有的整体状态，此类研究方法事实上是依循"层级化"的方法论思路。另外，上面提到的"外"则意味着关注语言模块和其他心理模块的协作，比方说，研究语言模块必须关注它与推理模块、感知模块之间的动力耦合，借此了解语言模块较为宏观层次的耦合状态。

动力耦合概念是具身动力学研究常常用到的方法，马图拉纳（Maturana）和瓦雷拉（Varela）（1988）最先提出这个方法并且将它应用到认知科学的相关研究之中。（Maturana，Varela，1988）马图拉纳和瓦雷拉把意识当作生物学的现象加以研究，由此也令奎克（Quick）（1999）和达腾哈恩（Dautenhahn）等（2002）试图给出"具身性"的准确概念，且进一步给出具身认知系统之内动力系统的理论。（陈巍，郭本禹，2012）他们所提出的动力系统理论是研究行为轨迹所可能具有的空间结构，及其内部的和外部的力量关系于此类轨迹出现时会怎样实现，另外，还会关注身、脑和具身环境所可能存在的耦合关系。

再细说的话，动态系统的理论是研究在大脑各个运作机制的运作过程中系统之内各个状态的一组数学计算的工具。如此一来，它也就提供了一个研究的方案，意在表现我们的身体和外部世界怎样经由各个连续的关联互动而达到协调，进而实现行为的适应，不再只是关注我们的外部世界如何变成我们内部心智之上的相应表征。（Kelso，2006）

所以说，认知系统之内动力系统的相关理论关注认知所对应的时间维度，还包括认知个体的身体、脑与环境的动力耦合过程中涌现出来的方式。我们人类不管其行为的简单或复杂，事实上它们都是大脑之内自组织运作的高级而复杂的神经运作的结果。

实际上，应该说地球上的生物体的神经机制基本皆为自组织的机制，为"各个运作构件间具有的非线性的关联与交互，以及由此产生的涌现而表现出来"。（Kelso，1988）语言模块内部的自组织同样也存在稳定的系统状态，它应该是得益于其内部各个子模块之间自组织的动力耦合，高一层级的语言模块将会限制、引导低一层级的子模块，系统之内动力耦合的自组织状态内容丰富、复杂。目前作为初级探索，我们可以试图先理清系统之内各个子模块自组织的基本逻辑和大概的运作方式，可以先以较为少且简的维度大致描绘其状态。

还有，在考察语言模块的动力耦合的运行状态时，我们能够结合考察神经元群协调运作时分布式集群所具有的同步性反应。用多电极的实验观察到相类似的刺激反应所具有的同步性常常能够发生于相同脑区之内互相分离的各个细胞集群内部，甚至于不同的大脑皮层区，涉及脑部的左右两个半球，由此说明与语言相关的神经元群之间所具有的分布式集群能够发生同步协作。（Singer，1995）这些神经元群尽管在空间上互相分离，但依然具有同步的关联反应。

在我们大脑皮层的某些特定区域的神经元以及各个神经元群中间，同步协作事实上会频繁出现，它事实上也对应了我们所说的语言模块各个子模块之间的协作，不过，应该强调的是，它们在空间上所对应的是脑部不同皮层区的神经元群，而且在完成各类语言任务之时，各个神经元群之内的神经元之间也应当发生同步反应，协作一致。（郭爱克，2000）此类同步协作应为语言模块的跨大脑皮层多区域的协作状态，语言模块内由同步振荡完成同一集群以及语言模块之内各个神经元群之间的同步协作，至于不同集群，或者说不同心理模块之间的其他神经元群的放电将不会存在时间上的同步，不参加语言模块之内的相关协作。同步振荡或同步化的发生事实上属于神经元群之间的具有并行属性的自组织过程，我们可以尝试用脑动力学探索语言模块的同步振荡或同步协作的运作规律。

综上所述，我们在对语言模块的运行机制进行考察时，必须拓展方法论思路，必须将功能分解的方法与层级化、动力系统的构建结合起来加以考虑，必须有系统论和动力学的思想，由此就可能真正达到具身性和功能性的有机统一，这样才可以全面、细致地描绘语言模块系统之内的真实图景。

（二）方法论应有的整合思路

纽厄尔（Newell）指出，科学应该尽量做到目标统一，心理的机制应该有一个统一的理论来解释。而且，这个统一的理论应该能够将多种多样的认知机制统一梳理清晰，可以说它应该是一个关于认知的普遍且统一的理论。（Newell，1990）就当前来说，语言学界和心理学界一样都有着不少的研究取向，我们应该将现有的多个研究取向结合起来，统筹研究、分析，最后尽可能整合在一个理论线索之内，形成一个具有解释力，可以指导未来对语言以及心理机制的探索的思想与方法。可惜，目前仍然尚未形成可以在思想与方法上都能够整合当代心理学多样的研究取向的思想与方法。

　　科学一直不断发展，现在各个学科间越来越强调合作和互补。神经科学与心理学即为具有互补性的学科，它们之间没有谁取代谁，只有互相给予提示和补充，互相受益，甚至会形成一个全新的领域、崭新的视角，认知神经科学的产生与发展便是很好的例子。语言的具身性、功能性的模块理论提倡将语言机制的分析与研究置于神经、认知与行为的视域之内考察。此类结合三个视域的考察方案不仅仅在于进行了三个视域之内的考察，更关键的还是在于，结合了三个视域的这种考察能够提供对语言以及心理更为深入的了解和更为完整的图景。

　　"我们说，神经科学家可以参考来自心理学研究给出的相关行为参数，再从神经科学的视角给予相应的分析，而心理学家亦会参考、运用来自神经科学相关发现或数据，从而调整与修正心理学的相关理论（例如：信息加工理论），我们不应该寄希望用单一的模型即可囊括所有的状态。"（Churchland，1988）。事实上，心理学与神经科学的学科划分应该还是遵循逻辑与理论上的意义，如果回到本体论的角度来说，根本就不存在这样不同的、各自为政的两个领域。（叶浩生，2011）应该可以说，语言的具身性、功能性的模块理论认为，心理学与神经科学能够为语言模块给出不同的分析路径。语言属于心智的主要功能之一，其运作过程又需要大脑、身体与环境的协调合作，所以在研究语言的机制之时就应该从多个视角、多个认识层面结合考察，语言的具身性、功能性的模块观正具有这些多样视角与多层次的研究方案，具有跨学科广度与深度的可能。

　　语言的具身性、功能性的模块观提倡跨学科的研究方法。采取跨学科研究的逻辑基础在于其可能提供的同一研究对象不同视域之下同构性与系统性的认识。我们认为，同一对象系统在不同学科视域之下因为研究视角与主题的不同会有不同的关注点，而这些不同的关注点事实上会具有同构关系，是同一事物的不同方面。这里的同构关系是指对象系统不同视域之下的不同分析元素在关系或运算法则方面具有一一对应的相关映射。如果某个相应的同构性在多个领域构建起来，在其中一个领域获得的理论与方法就应该能够相应地适用于其他的相关领域。

语言模块的具身性功能观还提倡在跨学科的研究路径之上要注意有机整合与合理还原，并将它们统筹协调运用。具体而言，可以先还原语言的心脑机制与心理现象，研究和语言的心理现象相关的各种语言子模块和心理模块间的协作关联，而且此类还原和分析尽量能够有跨学科、跨领域的多重信息，尽量多一些相关学科之间的协作和交融，由此进行同一问题的多视域考察，保证研究视野的全面、真实。

另外，还应该提倡既要在相对宏观层面留意语言模块与其他心理模块之间的相互关联，也要留意在相对微观层面的语言模块之内各个语言子模块之间的协作关系，并且再将不同层面上的关联进行整合，分析其在具身环境之下各个层面上存在的功能统一性，还有语言模块内外存在的协作关联所形成的各个层面之上的整体过程。重要的是，必须关注此类整合过程的具身性语境以及有机统一的特点，语言模块是内外相互作用的有机统一体，语言模块各个层面的相互作用存在着内在的联系，形成具身性环境下有机的、整体性的过程。

（三）方法还原论的立场

19 世纪中后期兴起的"科学心理学"力图探索弥合之路，用科学的术语和方法来讨论心灵和意志的问题。今天的认知神经科学就是这种努力的逻辑延续，它首先确立了两个预设前提，一个是应然预设："心理现象应该被还原为生理—物理事件"；另一个是实然预设："心理现象实际上可以被还原为生物—物理事件。"（斯蒂克，2014）认知神经科学所提倡的还原论具有明确的目标，此即为提出"具有统一性的理论"以求解我们的"心灵"。

我们在这里要进一步阐明上面所说的还原论，语言模块的具身性功能模块观所提倡的还原论不应该是传统意义上的还原论，而应该是方法还原论。

还原论可以分成三个不同的种类，即解释还原论、本体还原论和方法还原论。目前，在认知神经科学领域所提倡的还原论和理论心理学与哲学心理学领域所批驳的还原论，事实上并非相同概念。

在本体还原论看来，实体事实上应该由下一个层级的一些其他实体构建而成。各个不同的实体所具有的各种运动形式之间，可以把高级的运动形式分析还原为某种低级的运动形式。而在某一个实体之内，可以把该实体的高级层次分析还原为低级层次。"谈及某人的忧伤与快乐，记忆与思维，自由意志与人格统一感，所有这一切事实上仅为神经元及其相关分子按照其固有逻辑聚集协作的结果。"（Hacker & Bennett，2003）而解释还原论则专注于神经元以及相关分子间存在的相互作用，并以之解释大脑之内的相关加工、运作。从某种意义上言，解释还原论事实上应该属于折中性质的本体还原论。

尽管认知神经科学领域的实验研究已经取得了丰硕的成果，而且还有临床应用上的成效，然而现有的数据还不能够满足研究者们的预期，也就是说，未能在神经的活动与心理的属性之间获得因果联系。此预期的更为一般性的陈述是，将心理属性还原为神经生物学的，乃至物理学的属性。实现目标的困难不是来自实验本身的缺陷，而是实验研究所依据的概念化体系和基础性假设的偏差。（蒋柯，2017b）

解释还原论与本体还原论皆能归结为经典还原论的理论范围，经典还原论主张从心理学范畴还原到生理学的范畴，从生理学的范畴还原到化学的范畴，再从化学的范畴还原到物理学的范畴。我们目前已经可以了解到，这样的路径于心理学而言是明确不行的。所以，我们有必要关注另一种还原论的路径，即方法的还原论，它现在已然成为认知神经科学里面所提倡的还原论路径。

"方法还原论"提倡科学的分析原则，主张由相对低级、简单一些的物质层次或物质运动形式出发，去解释相对高级、复杂一些的物质层次或物质运动形式。该路径存在两个关键要点：第一，对于事物的认识给出了由部分扩展至整体的路径；第二，也给出了从本质至现象，以及从里至表的认识策略。（周维刚，2005）这里，我们的语言模块的具身性功能模块观所提倡的亦为方法还原论的思路。我们认为，可以用层次化与功能分解的方法分析、研究语言机制之内各个不同层级上的一些语言子模块的外部环境与内部运作，再进一步把它们有机整合。而且，在分析与研究的过程中必须关注语言机制的动态属性，也要关注具身性环境与突现的状态，不应该强求语言机制在神经与生理上的强硬对应。

参考文献

一、著作类

[1] 巴斯. 进化心理学：心理的新科学［M］. 熊哲宏，张勇，宴倩，译. 上海：华东师范大学出版社，2007.

[2] 柏格森. 创造进化论［M］. 姜志辉，译. 北京：商务印书馆，2004.

[3] 柏格森. 时间与自由意志［M］. 吴士栋，译. 北京：商务印书馆，2005.

[4] 贝内特，哈克. 神经科学的哲学基础［M］. 张立，等译. 杭州：浙江大学出版社，2008.

[5] 陈鼓应. 老子今注今译［M］. 北京：商务印书馆，2015.

[6] 代天善. 语言天赋论：乔姆斯基语言思想探索［M］. 北京：中国社会科学出版社，2011.

[7] 达尔文. 物种起源［M］. 周建人，叶笃庄，方宗熙，译. 北京：商务印书馆，2005.

[8] 笛卡儿. 谈谈方法［M］. 王太庆，译. 北京：商务印书馆，2006.

[9] 克莱因. 数学：确定性的丧失［M］. 长沙：湖南科学技术出版社，2007.

[10] 费多益. 心身关系问题研究［M］. 北京：商务印书馆，2018.

[11] 福多. 心理模块性［M］. 李丽，译. 上海：华东师范大学出版社，2002.

[12] 弗拉维尔. 认知发展［M］. 邓赐平，等译. 上海：华东师范大学出版社，2002.

[13] 菲利普·纳尔逊. 生物物理学：能量，信息，生命［M］. 黎明，戴陆如，译. 上海：上海科技出版社，2006.

[14] 高新民．心灵哲学［M］．北京：商务印书馆，2002．

[15] 郭爱克．计算神经科学［M］．上海：上海科技教育出版社，2000．

[16] 哈肯．协同学：大自然构成的奥秘［M］．凌复华，译．上海：上海世纪出版集团，2005．

[17] 洪堡特．论人类语言结构的差异及其对人类精神发展的影响［M］．姚小平，译．北京：北京大学出版社，2002．

[18] 胡塞尔．现象学的方法：黑尔德导言［M］．倪梁康，译．上海：上海译文出版社，1994．

[19] 胡塞尔．欧洲科学的危机和超越论的现象学［M］．北京：商务印书馆，2001．

[20] 吉尔伯特·赖尔．心的概念［M］．徐大建，译．北京：商务印书馆，2006．

[21] 卡米洛夫·史密斯．超越模块性：认知科学的发展观［M］．缪小春，译．上海：华东师范大学出版社，2001．

[22] 坎德尔．追寻记忆的痕迹：2000 年诺贝尔奖得主坎德尔的探索之旅［M］．李新影，南云，等译．北京：中国轻工业出版社，2007．

[23] 康德．纯粹理性批判［M］．韦卓民，原译．曹方久、唐有伯，整理．武汉：华中师范大学出版社，2005．

[24] 康德．实践理性批判［M］．韩水法，译．北京：商务印书馆，1999．

[25] 黎黑．心理学史［M］．李维，译．杭州：浙江教育出版社，1998．

[26] 黎黑．心理学史［M］．蒋柯，奚家文，等译．上海：上海人民出版社，2013．

[27] 李其维．破解智慧胚胎学之谜［M］．湖北：湖北教育出版社，1999．

[28] 塞西 S J．论智力：智力发展的生物生态学理论［M］．王晓晨，李清，译．李其维，校．上海：华东师范大学出版社，2009．

[29] CHRIS FIRTH. 心智的构建：脑如何创造我们的精神世界［M］．杨南昌，等译．上海：华东师范大学出版社，2012．

[30] 罗素．心的分析［M］．贾可春，译．北京：商务印书馆，2010．

[31] 罗素．人类的知识［M］．张金言，译．北京：商务印书馆，2001．

[32] 麦独孤．心理学大纲［M］．查抒佚，等译．北京：商务印书馆，2015．

［33］梅洛·庞蒂. 知觉现象学［M］. 姜志辉，译. 北京：商务印书馆，2001.

［34］梅洛·庞蒂. 行为的结构［M］. 杨大春，张尧均，译. 北京：商务印书馆，2005.

［35］皮亚杰. 结构主义［M］. 倪连生，王琳，译. 北京：商务印书馆，1984.

［36］皮亚杰，英海尔德. 儿童心理学［M］. 吴福元，译. 北京：商务印书馆，1986.

［37］皮亚杰. 发生认识论［M］. 范祖珠，译. 北京：商务印书馆，1990.

［38］皮亚杰. 结构论［M］. 李其维，译. 左任侠，审校. 郑州：河南大学出版社，2021.

［39］平克. 语言本能：探索人类语言进化的奥秘［M］. 洪兰，译. 汕头：汕头大学出版社，2001.

［40］乔姆斯基. 乔姆斯基语言哲学文选［M］. 北京：商务印书馆，1992.

［41］乔姆斯基. 语言与心理［M］. 牟小华，侯月英，译. 北京：华夏出版社，1989.

［42］乔治·索罗斯. 金融炼金术［M］. 海口：海南出版社，1999.

［43］让·保尔·萨特. 自我的超越性［M］. 杜小真，译. 北京：商务印书馆，2014.

［44］塞尔. 心、脑与科学［M］. 杨音莱，译. 上海：上海译文出版社，2006.

［45］GAZZANIGA M S. 认知神经科学［M］. 沈政，等译. 上海：上海教育出版社，1998.

［46］斯蒂芬·平克. 语言本能［M］. 洪兰，译. 汕头：汕头大学出版社，2004.

［47］斯蒂克. 心灵哲学［M］. 高新民，等译. 北京：中国人民大学出版社，2014

［48］斯图亚特·考夫曼. 宇宙为家［M］. 李绍明，徐彬，译. 长沙：湖南科技出版社，2003.

［49］唐孝威. 统一框架下的心理学与认知理论［M］. 上海：上海人民出版社，2007.

[50] 唐孝威，等．脑与心智［M］．杭州：浙江大学出版社，2008.

[51] 托马斯·库恩．科学革命的结构［M］．金吾伦，胡新和，译．北京：北京大学出版社，2004.

[52] 熊哲宏．认知科学导论［M］．武汉：华中师范大学出版社，2002e.

[53] 约翰 R. 塞尔．心灵的再发现［M］．王巍，译．北京：中国人民大学出版社，2005.

[54] 维特根斯坦．哲学研究［M］．上海：上海人民出版社．2001.

[55] 吴国盛．时间的观念［M］．北京：中国社会科学出版社，1996.

[56] GAZZANIGA M S, IVRY R B, MANGUN G R. 认知神经学科：关于心智的生物学［M］．周晓林，高定国，译．北京：中国轻工业出版社，2011.

[57] 詹姆斯．心理学原理［M］．唐钺，译．北京：北京大学出版社，2013.

[58] 张雷．进化心理学［M］．广州：广东高等教育出版社，2007.

[59] 熊哲宏．皮亚杰与康德先天范畴体系研究［M］．武汉：华中师范大学出版社，2002g.

[60] 赵建伟，陈鼓应．周易今注今译［M］．北京：商务印书馆，2005.

[61] ERIC R KANDEL. 追寻记忆的痕迹［M］．罗跃嘉，等译．北京：中国轻工业出版社，2006.

[62] BICKERTON D. Roots of language［M］. Ann Arbor：Karoma, 1981.

[63] BUSS D M. Evolutionary psychology：the new science of the mind［M］. Boston, MA：Allyn and Bacon, 2004.

[64] CHOMSKY N. Syntactic structure［M］. The Hague：Moutou, 1957.

[65] CHOMSKY N. New horizons in the study of language and mind［M］. Cambridge：University of Cambridge Press, 2000.

[66] CHOMSKY N. Aspects of the theory of syntax［M］. Cambridge：MIT Press, 1965.

[67] CHOMSKY N. Language and mind［M］. San Diego：Harcourt Brace Jovanovich Publishers, 1968.

[68] CHOMSKY N. Reflections on language［M］. New York：Pantheon, 1975.

[69] CHOMSKY N. Knowledge of language：its elements and origins. Philologi-

cal transactions of the royal society, Series B ［M］. New York: Columbia University, 1981.

［70］ CHOMSKY N. Some prospects for the study of language ［M］. New York: Columbia University, 1982.

［71］ CHOMSKY N. The minimalist program ［M］. Cambridge: MIT Press, 1995.

［72］ CAMPBELL D. " 'Downward causation' in hierarchically organized biological system" ［M］. In AYALA F J and DOBZHANSKY T. (eds.) Studies in the philosophy of biology: reduction and related problems, Berkeley and Los Angeles: University of California Press, 2006.

［73］ COSMIDES L, TOOBY J. Origins of domain-specificity: the evolution of functional organization ［M］. In HIRSCHFELD & GELMAN. (eds.) Mapping the mind: domain-specificity in cognition and culture. New York: Cambridge University Press, 1994.

［74］ COSMIDES L, TOOBY J. Social exchange: the evolutionary design of a neurocognitive system ［M］. In MICHAEL S. (eds.) The Cognitive neurosciences (Ⅲ). Cambridge: MIT Press, 2005.

［75］ FODOR J. A Theory of content and other essays ［M］. Cambridge: MIT Press, 1990.

［76］ FODOR J. In critical condition: polemical essays on cognitive science and the philosophy of mind ［M］. Cambridge: MIT Press, 1998.

［77］ FODOR J. Modularity of mind ［M］. Cambridge: MIT press, 1983.

［78］ FODOR J. A response to Pinker mind language ［M］. Malden, MA: Blackwell, 2005.

［79］ FODOR J. The mind doesn't work that way: the scope and limits of computational psychology ［M］. Cambridge: MIT Press, 2000.

［80］ GIBBS R W. Embodiment and cognitive science ［M］. New York: Cambridge University Press, 2006.

［81］ KELSO J. Dynamic patterns: the self-organization of brain and behavior ［M］. Cambridge: MIT Press, 1995.

［82］ LAKOFF G, JOHNSON M. Philosophy in the flesh: the embodied mind and its challenge to western thought ［M］. Basic Books, New York: Cambridge

University Press, 1999.

［83］ LEAHEY T H. A history of psychology: main currents in psychological thought (6th Edition) ［M］. Pearson Prentice Hall (Pearson Education LTD), 2004.

［84］ MATURANA H R, VARELA F J. The tree of knowledge: the biological roots of human understanding ［M］. Boston: Shambhala Publications Inc, 1987.

［85］ MURGHY N, ELLIS G R, O'CONNOR T. Downward causation and the neurobiology of free will ［M］. Springer: Verlag Berlin Heidelberg, 2009.

［86］ NEWELL A. Unified theories of cognition ［M］. Cambridge: Harvard University Press, 1990.

［87］ PINKER S. Language learning and language development ［M］. Cambridge: Harvard University Press, 1984.

［88］ PINKER S. The language instinct ［M］. New York: William Morrow and Co, 1994.

［89］ PINKER S. How the mind works ［M］. New York: Norten, 1997.

［90］ PINKER S. The bootstrapping problem in language acquisition ［M］. Mechanism of language acquisition. MACWHINNEY. (eds.) Hillsdale, NJ: Erbaum, 1987.

［91］ PUTNAM H. The "innateness hypothesis" and explanatory models in language ［M］. Synthese from minds, brains and computers. ROBERT C, DENISE D C. (eds.) Blackwell Publishers Inc, 2000.

［92］ SINGER W. Synchronization of neural response as a putative binding mechanism ［M］. The handbook of brain theory and neural networks. Cambridge: MIT Press, 1995.

［93］ SPERRY M S, GAZZANIGA M S, BOGEN J E. Interhemispheric relationships: the neocortical commissures, syndromes of hemisphere disconnection ［M］. VINKEN P J and BRUYN G W. (eds.) Handbook of clinical neurology, North Holand, 1969.

［94］ STICH S, SAMUELS R. and TREMOULET P D. Rethinking rationality, from bleak implications to Darwinian modules ［M］. In KEPA KORTA,

ERNEST SOSA and XABIER ARRAZOLA. (eds.) Cognition, agency and rationality, Boston: Kluwer Academic Publishers, 1999.

[95] DEACON T. Three levels of emergent phenomena [M]. In MURPHY N C & STOEGER W R. (eds.) Evolution & emergence: system, organism, persons. Oxford: Oxford University Press, 2007.

[96] SPERBER D. The modularity of thought and the epidemiology of representations [M]. In HIRSCHFELD L A and GELMAN S A. (eds.) Mapping the mind, New York: Cambridge University Press, 1994.

[97] TOOBY J. and DEVORE I. The reconstruction of hominid behavioral evolution through strategic modeling [M]. In: the evolution of human behavior: primate models, KINZEY W. (eds.) New York: Suny Press, 1987.

[98] TOOBY J, COSMIDES L. The psychological foundations of culture [M]. In BARKOW J, COSMIDES L, & TOOBY J. (eds.) The adapted mind: evolutionary psychology and the generation of culture. New York: Oxford University Press, 1992.

二、论文类

[1] 陈婷，宋辉琼，张宗泽，等. 光遗传学技术应用与动物行为学在神经回路中的研究进展 [J]. 国际精神病学杂志，2015 (6).

[2] D. 洛马尔. 镜像神经元与主体间性现象学 [J]. 陈巍，译. 世界哲学，2007a (6).

[3] 陈巍. 功能主义对当代科学心理学研究的蒙蔽 [J]. 南通大学学报（教育科学版），2007b (2).

[4] 陈巍. 感受性问题与当代心身关系功能主义的批判 [J]. 徐州师范大学学报（哲学社会科学版），2008 (2).

[5] 陈巍，郭本禹. 迈向整合脑与经验的意识科学：Varela 的神经现象学述评 [J]. 心理科学，2011 (4).

[6] 陈巍，郭本禹. 神经现象学的系统动力学方法举要 [J]. 系统科学学报，2012 (1).

[7] 甘甜，李万清，唐红红，等. 经颅直流电刺激右侧颞顶联合区对道德意图加工的影响 [J]. 心理学报，2013 (9).

［8］顾刚 . "乔姆斯基理论"四十年发展概述［J］. 天津师大学报，1999（4）.

［9］郭本禹 . 新自体心理学的诠释观［J］. 南京师大学报（社会科学版），2011（5）.

［10］蒋柯，熊哲宏，胡瑜 . 自然选择理论在行为研究中的核心概念辨析［J］. 自然辩证法研究，2009a（5）.

［11］蒋柯 . 从《语言本能》到进化心理学的华丽转身：平克的语言模块思想述评［J］. 西南民族大学学报（人文社会科学版），2010a（7）.

［12］蒋柯，熊哲宏 . 归纳推理是自然选择塑造的领域特殊性适应机制［J］. 华东师范大学学报（教育科学版），2010b（3）.

［13］蒋柯 . 为什么需要模块心理学［J］. 西南民族大学学报（社会科学版），2011a（6）.

［14］蒋柯 . 透过归纳问题阅读解释阶梯的认识建构功能［J］，自然辩证法研究，2011b（5）.

［15］蒋柯，胡瑜 . "注意"的意义：认知科学的解释范式述评［J］. 华东师范大学学报（教育科学版），2013（1）.

［16］蒋柯 . 身心统一的功能哲学进路［J］. 南京师范大学学报（社会科学版），2016（1）.

［17］蒋柯 . 认知神经科学还原论预设的困境与可能的出路［J］. 苏州大学学报（教育科学版），2017a（2）.

［18］蒋柯 . 计算机模拟大脑与功能性计算策略［J］. 南京师大学报（社会科学版），2017b（1）.

［19］蒋柯 . 心身张力下心理学的发育与蜕变［J］. 苏州大学学报（教育科学版），2018（2）.

［20］蒋柯 . 论理论心理学的技术职能［J］. 苏州大学学报（教育科学版），2018a（3）.

［21］蒋柯 . "图灵测试""反转图灵测试"与心智的意义［J］. 南京师大学报（社会科学版），2018b（4）.

［22］蒋柯，林春婷 . 波波娃实验为什么那么重要？［J］. 心理研究，2022（1）.

［23］李其维 . "认知科学"与"第二代认知科学"刍议［J］. 心理学报，

2008（12）.

[24] 李恒威，王小潞，唐孝威．表征、感受性和言语思维 ［J］．浙江大学学报（人文社会科学版），2008（5）.

[25] 里佐拉蒂，佛格西，迦列赛．感同身受：镜像神经元 ［J］．潘震泽，译．科学人，2006（12）.

[26] 马朝林，李葆明．人类数能力的神经心理学和脑功能成像研究 ［J］．中国神经科学杂志，2004（5）.

[27] 王继瑛，叶浩生，苏得权．身体动作与语义加工：具身隐喻的视角 ［J］．心理学探新，2018（1）.

[28] 王晓阳．意识之谜 ［J］．自然辩证法通讯，2018（10）.

[29] 奚家文．从乔姆斯基到平克：语言心理研究的模块化之路 ［J］．心理科学，2009a（1）.

[30] 奚家文．语言模块的具身性考察："第二代认知科学"视野下语言心理研究的新进路 ［J］．华东师范大学学报（教育科学版），2009b（1）.

[31] 奚家文．乔姆斯基语言模块的理论蕴含及其困难 ［J］．外语学刊，2012（4）.

[32] 奚家文，蒋柯．进化而来的心理是功能还是结构 ［J］．华东师范大学学报（教育科学版），2014a（1）.

[33] 奚家文．乔姆斯基的语言模块和心理模块性理论 ［J］．天津外国语大学学报，2014b（1）.

[34] 奚家文．结构性模块与计算性模块的悖论 ［J］．深圳职业技术学院学报，2016（2）.

[35] 熊哲宏．"Mentalese"是否存在？——福多"心理语言"理论的几个难题 ［J］．华中师范大学学报（人文社会科学版），2000（4）.

[36] 熊哲宏，李其维．模拟论、模块论与理论论：儿童"心理理论"发展的三大解释理论 ［J］．华东师范大学学报，2001a（1）.

[37] 熊哲宏．儿童"心理理论"发展的"理论论"述评 ［J］．心理科学，2001b（3）.

[38] 熊哲宏．什么是"儿童心理理论" ［J］．中国人民大学书报资料中心《心理学》，2002a（1）.

［39］熊哲宏．论"心理模块性"研究的理论心理学意义［J］．心理学探新，2002b（1）．

［40］熊哲宏，李其维．"达尔文模块"与认知的"瑞士军刀"模型［J］．心理科学，2002c（2）．

［41］熊哲宏．论儿童"领域特殊"发展与"领域普遍"发展的统一［J］．西北师范大学学报，2002d（4）．

［42］熊哲宏．"心理模块"概念辨析：兼评 Fodor 经典模块概念的几个构成标准［J］．南京师范大学学报，2002f（6）．

［43］熊哲宏．是认知心理学，还是进化史：论"进化心理学"研究方法的内在矛盾［J］．华中师范大学学报，2003（4）．

［44］熊哲宏，李放放．功能分解与心理的整体模块性［J］．华东师范大学学报，2004a（1）．

［45］熊哲宏，王中杰．论高级认知系统的模块性：对 J. 福多"中心系统的非模块性"论证的反驳［J］．湖南师范大学学报（教育科学版），2004b（3）．

［46］熊哲宏．论高级认知系统的模块性［J］．湖南师范大学学报，2004c（5）．

［47］熊哲宏．"模块心理学"的挑战：反"文化心理观"［J］．华中师范大学学报（人文社会科学版），2005a（4）．

［48］熊哲宏．"模块理论"的理论建构论纲［J］．心理科学，2005b（3）．

［49］杨弋，娄春波，刘海燕，等．动态应答人工生物系统研究进展［J］．中国科学：生命科学，2015（10）．

［50］叶浩生．有关具身认知思潮的理论心理学思考［J］．心理学报，2011（5）．

［51］叶浩生，国礼羽，麻彦坤．生成与动力：具身认知研究中的互动观［J］，心理学探新，2020（6）．

［52］张伟伟，陈玉翠，沈政．从面孔模块到马赛克：视觉特异性加工的脑机制［J］．心理学报，2001（2）．

［53］张亚旭，等．范畴特异性损伤与人脑中一般知识的组织［J］．心理科学，2003（4）．

［54］张勇，熊哲宏．"觉察欺骗者模块"：推理的领域特殊性［J］．华东

师范大学学报，2005（4）.

［55］张增一. 达尔文的方法论与进化论争论［J］. 自然辩证法研究，2003（2）.

［56］曾波涛，王继军，李春波. 经颅直流电刺激治疗精神疾病研究现状［J］. 中国神经精神疾病杂志，2015（4）.

［57］周维刚. 论还原方法与还原论［J］. 系统辩证学学报，2005（1）.

［58］BRADLEY L S, Bruce D M. Development of neural systems for reading［J］. Annual review neuroscience, 2007（30）.

［59］BRINGSJORD S. Are we evolved computers? A critical review of Steven Pinker's How the Mind Works［J］. Philosophical psychology, 2001（14）.

［60］CARR E, WINKIELMAN P. When mirroring is both simple and "smart"：how mimicry can be embodied, adaptive, and nonrepresentational［J］. Frontiers in human neuroscience, 2014（8）.

［61］CHOMSKY N. Review of B F. Skinner's verbal behavior［J］. Language, 1991（35）.

［62］CHOMSKY N. Rules and representations［J］. The behavioral and brain science, 1980（3）.

［63］CHURCHLAND P S. The significance of neuroscience for philosophy［J］. Trends in neuroscience, 1988（11）.

［64］COSMIDES L. The logic of social exchange［J］. Cognition, 1989（31）.

［65］COSTELLO M C, BLOESCH E K. Are older adults less embodied? A review of age effects through the lens of embodied cognition［J］. Frontiers in psychology, 2017（8）.

［66］DAUTENHAHN K, OGDEN B, QUICK T. A framework for the study of socially embedded and interaction-aware robotic agents［J］. Cognitive systems research, 2002（3）.

［67］FERNANDINO L, BINDER J, DESAI R, PENDL S, HUMPHRIES C, GROSS W, SEIDENBERG M. Concept representation reflects multimodal abstraction：a framework for embodied semantics［J］. Cerebral cortex, 2018（5）.

[68] FIFER W, BYRD D, KAKU M, et al. Newborn infants learn during sleep [J]. PNAS, 2010 (22).

[69] GELMAN R. Domain specificity and variability in cognitive development [J]. Child development, 2000 (4).

[70] GIACOMO RIZZOLATTI, LEONARDO FOGASSI, VICTORIO GALLESE. Mirrors of the mind [J]. Scientific American, 2006 (5).

[71] LAKOFF G. Mapping the brain's metaphor circuitry: metaphorical thought in everyday reason [J]. Frontiers in human neuroscience, 2014 (8).

[72] HAUK O, JOHNSRUD I, PULVERMULLE F. Somatotopic representation of action words in human motor and premotor cortex [J]. Neuron, 2004 (2).

[73] HEYDENDAEL W, SENGUPTA A, BECK S, BHATNAGAR S. Optogenetic examination identifies a context-specific role for orexins / hypocretins in anxiety-related behavior [J]. Physiology & behavior, 2014 (5).

[74] HUMPHREYS G, NEWLING K, JENNINGS C. Motion and actions in language: semantic representations in occipito-temporal cortex [J]. Brain and language, 2013 (1).

[75] JACKENDOFF R, PINKER S. The nature of the language faculty and its implications for evolution of language (reply to Fich, Hauser and Chomsky) [J]. Cognition, 2005 (2).

[76] JOHNSON M H. Functional brain development in infants: elements of an interaction specialization framework [J]. Child development, 2000 (12).

[77] KIEFER M, PULVERMULLER F. Conceptual representations in mind and brain: theoretical developments, current evidence and future directions [J]. Cortex, 2012 (7).

[78] KOSSLYN S M. Seeing and imagining in the cerebral hemispheres: a computational approach [J]. Psychological review, 1999 (2).

[79] LUCIANO FLORIDI. Open problems in the philosophy of information [J]. Metaphilosophy, 2004 (4).

[80] MOORE R S, KALETSKY R, MURPHY C T. Piwi/PRG-1 argonaute and TGF-β mediate transgenerational learned pathogenic avoidance [J]. Cell,

2019 (6).

[81] NIEBAUER C. A possible connection between categorical and coordinate spatial relation representation [J]. Brain and cognition, 2001 (3).

[82] PIAGET J. "Du rapport entre la logique des propositions et Les 'groupements' de classes ou de relations" [J]. Revue de métaphysique et de morale, 1948 (2).

[83] PINKER S. Talk of genetics and vice versa [J]. Nature, 2001 (4).

[84] PINKER S. So how does the mind work? [J]. Mind and language, 2005a (1).

[85] PINKER S, JACKENDOFF R. The faculty of language: what's special about it? [J]. Cognition, 2005b (2).

[86] PINKER S. Language as an adaptation by natural selection [J]. Acta psychologica sininca, 2007 (3).

[87] RAMIREZ S, LIU X, LIN P A, SUH J, PIGNATELLI M, REDONDO R L, RYAN T J, TONEGAWA S. Creating a false memory in the hippocampus [J]. Science, 2013 (7).

[88] SIMON T J, HESPOS S J, ROCHAT P. Do infants understand simple arithmetic? A replication of Wynn [J]. Cognitive development, 1995 (10).

[89] SPERBER D, CARA F, GIROTTO V. Relevance theory explains the selection task [J]. Cognition, 1995 (5).

[90] STOTZ K. Extended evolutionary psychology: the importance of transgenerational developmental plasticity [J]. Frontiers in psychology, 2014 (5).

[91] TOOBY J, COSMIDES L. On the universality of human nature and the uniqueness of the individual: the role of genetics and adaptation [J]. Journal of personality, 1990 (1).

[92] TOOBY J, COSMIDES L, BARRETT H C. The second law of thermodynamics is the first law of psychology: evolutionary developmental psychology and the theory of Tandem, coordinated inheritances: comment on Lickliter and Honeycutt [J]. Psychological bulletin, 2003 (6).

[93] WILLIAMS L, HUANG J, BARGH J. The Scaffolded Mind: higher mental processes are grounded in early experience of the physical world [J]. Eu-

ropean journal of social psychology, 2009 (7).

[94] YAMADA Y, KANAZAWA H, IWASAKI S, et al. An embodied brain model of the human foetus [J]. Scientific reports, 2016 (6).

[95] ZWAAN R A, TAYLOR L. Seeing, acting, understanding: motor resonance in language comprehension [J]. Journal of experimental psychology, 2006 (1).

后　记

此刻，夜已深，被初春的冷雨洗净的深圳凉爽宜人，空气清新。

遥忆多年前，获悉熊哲宏先生招收的博士生希望有计算机或语言学的背景，欣喜而又忐忑不安之中，我开始了艰难的跨学科报考并最终有幸入得师门执弟子之礼。从此，被导师引入一个新颖而开阔的理论空间，一个心理学与语言学、哲学和神经科学等多个学科互动、交叉的心理模块的研究领域。熊先生激情洋溢的教学过程和严谨不苟的治学态度令弟子受益匪浅，从刚入学时的知之甚少到今天的收获丰厚，我的每一个点滴收获、每一份能力养成都离不开熊先生的倾力传授，对此我心怀感恩！

记忆里常被置顶的片段还有多年前与李其维先生于华东师大田家炳楼电梯里的首次交谈，以及之后他与我发生于校园内的多次长时间的交流。还记得他拉着我往校园里的石凳上坐下，现时我仍然能清晰地感受到那只大手的温暖，而他对于我的研究方向的热情鼓励和宝贵建议对于当初一个初涉陌生领域的懵懂新人意义非凡。而今，八十一岁的李先生依然思维敏捷、精神矍铄，近些年来带领弟子们翻译了发生认识论奠基人皮亚杰的七十多本专著和四十余篇文章，完成了两千多万字、十卷本的译著《皮亚杰文集》。近日，李先生专注于皮亚杰理论的梳理与挖掘，悉力引导学界从皮亚杰的理论中寻求当下认知科学、心灵哲学的"难问题"的解决方案，诸如"心身问题""认识起源问题""他心问题""归纳问题"，以及人工智能的"计算悖论"和"情感计算问题"，等等。在我请求李先生为拙作撰写"序言"之时，他正忙于皮亚杰理论的介绍与评论的约稿，要在年前将他之前洋洋十余万字的相关文字精简为四万字，与此同时，还要奔走医院操心因脑梗住院的弟弟。如此繁忙之中，李先生还是为弟子写就了"序言"，对此我心怀感恩！

人在旅途，总会有些亲善之缘。然而，还是未承想在华东师大丽娃河畔的十七舍，会如此有幸结识蒋柯师兄。不会忘记多年前十七舍的无数次长夜漫谈，他将消化吸收透彻的本门至宝——"模块心理学"倾囊相赠。我每有一个新想法，每有一篇新完成的论文，首先求教的就是这位颇有学术造诣的师兄，而每次他都能点石成金，令枯木现春。此次能够和蒋柯师兄合作完成《语言模块新论》，实在是师弟我的莫大荣幸，而蒋师兄的加入使得本著的品质有了大幅提升，对此我心怀感恩！

在内心最柔软处还有我的父母、妻女和兄长，他（她）们所给予的亲情温暖是我"足局将奋"时的动力来源，对此我心怀感恩！

对于语言机制的探索，语言学研究领域的学者向来将它视如"黑箱"，望而却步，而目前心理学和认知神经科学事实上正在寻求层层开启"黑箱"的线索，"语言模块"研究正是在铸造开启"黑箱"的金钥匙。正如李其维先生所言，与其他心理模块研究一样，"语言模块"的功能分解、层次化和整合性的理论蕴含为语言机制的探索提供了一个可以交融与集结多个领域的视角，具有广阔的前景和非凡的意义。

绕堤柳，柳映清波，更添三蒿翠。

隔岸花，花分东西，却显一迈香。

世间万物，各司其职，相生相依，模块化的构建无处不在。我愿循恩师之路探索模块世界的奥秘！

奚家文
2024 年 3 月于深圳南山西丽湖畔